文史哲丛刊（第二辑）
主编　王学典

权力的限度：西方宪制史研究

刘京希　编

创于1897
商务印书馆
The Commercial Press
2019年·北京

图书在版编目（CIP）数据

权力的限度：西方宪制史研究 / 刘京希编. — 北京：商务印书馆，2019
（文史哲丛刊. 第二辑）
ISBN 978-7-100-16390-3

Ⅰ.①权… Ⅱ.①刘… Ⅲ.①宪法－法制史－研究－西方国家 Ⅳ.①D911.02

中国版本图书馆CIP数据核字（2018）第160116号

文史哲丛刊
（第二辑）
权力的限度：西方宪制史研究
刘京希　编

商　务　印　书　馆　出　版
（北京王府井大街36号　邮政编码 100710）
商　务　印　书　馆　发　行
三河市尚艺印装有限公司印刷
ISBN 978－7－100－16390－3

2019 年 7 月第 1 版　　开本 880×1230　1/32
2019 年 7 月第 1 次印刷　　印张 12　5/8

定价：56.00 元

出版说明

　　《文史哲》杂志创办于 1951 年 5 月，起初是同人杂志，自办发行，山东大学文史两系的陆侃如、冯沅君、高亨、萧涤非、杨向奎、童书业、王仲荦、张维华、黄云眉、郑鹤声、赵俪生等先生构成了最初的编辑班底，1953 年成为山东大学文科学报之一，迄今已走过六十年的历史行程。

　　由于一直走专家办刊、学术立刊之路，《文史哲》杂志甫一创刊便名重士林，驰誉中外，在数代读书人心目中享有不可忽略的地位。她所刊布的一篇又一篇集功力与见识于一体的精湛力作，不断推动着当代学术的演化。新中国学术范型的几次更替，文化界若干波澜与事件的发生，一系列重大学术理论问题的提出与讨论，都与这份杂志密切相关。《文史哲》杂志向有与著名出版机构合作，将文章按专题结集成册的历史与传统：早在 1957 年，就曾与中华书局合作，以"文史哲丛刊"为名，推出过《中国古代文学论丛》、《语言论丛》、《中国古史分期问题论丛》、《司马迁与史记》等；后又与齐鲁书社合作，推出过《治学之道》等。今者编辑部再度与商务印书馆携手，推出新一系列的《文史哲丛刊》，所收诸文，多为学术史上不可遗忘之作，望学界垂爱。

文史哲编辑部

商务印书馆

2009 年 10 月

目 录

西方传统文化中的"同意"因子

顾銮斋

"同意"是宪政民主的要素,是共和政体、民主政体的关键程序。同意可以为部分同意或部分同意否决,也可以为全体同意或全体同意否决。而无论是部分,还是全体,都意味着一个民主程序的完成。这就决定了它在一定制度系统中的意义和价值。在一定的议事过程中,调研、起草、讨论、议决等环节有可能迁延日久,但最后表决往往十分短暂,一旦将票投出,事情便已决定下来。而纵观整个过程,投票的一刹那无疑具有异乎寻常的意义。唯其如此,西方传统文化素重"同意"的价值。以致早在上古特别是中古社会,便形成了"同意"和"共同同意"的专门用语和相关理论探讨,频繁出现于文书典籍之中。这种现象,已经引起当代欧美学者的注目。

西方传统文化主要由三部分构成,即古典文化、日耳曼文化和基督教文化。三种文化各有自己的"同意"因子。日耳曼文化直接承自原始社会,其"同意"自为原生形态;古典文化因属土生土长,且无间断,也应属原生形态;但基督教文化不同,由于文化基础承自古典文化,又有创新发展,所以为次生形态。后来,随着文化交流的加深加剧,三种

"同意"因子遂相互吸收，交融混一。这是西方文化研究中的一个重要个案，国内对三种文化论述虽多，但关于这一文化个案却几无涉及。人们也许未加注意，正是这个个案，构成了三种文化的重要基础。有鉴于此，本文拟对这一个案做一考论，以期有助于宪政研究的进展。

一、古典文化

在古典时代，人们主要通过投票表达自己的意见，因而，"同意"表现为选票或其他票类的投出。

在古希腊雅典，执政官曾为国家最高官职，由选举产生。梭伦宪法规定，每个部落先行选出 10 人为候选人，然后再由候选人抽签出任。梭伦还设立 400 人会议，规定，每个部落通过投票各选出 100 人组成。在这里，400 人会议无疑是公民直接同意的结果，但执政官选举不同，除了投票，还必须抽签。而抽签，选民是不参与的。这是否意味着选民在这个环节丧失了表决的权利？回答当然是否定的。因为在投票选举的基础上，并无另一种势力介入或操控抽签，抽签的基础仍然是投票，而且，投票结果业已认定，候选人都具有出任执政官的资格和能力，所以仍然表达了选民意愿。正因为如此，亚里士多德（Aristotle）说："因为人民有了投票权利，就成为政府的主宰。"[①] 克利斯提尼改革后，公民表达意见的空间得到了进一步扩展。除依旧制按部落数目选举 50 人组成500 人会议、选举十将军委员会和执政官委员会外，克利斯提尼还创建

---

① 〔古希腊〕亚里士多德：《雅典政制》，日知、力野译，商务印书馆 1963 年版，第 12 页。

了"陶片放逐法"(雅典公民可以在陶片上写上那些不受欢迎的人的名字,并通过投票表决将企图威胁雅典国家安全的政治人物予以放逐)。新法规定,公民大会法定人数为 6000,如果某人获票逾半数,则他必须接受处罚放逐国外 10 年。另外,公民大会的权力也得到了加强,这无疑更有利于公民意见的表达。克利斯提尼立法之后,便有多位政治家受到陶片放逐法的制裁[①],著名政治家客蒙和地米斯托克利即通过陶片放逐法被放逐。在这里,公民的"同意"发挥了重要作用。至伯利克里时代,随着雅典民主政治的确立和繁荣,"同意"的表达也臻于成熟。公民大会每 10 天召开一次,每次都对相关议题进行表决。陪审法庭、法制法庭也都以同样方式表决议案和处理案件,这在古代典籍中都有不同程度的反映或描述。

在古罗马共和时代,"同意"同样表现为选票或其他票类的投出。公民会议包括立法、司法、选举等类型,不同会议有不同的投票方法,但基本程序大体一致,一般包括两个步骤:首先由库里亚、百人队、特里布大会组织单位投票。公民逐一走出围栏,进入一个特设通道,在通道尽头,接受检票员问询。检票员将公民意见记入某一特制表格。如为选举,则记在候选人名下,或将当选者的名字写在票面。为防舞弊,公元前 2 世纪陆续出台了一些法律,改口头询问为秘密投票。选民各执一票,写上意见,投入票箱。后由检票人员计票,以多数票决出各单位意见,并报告会议主席,由他指定专人宣布投票结果。这样每单位一票,以多数票决出大会最终意见[②]。

---

① 〔古希腊〕亚里士多德:《雅典政制》,日知、力野译,第 26—27 页。

② 陈可风:《罗马共和宪政研究》,法律出版社 2004 年版,第 134—135 页。

　　这是一种设计巧妙、堪称先进的表决方式，因为即使在今天，剥去科技进步带来的华丽外表，世界各国的民意表达仍不过是沿用这样的方式而几无创新之处。这里无君、无王、无专制首长，国家大事一律由民意投票决断。而就在这个时代，在世界版图的东端，中国秦朝正以包举宇内、并吞八荒之势削平群雄，一统天下，借助既有政治理论和统治经验建构中央集权专制主义政体，开创影响中国后世两千余年的政治权力格局。稍后的罗马，虽也形成了帝国，并被认为实行专制政体，但两相比较，形态判然，绝不可视为同类。

　　及至罗马帝国晚期，"同意"开始作为表决程序的一个独立词汇出现在法学家著作和政府法律文书中，后来更作为"格言"（maxim）收入查士丁尼法典。作为"格言"的拉丁原文为"quod omnes tangit, ab omnibus approbetur"[①]，汉语译为"涉及众人之事应取得众人同意"或"涉及众人之事应由众人批准（或'决断'）"。原意说如果几个保护人共同监护一个被保护人，那么，涉及这个被保护人利益的某些行为须经这些保护人同意或共同决断。在这里，条款强调几个保护人共同拥有同一财产的权利。所以，从罗马私法开始，这一箴言已经成为法律史上一个重要的概念。后来，教会法学家用以解释或定义主教与教会法之间的法律关系，并很快引入教会管理系统，用以支持教会中下层成员参与教会管理[②]。

---

① *Justinian's code*（5, 59, 5, par, 2-3）.There are several English translations: what touches all is to be approved by all, what touches all should be approved by all, what touches all must be approved by all, what touches all ought to be approved by all, etc.

② Pennington, Kenneth J., Jr, "Bartolome de Las Casas and the Tradition of Medieval Law," *Church History* 39, 1970, p. 157, see Carl Watner, "Quod omnes tangit: Consent Theory in the Radical Libertarian Tradition in the Middle Ages, "*Journal of Libertarian Studies*, Volume 19. No. 2 （Spring 2005）, pp. 67-85.

古典时代，"同意"主要表现为一种实际操作，作为一个意涵隽永的政治词汇，还几乎没有从表决过程中剥离出来。但至罗马帝国晚期特别是中古时代，情况不同了，它开始经常出现于文籍之中，而且已经进入人们的日常话语，这成为西方文化史上一种饶有意趣、发人深思的现象。

二、日耳曼文化

狭义的日耳曼人，是指公元前后分布于欧洲大陆的各部族，包括东哥特人、西哥特人、法兰克人、勃艮第人、伦巴德人、苏维汇人、汪达尔人等。广义的日耳曼人除了这些部族之外，还包括盎格鲁·撒克逊人、裘特人以及后来的诺曼人。本文所指为广义的日耳曼人，而所谓日耳曼文化也就包括大陆日耳曼文化、盎格鲁·撒克逊文化和诺曼文化。

公元初几个世纪，随着日耳曼民族的迁徙和西罗马帝国的灭亡，欧洲政治版图发生了翻天覆地的变化。北自英格兰，南至亚平宁，整个欧洲无处不响彻着日耳曼人的奔腾喧嚣。但正是这种未脱原始野蛮之风的活跃的蛮族文化，此时此地，正盛行集体协商表决的风习。

现存盎格鲁·撒克逊诸王国的法律文书对国王向贤人会议提出的有关传位、征税、宣战、媾和等国家重大事项的讨论表决做了诸多规定①。而编年史家更大量地记载了贤人会议对国王所提要求的讨论表决情况。这些都作为珍贵资料为西方学者所屡屡征引。正是这些法典文本和编年

---

① *The Anglo-Saxon Dooms, 560-975.*

史籍，留下了关于"协商"、"同意"的文字记录。各国法典的前言中一般都讲述法典的制定过程，以昭告人民国法的颁行经过了一定范围的协商和同意。所以梅特兰说，没有任何国王不经贤人会议以及其他人士的协商同意而独自立法[1]。《伊尼法典》的颁行经过了主教们的协商和指导，经过了全体郡守、贤人会议成员的协商，并经过了众多"上帝奴仆"的集体表决。《艾弗莱德（Alfred）法典》的制定经过了贤人会议的协商和同意。《埃塞尔斯坦（Athelstan）法典》由国王与大主教、主教等共同协商，制定颁行[2]。在埃克塞特，立法活动由贤人会议负责，与国王协商。埃德蒙德颁布法律与由教俗封建主组成的贤人会议协商。另外，埃德加、埃塞雷德等国法典也都经过了与贤人会议的协商和同意[3]。在肯特，"国王威特莱德（Wihtraed）当政时期，设有杰出人士参加的讨论会，参会者有不列颠大主教波特瓦尔德、国王本人、罗切斯特主教盖博蒙德，以及教会各阶层，……这些杰出人士通过全体投票表决颁布了这些法律，并将其增列肯特习惯法"。丹麦国王卡纽特颁行《卡纽特法》，也经与贤人会议协商[4]。

早在盎格鲁·撒克逊人入侵不列颠之前，东哥特、西哥特、法兰克、勃艮第等部族已经在欧洲大陆定居。塔西佗记录了公元1世纪末日耳曼人"共同同意"的活动状况："日耳曼人中，小事由酋帅们商议；大事则由全部落议决。人民虽有最后议决之权，但事务仍然先由酋帅们彼此商讨。"每于新月初升或月圆时节的固定之日，日耳曼人议决部落

---

[1]   Refer to F. W. Maitland, *The Constitutional History of England*, Cambridge, 1946, p. 6.

[2]   *King Athelstan's Laws, from Sources of British History*, www.britanna.com/history/docs/document.

[3]   W. Stubbs, *The Constitutional History of England*, I, Oxford, 1873, pp. 141-142.

[4]   F. W. Maitland, *The Constitutional History of England*, Cambridge, 1946, p. 6.

大事，但遇紧急事务，则不在此例。"在聚合了相当多的人以后，会议便开始，大家都带着武器就座。祭司们宣布肃静，在这个时候，他们有维持秩序的权力。于是在国王或酋帅们之中，或以年龄，或以出身，或以战争中的声望，或以口才为标准，推选一个人出来讲话；人们倾听着他，倒并非他有命令的权力，而是因为他有说服的作用。如果人们不满意他的意见，就报之以啧啧的叹息声；如果大家很满意他的意见，就挥舞着他们的矛：这种用武器来表示同意的方式，乃是最尊敬的赞同方式。……在这种会议中，也提出控诉和宣判死刑。刑罚的处理方式取决于罪行的性质……他们还在这种会议上选举一些长官，到各部落和村庄处理诉讼事件：每一个长官都有一百名陪审者，他们是从人民中选出来作为他们的顾问的。"①

这里涉及了选官、诉讼以及部落其他大事的议决等重要活动。其中，致辞者的产生并非由首领或贵族垄断，而是以年龄、出身、声望、口才为标准由众人推举；表决过程中，无意见以武器相击之声表示赞同，有意见以叹息之声表示反对，而无论何种情况，都无首领的独断专行或颐指气使。如此等等，的确反映了日耳曼人特定时代淳朴无华的原生态习俗，显示了日耳曼人独特的民族文化特征。你可以认为这是一种符合规律的历史现象，在人类文明初期曾经普遍存在，因而任何国家、任何民族的史籍都有记载。比如中国春秋时代存在王、公就国内某些大事征求国人意见的史例。但就中国而言，且不说这些例证仅仅是这个时代的特例甚至孤例，并不代表历史主流，重要的是此后再也见不到这些现象的延续。相反，随着王、公等国家元首权力的集中，政体形式迅速

① 〔古罗马〕塔西佗：《日耳曼尼亚志》，马雍译，商务印书馆1977年版，第60—61页。

向着专制政体转化，征求人民意见的材料也就在史籍中销声匿迹了。日耳曼人则不同。随着文明的进化，塔西佗时代的日耳曼酋帅虽也逐步向国王转变，但值得注意的是，这类会议机关不但没有随着王权的形成而衰落，反而随着王权的加强而强化。由此逐渐形成政治体制的制衡结构，朝着宪政方向演进。所以，关于塔西佗笔下的日耳曼人的议决方式，决不可以原始民主制的简单定性而了之，特别是将之等同于东方尤其中国的类似现象。因为其中的确含有不同于东方特别是中国的基因。正是在这种基因的作用下，稍后西欧各国普遍形成了议会组织。而东方特别是中国，在经历了春秋战国之后至秦代，专制政体逐步形成并走向成熟。

　　西罗马帝国灭亡后，分布在帝国废墟各处的日耳曼诸王国，都先后颁布了自己的法典。值得注意的是，与盎格鲁·撒克逊各王国法典的制定一样，这些法典的颁布过程也无一不经某种范围的民主协商或表决。《勃艮第法典》由国王贡多巴德颁行，由31名出席者签署。《萨利克法典》经由法兰克人和他们的贵族制定，后由克洛维和查理大帝重新颁行。《阿勒曼尼法》由国王克鲁赛尔（Clothair）与众王子、33名主教、34名军事首领和62名出席者重新颁行[1]。诺曼底公爵威廉完成对不列颠的征服后，依然坚持他在诺曼底的立法原则，与他的将帅、教职等共同协商，制订了著名的《征服者威廉法》[2]。这些协商和表决，与塔西佗时代日耳曼人的协商表决没有本质差异，而且恰恰是它演化的结果。

　　8—9世纪，诺曼人又形成一股强大势力，自北方入侵欧洲大陆。

---

[1]　Refer to W. Stubbs, *The Constitutional History of England*, I, Oxford, 1873, p. 142.

[2]　*Law of William the Conqueror*, see *English Historical Documents*, II.

这股势力曾横扫整个西欧大陆，前锋直抵地中海中的塞浦路斯岛，使早已揖别迁徙而享受田园生活的日耳曼人心惊胆寒。南徙的诺曼人建立了一些新的政权，最著名的当属诺曼底公国，他们接受了大陆的封建制度。而在征服者威廉入主不列颠之前，自由佃农已经依据一定条件领得土地，任何超越这些条件的义务都是在领主与封臣之间通过讨价还价的方式达成妥协，取得一致[①]。这正是"同意"表决的典型表现。

三、基督教文化

与古典文化和日耳曼文化相比，基督教文化中的"协商"和"同意"更为丰富多彩。一方面，在实践上，建立了中古时代堪称完备的选举表决制度；另一方面，在理论上，基督教神学家进行了大量的研究和阐述。而无论在理论上还是在实践上，这种同意都承自古典文化，特别是罗马文化，这在学术界似乎没有多少争议。所不同的是，基督教的同意，不只是继承，且富于创新。早在 12、13 世纪，教会内部即已出现主体权利话语并形成了相应的语境，上自教皇，下至普通教士，都踊跃参加讨论，竞相发表意见，一时间文气氤氲，蔚为大观。论者的言论和著述大量涉及"同意"的概念和争议。而所谓创新，即容涵在这些讨论之中。

所谓继承，主要表现在选举表决制度上。古典文化与日耳曼文化的选举表决是一种文化类型的本能表露。由于缺乏理论研究和指导，这种

---

①　S. K. Mitchell, *Taxation in Medievaal England*, Yale, 1971, pp. 158-159.

选举表决具有自生自发的原生态风貌，主要表现为：第一，全体共同体成员直接参与选举表决活动，选举表决方式原始、简单、朴拙；第二，选举表决不存在层级或层级不够清晰，教会则不同。依据"同意"原则，教会选举表决从基层到顶端，依次递进，呈金字塔形，显得规范、系统而整齐。而由原始、简单、朴拙，到规范、系统、整齐，这本身即标志着基于"同意"的选举表决制度的进步。

所谓创新，主要表现为理论创新。西罗马帝国灭亡以后，查士丁尼法典中的"同意"条款作为一种闪耀着宪政民主精神的思想资源，一直为教会法学家、天主教神学家、中世纪思想家、注释法学派（glossators）以及教会会议至上主义者（conciliarists）所广泛传诵、引用、解读和讨论[1]。而所谓理论创新，在这一过程中得到了充分展现。这种理论创新又具有强烈的现实关怀，讨论的话题与社会现实息息相关。在这些话题中，涉及最多、影响最大的主要是赋税征收、政府组建、教皇选举、国王权威与教皇权威等重大经济、政治权力的合法性与合理性，这正是本题讨论的核心所在。

关于赋税征收，涉及"同意"的文本资料很多。在英国，作为讨论的结果，《大宪章》无疑是人们最为熟知的文本。由于《大宪章》系红衣主教并任坎特伯雷大主教的兰顿起草，所以在一定程度上反映了教会群体的态度和立场。《大宪章》第 12 条规定："未经全国协商，不征盾牌钱和协助金。"[2] 这里所谓协商，是指贵族大会议的协商，反映当时英国社会征收赋税的一般程序。第 14 条规定："我们将各各致信大主教、

---

[1]　M. Y. Clarkc, *Medieval Representation and Consent: A Study of Early Parliament in England and Ireland, with Special Reference to the Modus Tenendi Parliamentum*, New York. 1964, p. 264.

[2]　12, *Magna Carta*, see *English Historical Documents*, III.

主教、修道院长、伯爵、男爵等召开会议，以获得关于协助金和盾牌钱进行估值的全国公意。……召集原因将在信中做出具体说明。召集之后，事情将根据出席者的协商在规定之日进行，尽管并非所有被召集的人都将参加会议。"[①] 这里致信各教俗贵族，仍然是召集贵族大会议征得同意的基本方法。讨论所以为出席者同意而进行，不因缺席者缺席而推迟，是因为按照当时习俗，征得出席者同意之后，赋税便可以征收，反对者和缺席者可以不予缴纳，亦可以别论。所以《大宪章》所反映的是英国在接受"同意"条款后国王征税的一般情况。再考虑到兰顿起草的事实，便可以认为，《大宪章》的颁行乃是对"同意"条款的解读和运用。除了 1215 年《大宪章》，1215 年《无名宪章》以及多个《大宪章确认令》等众多著名文件[②]，也都涉及了"同意"问题或规定了"同意"原则。

　　在法国，有关"同意"的文本亦不少见。13 世纪末，天主教思想家戈弗雷（Godfrey of Fontaines）在参与一组名为"神学论辩"（quodlibets）的公开讨论时，便提出了这样一个问题：当统治者要求他的臣民为国家公共设施缴税而这种需要又不够急迫明显的时候，统治者是否可以征税？臣民是否必须缴税？问题直指法王美男子腓力四世为进行战争而征税的事例。戈弗雷认为，对征税表达同意是自由社会的基本特征。统治者无论何人，都不应征收任何赋税，除非征得自由人同意。正因为他们是自由人，不应受到任何强迫。他们应该自愿交纳，因为他们能够理解征税的理由。对于统治者而言，仅仅说为了公共利益或为了国家急需是

---

① 　14, *Magna Carta,* see *English Historical Documents,* III.

② 　see *English Historical Documents,* III.

不够的。如果他不征求臣民同意，他们就拒绝交税。如果到此终止，那么，戈弗雷的观点与大多数教会人士便没有不同。如此，发生在那个时代的这场讨论必然黯然失色，因为它有论而无"争"。戈弗雷进一步证明，同意是使非常税合法化的唯一手段，如果与公共福祉（公共利益，common good）进行比较，后者更具重要意义。所以他认为，那些拒绝缴纳正义之税的人应该给予缴纳的人以赔偿[1]。这一观点显然不同于其他教会学者。由此也可以想见不独法国而是整个基督教世界关于"同意"讨论的盛况。在类似讨论的基础上，也作为讨论的结果，形成了著名的《三月大赦令》等类似的文件，其中都涉及了"同意"问题。

在西班牙，多米尼加传教士拉斯·加萨斯（Las Casas）在论证同意时涉及了财产权利和统治者权力之间的关系问题，认为，统治者的权力不能扩及人民的财产所有权。既然人人都是自由的，政治权威只能产生于他们自愿的同意，否则，他们会被剥夺依据自然法或自然权利而享有的自由。除非征得人民同意，统治者不能征收赋税和增加人民负担[2]。无论何时，让自由人接受义务或负担的适宜的做法是，将他们召集在一起进行自由表决，征得他们同意[3]。拉斯·加萨斯的讨论可以被视为西班牙议会环境中相关讨论的集结。他将赋税征收扩及财产权利，从财产权利的层面解释征税问题，这就将政府强制征税的合理性完全否定了。而类似否定的意涵，在更早时期的英、法、德等国教会群体内已经多有涉及。

结合赋税问题，教会学者阐明了"同意"的作用与意义，从而标

---

[1] M. S. Kempshall. *The Common Good in Late Medieval Political Thought*, Oxford, 1999, pp. 253, 255.

[2] B. Tierney, *The Idea of Natural Rights*, Atlanta, 1997, pp. 280-282.

[3] B. Tierney, "Aristotle and American Indians-Again," quotes from Carle Watner, *Quod omnes tangit: Consent Theory in the Radical Libertarian Tradition in the Middle Ages*.

志了相对古典文化和日耳曼文化在"同意"问题上的进步与创新。由于赋税征收是一个现实问题，所以，关于征税"同意"的讨论不会停留在文本引用和解读层面，而是直接付诸实践。1225 年，亨利三世要求贵族大会议授予一个 1/15 税，会议提出的条件是重新确认《大宪章》和《森林宪章》。1226 年，教皇和大主教批准了国王的征税要求，并建议教会授予一个 1/12 或 1/15 税。由相关记录可知，此事曾提交全体分会成员会议表决，但因为"关涉所有兄弟的切身利益，不经过他们（同意），分会不能给予回答"而未果。显然，这里只是针对此时此地的具体情况对"同意"条款做了灵活处理，基本精神未做任何改变。接着，全体教士集会讨论此事，其中有 27 人曾在规定之日与会，一致认为，此事涉及对英国教会是否持有偏见的原则性问题，事关重大，他们不敢单独做出回答，要求各教堂委派代表集中议事，会同大主教制定决议，以保护教会利益。结果，建议得到了采纳。教皇在圣保罗教堂召集主教、修道院长、副院长、副主教、合议庭和大教堂会所的代表等议事。会议通过了国王的要求，但既不是 1/12，也不是 1/15，而是 1/16 税，而且仅仅对领取薪俸的教士征收。对于这一结果，国王表示满意，所以马上做出反应，承诺此次授予不会形成先例[①]。在这里，"同意"作为一种理论不仅得到了明确表述，付诸制税实践，而且使用了代表制原则。

政府组建、教皇选举、国王权威与教皇权威等，也是基督教话语经常讨论的话题。早在主教授职权之争（Investiture Contest）期间，一些有识之士已经在思考教会本身权力与控制的关系问题，特别是这种关系中的同意理论问题。而主教授职权之争的结果，使格里高利七世控制了教

---

① M. Y. Clarke, *Medieval Representation and Consent*, New York, 1964, pp. 265-266.

会大权，教会内部遂呈教皇专权之势。这时候，德国大部分主教认为他们"同意"的权力遭到了践踏，因而奋力抨击教皇的集权政策，用他们自己的话说，"他们厌恶像地方长官那样任人驱使"[1]。这样，随着思考的深入和争论的进行，保障教会各阶层权力，限制教皇权威的思想逐渐明朗。主教授职权之争结束后，教会先是于1123年在罗马，之后于1139、1179、1213年在拉特兰召开过数次宗教会议，确立了一项基本原则：宗教大会有权代表教会，教皇权力必须接受大会制定的教会法规的约束。而在经历了乌尔班六世和克勒门七世及其继任者的教会危机之后，宗教大会又进而决定选举新的教皇，并相应地确立了新的原则：教会会议高于教皇权威；教皇不是专制君主，在某种意义上只是宪政统治者[2]。

与此同时，教会内部以"同意"原则管理教会的制度也臻于成熟。英诺森三世在他编订的"教令集"中便引用了"同意"条文。当人们问及乡村教堂堂长是由主教还是副主教（archdeacon）抑或二者共同任免时，教令集回答说："依据帝国法律的权威，涉及众人之事应由众人决断；因此，既然乡村教堂堂长是对公众行使他的权能，那么，他的选举和罢免应该征得公众的共同同意。"[3]而由于教令集编订的目的之一在于规定低级僧侣的纪律，普及率极高，以致英国许多主教教区逐字逐句辑录了这一教令。1222年，索尔兹伯里分会条例规定："乡村教堂堂长的任免须经主教和副主教共同同意。"14世纪初，巴斯的选举登记表这样写道："巴斯副主教职的传统源自古代，值得赞美，因此，领取圣职薪

---

[1]　Margaret Deanesly, *A History of the Medieval Church* 590-1500, London, 1972, p.101.

[2]　Carl Watner, *Quod omnes tangit: Consent Theory in the Radical Libertarian Tradition in the Middle Ages*.

[3]　*Decretals Gregorri IX, Lider I, Tit, 23, cap.Vii, 6; Innocent III, Collatio IV*. See M. Y. Clarke, *Medieval Representation and Consent*, New York, 1964, p.264.

俸的神职人员每年选举他们的教堂堂长。"①

　　从理论上讲，以"同意"原则管理教会是上自教皇下至一般教士的共识，但在教皇一端，实际情况似有不同，他们好像总希望权力集中一些为好，这就必然从反面导致教会内部权利意识的增强和反对教皇集权力量的增长。于是，至 14 世纪后期，终于掀起了一场历时 200 年之久的会议运动（Conciliar Movement）②。运动的核心即教皇权威与宗教大会哪个居上的问题。1378 年乌尔班六世被选为教皇后，教会内部纷争加剧，冲突迭起，最终演变为三皇鼎立的对抗局面，有学者称之为"教会的宪政危机"③。这一混乱局面迫使教会学者进一步思考教皇的权威问题，并形成了一种新的思想：宗教大会的权威高于教皇的权威。而随着服膺这一思想的教士人数的增加，一个影响深远的教会思想家流派 —— 会议至上主义也随之形成了。这是教会史和西方思想文化史上一个十分重要的问题，可惜国内相关研究还几乎没有涉及。会议至上主义者将宗教会议置于教皇之上，认为，教会的统治权威必须依靠被统治者的同意。

　　后来，这一原则被人权倡导者用来制衡王权，反对国王集权。他们认为，如果教会能够通过会议决议废除教皇，那么男爵会议也可以废除残暴或专制的国王。意大利帕多瓦的马西留斯（Marsilius of Padua）认为，由于好的政府都是对自愿者进行统治，这种政府必须通过同意才能得到建立，这是顺理成章的。统治者只有通过选举，而不是通过他的法

---

① M. Y. Clarke, *Medieval Representation and Consent*, New York, 1964, p. 264.

② See Margaret Deancsly, *A History of the Medieval Church 590-1500*, London, 1972, pp. 232-244; Carl Watner, *Quod omnes tangit: Consent Theory in the Radical Libertarian Tradition in the Middle Ages*.

③ Carl Watner, *Quod omnes tangit: Consent Theory in the Radical Libertarian Tradition in the Middle Ages*.

律知识，慎思明辨，才能获得权力。1323 年，赫尔维尤斯（Hervaeus）提出了一个系统的观点："所有合法政府都必须建立在被统治者同意的基础上。"人生而平等，如果国王未经同意而据有政权，那么，他便是通过暴力而据有它。邓斯·司各特（Duns Scotus）认为，正当的政治权威只有通过共同体的共同同意和选举而获得。所有政治权威，无论依存于个人，还是依存于共同体，都必须通过共同同意才能证明是正当的[①]。奥卡姆的威廉（William of Ockham）说得更直接，合法政府必须建立在同意的基础上，因为人生而自由，而不是依附于其他任何人。共同体不可能将绝对权力授予统治者，因为它本身没有凌驾于个人之上的绝对权力[②]。库撒的尼古拉（Nicholas of Cusa）接受了人生而平等的理论，认为，除非经过自己的同意，人是不能服从政府的。他注意到，每个政府都建立在个人同意和公民同意的基础上。正是由于人生而平等，政治权威未经其他人选择和同意是不能建立的，而基督教的本质恰恰在于排斥强权与专制。所以，同意意味着所有人是在圣灵指导下取得了完全的一致。他把教会构想为一个自由社会，这个社会是经过它的成员的自愿同意而构成的[③]。1556 年，庞奈特（Ponet）在一篇论政治权力的短文中说："无论是教皇、皇帝，还是国王，都不能不经同意做伤害人民的事情。"[④]

[①]　Carl Watner, *Quod omnes tangit: Consent Theory in the Radical Libertarian Tradition in the Middle Ages.*

[②]　Carl Watner, *Quod omnes tangit: Consent Theory in the Radical Libertarian Tradition in the Middle Ages.*

[③]　B. Tierney, *Religion, Law, and the Growth of Constitutional Thought 1150-1650*, Cambridge, 1982, p. 107. See Carl Watner, *Quod omnes tangit: Consent Theory in the Radical Libertarian Tradition in the Middle Ages.*

[④]　W. S. Hudson, *John Ponet*, Chicago, 1942, pp. 137, 140; Refer to Carl Watner, *Quod omnes tangit: Consent Theory in the Radical Libertarian Tradition in the Middle Ages.*

　　正是在这一过程中，教会法学家、思想家提出了许多新的观点和理论。这些理论观点闪耀着宪政主义的光辉，体现了基督教文化的普世价值，对英国光荣革命、启蒙运动、法国大革命和美国独立战争等都产生了深刻影响。蒂尔尼说，当教会法学家被问及管辖权从哪儿来时，他们的回答通常是"选举"。他们将"涉及众人之事应取得众人同意"的措辞推而广之，说"统治所有人的人应接受所有人的选择"，如果没有经过这样的选择或同意，他就不能成为统治者①。这些观点与近现代宪政理论相比，已经没有多少不同了。

　　还应说明，教会选举体制和"同意"理论的形成与成熟，与王权对教皇权力的制衡密不可分。在教会内部限制教皇权力的同时，国王与皇帝也在挑战教皇权威。德意志皇帝利用这一理论来维护自己的权益②。既然罗马法条款规定"涉及众人之事应取得众人同意"，既然按德意志习惯（法律），德意志主教都属于皇帝或封臣，那么，即使教皇因主教职分的性质而应享叙任之权，这种叙任至少也应征得皇帝的同意。这无疑是合法而且合理的。英王威廉一世则以另一种方式应对教皇权威的扩张，较好地借助了"同意"条款的效力：不经他的同意，大主教不能接受教皇的棺幕（pall）；不经他的同意，教会不能对直接封臣实施绝罚；不经他的同意，无人可以接受教皇的训令（bulls）；不经他的同意，不可召开宗教会议；不经他的同意，不能颁行教会法规③。这里所谓"同意"，特别是征服者威廉的"同意"，当然显示了威廉一世作为一国之

---

① Carl Watner, *Quod omnes tangit: Consent Theory in the Radical Libertarian Tradition in the Middle Ages*.

② See Margaret Dcanesly, *A History of the Medieval Church 590-1500*, London, 1972, p.101.

③ Margaret Deanesly, *A History of the Medieval Church 590-1500*, London, 1972, p.102.

君的威严，但在这种威严背后，"同意"显然发挥了重要作用。正如前面的分析，由于教职人员的双重身份，涉及他们的任何问题都应该得到国王和教皇的共同同意，而不是由教皇一方决断。国王、皇帝与教皇权力的争夺与分割，形成了对教皇权力的强力挑战，促成了中古教会宪政局面的形成，对近现代欧美宪政主义也产生了重要影响。

实际上，论证赋税的合法合理性与论证组建政府、选举教皇、维护教皇和国王权威的合法合理性是相通的，两种论证都不能彼此孤立、相互割裂。赋税以及由赋税建立的财政是教权、王权构成与运行的基础，没有赋税财政的教权和王权是不可想象的。反过来，赋税又是教权、王权的产物，没有教权与王权，赋税也就丧失了存在的理由。所以，上述教会法学家、天主教神学家、中世纪思想家、注释法学派以及教会会议至上主义者所论包含了教权与王权、赋税与财政的合法合理性两方面内容。

四、"同意"的传播与交融

随着民族大迁徙的发生、人口的流动和基督教的传播，不同民族、部族和不同组织、群体的表决方式便有一个随之传播和交融的问题。正是这种传播与交融，销蚀了"同意"因子之间的差异，为欧洲统一文化基础的形成提供了条件。这里主要考察"同意"在不列颠的传播与交融，因为欧洲大陆，即使远处西南一隅的伊比利亚半岛，也都属于罗马旧地或罗马法区，同时也是基督教最早传播的区域。日耳曼诸部很早便已采行罗马旧制，启用罗马法律，聘任罗马官吏，这就使本部法律与罗马法律相互吸收混一，从而完成了本部法与罗马法、教会法的交融。不列颠则不同，虽说罗马人曾在此建立统治，但随着公元5世纪罗马势力的撤离，罗马的制度设施受到了严重影响，以致难以寻见纯粹罗马法实施的踪迹。另一方面，一些具有划时代意义的事件又在这里产生了深刻的影响，使我们有可能寻绎罗马与基督教文化的传播和交融。这些事件主要有罗马入侵、诺曼征服和基督教传播。而就传播交融的渠道或载体而言，当然不止这三个事件。罗马征服之前，罗马文化、基督教文化与不列颠土著之间已经开始交往。诺曼征服之前，盎格鲁·撒克逊诸国与大陆日耳曼诸国也已经开始交流。但就交流的影响而言，显然以这三个事件为最深、最广。另外须知，同意只是西方文化的一种表现，它伴随文化的传播而传播。因此，本题循两条线索展开考察。一是文化传播，作为同意传播的背景来认识。不考察文化传播，则无从考察和认识"同意"的传播。一是"同意"的传播，即由文化传播收拢视野，聚焦于同意传播本身。而由于罗马和日耳曼人的同意与不列颠本土的同意本来就属于西方文化中的同类表现，一经接触，便极易交融，遂难分彼此，英国史家克拉克曾表达过这个意思，所以，下文关于同意的例举，乃指罗马、日耳曼和基督教三种文化中同意的混体。

　　首先考察罗马的统治。公元前1世纪中叶，罗马对不列颠实施了征服，建立了统治，并维持这种统治达600年之久。此间，罗马在其统治区域主要是不列颠中南部，大力地推行罗马法，并依据罗马法中的所有权理论征收赋税，从而产生了最初的影响①。6世纪罗马势力的退却无

---

① S. Dowell, *A History of Taxation and Taxes in England*, vol. 1, London, 1965, p. 5.

疑削弱了罗马法的进一步传播，但也绝非像一些西方学者所说[1]，随着条顿人的入侵，罗马在英国建立的各种制度以及包括罗马法在内的罗马文化完全消失了，以致在盎格鲁·撒克逊人的法律制度中甚至找不到罗马因素的任何痕迹。这一结论显然过分夸大了条顿人的作用，抹杀了已受罗马文化影响的土著凯尔特人的事迹。从文明进化的角度看，凯尔特人与盎格鲁·撒克逊人原本处于同一发展阶段，但由于前者已在一定程度上为罗马文明所同化，后者遂相对落后则是无可置疑的。从一般意义上说，以落后征服先进，很难将先进势力全然消灭。在条顿文明的入侵中，业已扎根 600 年之久的罗马文明岂能全然消失？也许，考古发现能够解决这一问题，只是还须等待时日。所以，我们不能不将罗马人的入侵和统治视为基督教传入不列颠之前罗马文化中的"同意"第一次在不列颠的传播与交融。

　　罗马撤离后 600 年左右，诺曼人对不列颠实施了征服。这次征服标志着一种深受罗马文化影响的日耳曼亚文化大规模、全方位输入不列颠。从地理上看，诺曼底公国虽远离当年罗马统治中心，但仍然属于罗马人聚居的高卢地区，至 1066 年诺曼征服，诺曼人在此定居已达 150 年之久，因此已经深受罗马文化影响。而在诺曼征服之前，盎格鲁·撒克逊诸国与日耳曼诸国已经开始频繁交流。盎格鲁·撒克逊诸国中最早的一部法典《埃塞尔伯特法典》编订于 6 世纪末 7 世纪初。时罗马势力业已退却，而诺曼征服又远未到来。但法典的编订已经深受日耳曼法影响，在编订模式上不仅仿效哥特法典、勃艮第法典，尤其直接模仿了法

---

[1]　F. W. Maitland, *The Constitutional History of England*, Cambridge, 1946, p. 5; S. Dowell, *A History of Taxation and Taxes in England*, London, 1965. p. 4.

兰克人法典①。而在法典编订之前，埃塞尔伯特已经迎娶法兰克王国的公主作为王后。通过这种往来，日耳曼诸国本土文化以及所承袭的罗马法因素已不断输入不列颠②。诺曼征服后，征服者威廉也编订了自己的法典。他以忏悔者爱德华的真正继承人自居，承诺英国臣民必须维持并遵守爱德华关于土地占有和其他所有物的法律③。为了落实法典精神，他在履位第四年，即组织专门委员会调查英格兰各地习俗，以便施政时遵守各地习惯法而保持社会安定④。在这里，征服者虽携战胜之余威，但不仅没有废除异国之法律，反而予以维持遵行，这就为盎格鲁·撒克逊旧法与包含罗马法因素的诺曼王朝新法的交融提供了条件。

随着诺曼征服的完成，诺曼人的表决方式也输入不列颠。11世纪70年代的两则令状，证明征服者威廉正是通过"同意"的方式解决相关问题。一则是关于将多尔切斯特（Dorchester）主教教座移转林肯郡的问题。令状说，国王曾与教皇、教皇使节、坎特伯雷大主教兰弗朗克、英格兰主教们进行协商，并征得了他们同意。一则是关于主教法（Episcopal Law）修订的问题。说曾召开教俗大会，与大主教、主教、修道院长、全体大贵族协商，征得了他们同意⑤。在编订《征服者威廉法》、维持盎格鲁·撒克逊法之外，诺曼王朝更建构了自己的封建法。而封建法的重要特征之一便是，国王征收封建税如协助金（aids）

---

① D. P. Kirby, *The Earliest English Kings*, London, 2000, pp. 24-27.

② F. Pollock and F. W. Maitland, *The History of English Law*, vol. 1, Cambridge, 1923, Introduction, xxxii-xxxiii.

③ *Law of William the Conqueror*, 7, see *English Historical Documents*, II.

④ Refer to W. Stubbs, *The Constitutional History of England*, I, Oxford, 1873, pp. 290-291.

⑤ *Charter of William I in Favour of Remigius, Bishop of Lincoln; Writ of William I Concerning Spiritual and Temporal Courts*, see *English Historical Documents*, II.

等，必须征求直接封臣的同意。表现在国家机构上，则是国王必须征得贵族大会议同意。而这个贵族大会议，正是由盎格鲁·撒克逊人的贤人会议发展而来，其本身便是封建法与盎格鲁·撒克逊旧法交融的结果。会议成员不仅来自国王的直接封臣，而且包含了原贤人会议的成员。所以所谓"同意"，当然就是两个民族文化的"同意"的交融。正因为如此，克拉克说："在征服者威廉统治之下，传统的盎格鲁·撒克逊惯例，与协商、同意的封建观念相互融合，以至于几乎不可能将两者区别开来。"[①] 这里所谓盎格鲁·撒克逊惯例，在克拉克看来，首先指他们的"同意"。的确，在盎格鲁·撒克逊政治经济生活中，同意的表决形式是一种普遍现象。随着封建关系的发展，这种同意又通过代表制度由直接封臣扩及各郡骑士和城市市民。而在教会内部，很早就以同意为原则处理教会事务，如征税、选举等。于是，在维持和遵守盎格鲁·撒克逊"同意"的基础上，封建法、教会法和市民法又纵横交织，从而形成了"同意"的第二次传播和交融。

　　现在考察基督教的传播。罗马军队约于 5 世纪初叶退出不列颠。此后不久，一批来自西欧大陆、熟稔罗马文化和日耳曼文化的传教士和学有所长的教会执事人员又复迁入，遂将基督教传入并传播开来。圣奥古斯丁是基督教在英格兰的开拓者，他不仅在坎特伯雷建立了英国第一座教堂，确立了大主教教座，而且吸收肯特国王皈依基督教，直接指导编订了著名的《埃塞尔伯特法典》。这些教会人员筚路蓝缕，将大陆罗马法、教会法观念和立法技术输入不列颠。至 7 世纪中叶，在肯特国王之后，盎格鲁·撒克逊诸国国王相继接受了基督教洗礼，颁行了法典。前

---

① 　M. V. Clarke, *Medieval Representation and Consent*, New York, 1964, p. 249.

已述及，这些法典的颁行，无不经过一定范围的协商和同意。而所以执行这样的程序，与教会人士的参与和指导密不可分。与此同时，这些教会人员也得到了盎格鲁·撒克逊各国的倚重，纷纷到宫廷任职，这对罗马法的再次传入和普及发挥了极为重要的作用。里昂认为，在这时的英国法律中可以清楚地看到罗马法思想的增长。但必须强调，这时的罗马法都披着教会的外衣，而教会法 canon law 也正是由此得名①。

后来，西欧历史进入罗马法复兴时期。罗马法复兴始于意大利，但不久即扩及整个欧洲大陆，并影响不列颠。11 世纪，法学家开始着手罗马法的普及工作，从教会法中检索资料为各国民众编辑通俗易懂的法律文书。自 11 世纪上半叶始，帕维亚、波伦亚等相继建立法律学校，面向欧洲各地招收学员，讲授研习罗马法及查士丁尼法典。而 1066 年诺曼征服，恰逢罗马法复兴初潮，遂使不列颠进一步受到罗马法的浸淫。这期间，先后有兰弗朗克（Lanfranc）、安瑟伦（Anselm）、瓦卡里乌斯（Vacarius）等著名罗马法大师前来传道讲学或从政任职。兰弗朗克是意大利人，精研罗马法、教会法和伦巴德法，曾任法国贝克本笃修院副院长，开办法律学校，讲授罗马法和教会法。后任坎特伯雷大主教和国王顾问，将罗马法和教会法原则引进诺曼法②。由他的书信和记录他生平事迹的编年史可见，他是"同意"的倡导者和践行者。他在英国任职近 20 年，主持召开了很多不同性质、不同范围、不同群体的会议，不同程度地贯彻了罗马法、教会法和日耳曼法的"同意"原则③。一

---

① B. Lyon, *A Constitutional and Legal History of Medieval England*, New York, 1980, p. 15.

② B. Lyon, *A Constitutional and Legal History of Medieval England*, New York, 1980, pp. 185-186.

③ *Trial of William of St Calais, Bishop of Durham, in the Court of William II*（1088）；"*The Acts of Lanfranc*"（1070）；*Lanfranc's Letters*, see *English Historical Documents*, II.

则 11 世纪的教会法令，可以说明兰弗朗克任内不列颠教会"同意"原则的实施情况。法令系沃塞斯特（Worcester）主教为召开主教大会而发布，其中说："我，沃尔夫斯坦（Wulfstan），沃塞斯特主教，今发布命令，……召集主教区内三郡即沃塞斯特、格洛斯特和沃维克郡英明人士开会。由于年迈体衰，来日无多，希望由我负责的教会一应事务均按教规处理，一切修订、改正皆须根据上述英明人士协商进行。"① 兰弗朗克于 1089 年辞世，新任坎特伯雷大主教安瑟伦于 1093 年即位，而此令发布于大主教空位的 1092 年，所以，可大体认为兰弗朗克任内不列颠教会同意原则实施的一般状况。而由法令内容可见，可以说事无巨细，凡关涉教会的一应事务，都须通过共同协商解决。

安瑟伦也是意大利人，曾任法国本笃修道院院长，后任坎特伯雷大主教，为一代杰出的唯实论哲学家，一生致力于罗马法和教会法的研究和推广，极大地推动了罗马文化和基督教文化的传播。编年史记录了他与英王威廉二世、亨利一世争夺坎特伯雷教产和主教叙任权的事迹；他本人与亨利一世的通信则反映了他在主教叙任权问题上的基本思想和立场，不仅使我们得以认识他的思想境界、自由意志以及令人赞佩的学者风骨，而且切实感受到了他对协商、同意等教会原则的服膺以及在不同会议和法庭上与众人协商、征求同意的实况②。兰弗朗克去世后，安瑟伦被选为坎特伯雷大主教。但就在尚未就任之际，威廉二世趁机将坎特伯雷地产赐予他自己的封臣③，从而与安瑟伦结下矛盾。而罗马教会内部围

---

① *Official Declaration by Wulfstan, Bishop of Worcester, of the Act of a Synod Held at Worcester in 1092*, see *English Historical Documents*, II.

② Eadmer, *the History of Modern Times in England*（1110-1143）; *Anselm's Letters*, see *English Historical Documents*, II.

③ Also see Margaret Deanesly, *A History of the Medieval Church 590-1500*, London, 1972, p. 102.

绕教皇人选问题的激烈争论，更使安瑟伦与国王的关系雪上加霜。他一再向国王表白自己对民意推选的教皇乌尔班一定尽一个臣子的本分，甚至要到罗马教皇面前受赠“礼帔”（pallium），威廉二世则坚令他舍弃教皇而效忠国王，如若不从，则他在英国必将居无定所。由此，两人之间形成了长期争论甚至尖锐冲突。面对国王的翻云覆雨和专横独断，安瑟伦不屈不挠，多次坚辞大主教职位，矢志为自由意志和教会利益而斗争。他提出召开“由主教、修道院长和王国全体贵族参加的大会”，以征得共同同意，由众人决断采行国王还是他本人的意见。“通过共同同意来决定是否在尊崇和效忠教皇的同时维持对世俗君主的效忠。”如果他的意见得不到采纳，则他宁可将自己放逐[1]。国王同意了他的要求，教俗两界大会如期召开，但会议结果却出乎安瑟伦意料：主教们没有给予同意，而是出于善意一致要求他接受大主教职位，以博国王欢心。这时的安瑟伦居然不顾年老体衰而义愤填膺，大声回应：“既然你们拒绝给我以协商劝告，……我便即刻去见‘大协商天使’（the angel of great counsel），从那儿获得协商劝告。”[2] “大协商天使”语出希腊文版本《圣经·旧约·以赛亚书》，多译为“天使大律师”，但显然不确。由上引编年史行文见，counsel 当为协商之意，所以这里翻译为“大协商天使”。至此，安瑟伦与国王的斗争达到高潮。对安瑟伦而言，教会遭遇欺凌，立场遭受践踏，君臣关系恶化等，都是他生活中亟须解决的大事。而当这些大事以一己之力难以解决的时候，他便求助于众意，通过

[1]　Eadmer, *The History of Modern Times in England*（*1110-1143*），see *English Historical Documents*, II.

[2]　Eadmer, *The History of Modern Times in England*（*1110-1143*），see *English Historical Documents*, II.

"共同同意"而求解决问题，似乎"共同同意"具有"王牌"效用。由此可见他对"同意"规则的看重。有意思的是，对于安瑟伦的顶撞、冒犯等"辱君"行为，国王并未予以特别处理，如治罪、监禁甚至处死，相反却每每满足了他的要求[①]。之所以如此，是因为行为背后其实仍然是协商、同意的规则在起作用。因为安瑟伦是公意推举的大主教，国王虽有时难免出言激烈，在实际操作层面上却仍能顺从规则。而在中古西方或者英国特定的文化背景下，这种"犯颜"在国王方面倒也似乎并不感到承受了多大隐忍和屈辱，所以并不以此为忤。如果认为这在国王理政中比较素常或自然可能有些脱离实际，但说在更大程度上是习俗或习惯使然则绝无问题。这就全然不同于中国的皇帝和专制制度。在中国，历代皇帝对犯颜之臣慢说治罪、监禁，即使处死甚或处极刑者又何止少数！威廉二世的这些行为与安瑟伦其实是一致的，因而在一定程度上折射了后者对协商、同意规则的态度。

瓦卡留斯在波伦亚大学即以研究和讲授罗马法为业，且成就卓然，后应牛津大学之邀讲授罗马法，为英国培养了大量法律人才。这些人才结业后分赴不列颠各地，成为英国法律建设的中坚力量。而罗马法研究遂蔚然成风，并成为不列颠法律的重要组成部分。他曾大量注释罗马法，而注释后的罗马法文本，无不成为学生研习进阶的基础和依据。另外，为了那些无力购买罗马法教材的学生，他曾将查士丁尼法典缩译为教材[②]，从而使罗马法通过教材的形式为学生所熟稔。除法学家外，大量教会人士曾受教皇之命赴不列颠管理宗教事务或传播基督教。红衣主教

---

① Eadmer, *The History of Modern Times in England*（*1110-1143*），see *English Historical Documents*, II.

② F. Pollock and F. W. Maitland, *The History of English Law*, Cambridge, 1923, vol. 1, pp. 118-119.

兰顿即受教皇之托，出任坎特伯雷大主教。他不仅饱读教会史，而且熟稔教会法、罗马法。也正是他，整理公布了亨利一世的《加冕宪章》，多处涉及了与全体男爵、高级教职甚至当事者个人的共同协商和同意问题。为郑重起见，宪章结尾，还特别列举了主教、伯爵、其他人员等多名出席者的名字，以为见证[①]。前已论及，他还起草了英国第一个宪法性文件，著名的《大宪章》[②]。其中第12和14款，特别突出了与纳税人协商并征得同意的精神。英国国王更多以饱学教会人员作为王庭法官。亨利二世一度任用三名主教为大法官。理查一世的王庭几乎由清一色的教会人员构成，包括坎特伯雷大主教、两名主教、二或三名主祭、二或三名即将晋升为主教的教会执事和二或三名俗人[③]。兰弗朗克的学生、查特尔斯的伊万（Ivo of Charters）沉潜于罗马法和教会法研究，后来负责起草了1106年亨利一世和安瑟伦授职权之争的协议。至斯提芬时代（1135—1154），罗马法对英国法律的影响已经十分显著，而普通法也就由原始习惯法转化为混合体系[④]。

　　12世纪的复兴浪潮尚未平复，新的浪潮又于13世纪形成。经过百余年的积累，英国已有条件推出自己新型的法学家。与前代法学家如格兰维尔相比，新生代既具有精研罗马法的坚实基础，又有对本土法律理论的深厚素养和司法实践的深切体验。正是借助这一优势，法学家们推出了自己的皇皇巨著，其中可以清楚地看到罗马法对英国法律的深刻影响，以及在英国法律中所据有的重要地位。需要说明，新一代法学家的

①　*The Coronation Charter of Henry I,* see *English Historical Documents,* II.

②　A. L. Poole, *From Domesday Book to Magna Carta, 1087-1216*, Oxford, 1955, p.462.

③　F. Pollock and F. W. Maitland, *The History of English Law*, Cambridge, 1923, vol. 1, p. 132.

④　F. Pollock and F. W. Maitland, *The History of English Law*, Cambridge, 1923, vol. 1, p. 132.

著作是应社会的实际需要而编撰的，书成之后即直接用于司法实践，成为审理案件的准则。由此可以想见，罗马法对不列颠的法律，甚至对其整个社会具有怎样的意义。亨利三世的王庭法官布拉克顿为新一代法学家的代表人物，编著《英国的法律与习惯》凡五大册，洋洋巨帙，其中大部篇幅即几乎抄自罗马法资料。在他看来，虽然罗马法、诺曼法采用成文法，英国使用习惯法，且习惯法具有不同于成文法的特征，但诺曼统治者还是迎合了习惯法的基础，从而使两者的同意形成了完美的结合。布拉克顿进而认为，诺曼人接受英国习惯作为法律是可以理解的，习惯法虽由惯例构成，但它具有法律效力，由王权予以解释和认可，由贵族给予建议和批准（assent），由民众给予共同同意[1]。另外，英国普通法中绝大部分基本原则，都是来自意大利注释法学派、教会法学家的法律学说[2]。而英国衡平法和商法则深受罗马法影响。衡平法大法官大多由精通教会法的教士充任。商法体系的创建者曼斯斐德亦精研罗马法，且每每认为他所创建的英国商法体系便以罗马法为基础。

　　这里所说罗马法对英国法律的影响主要指罗马法中物权概念的影响。罗马法中的物权概念是指两人不能同时拥有一物。由于罗马法是古典私有制发展的产物，其作用是保护私有财产，所以这种物权概念发展得很完善。但英国中世纪所有权有自己的结构，主要包括土地所有权和动产所有权两种迥然不同的所有权形式，对于这些形式，罗马法的影响并不是均衡的。从影响的结果看，动产所有权较多地接受了罗马法中

---

① 　M. V. Clarke, *Medieval Representation and Consent*, New York, 1964, p. 250.

② 　〔美〕孟罗·斯密：《欧陆法律发达史》，姚梅镇译，中国政法大学出版社 1999 年版，第 288 页；〔英〕梅因：《古代法》，沈景一译，商务印书馆 1984 年版，第 91 页；W. Holdsworth, *A History of English Law*, vol. 2, London, 1936, p. 286。

的所有权概念，土地所有权所受影响则比较有限。另外，如许多法学家所说，英国普通法与罗马法之间存在很大差别，例如，罗马法主要是诏令、法律解答、法学著述等，普通法主要是惯例和习俗。特别是 12 世纪之后，普通法告别罗马法走出了一条自己的道路。但是，在我们看来，所谓差别，主要是就法律形式而言，在法律精神上，如民主、平等、自由等，两者其实是一致的。所以，罗马法中的"同意"，在英国法律中得到了传播和继承。

综上所论，西方传统文化各组成部分都具有"同意"因子。这些因子之间并非不存在差异，但相对这些差异而言，彼此更相近相通，易于接纳吸收。所以经过数百年的传播交融，这些差异日趋削弱以致消失，从而使欧洲各国具有了大致同一的文化基础。明乎此，对于 12 世纪之后欧洲各主要国家相继形成议会政治，并以此区别于东方文化基本精神的重大文化现象，便能够给出合理的解释了。

（原载《文史哲》2011 年第 2 期）

我们如何共同行动？

——"同意理论"的当代境遇

张乾友

近年来，随着人们之间、社会之间以及国家之间交往的加深，也随着社会事务、政治事务以及公共事务的形成与解决牵涉到越来越多的方面，我们的生活中出现了许多道德上务要的目的（morally mandatory aims）[①]。并要求我们通过共同行动来实现这些目的。然而，另一方面，随着共同行动成本与风险的不断增加，随着社会信任的断裂与搭便车心态的盛行，也随着从组织到国家的各个层次上不平等的加剧，正在进入一个"地球村"的我们越来越难以开展共同行动，越来越难以通过共同行动去实现共同的道德上务要的目的。如果说现实中人们之间、社会之间以及国家之间愈演愈烈的冲突与对抗宣布了我们必须诉诸共同行动来改善我们的生存境遇，在行动无力的现实面前，我们如何共同行动就成了理论家们必须加以回答的问题。众所周知，近代早期，启蒙思想家们

[①] Thomas Christiano, "The Legitimacy of International," Andrei Marmor, ed., *The Routledge Companion to Philosophy of Law* , New York: Routledge, 2012, p. 389.

通过同意理论解决了人们如何共同行动的难题，同时也让人们之间的共同行动陷入了同意与拒绝的紧张之中，而当人们再次陷入了共同行动的困境时，20 世纪后期以来，学者们重新将目光转向了同意理论。不过，与启蒙思想家们不同，这一次，他们对同意理论做出了集体性的拒绝。然而，如果说启蒙思想家们通过提出同意理论而使我们陷入了同意与拒绝的紧张，当代政治哲学界对同意理论的拒绝也并没有让我们走出这种紧张，在某种意义上，关于"如何共同行动"的问题，我们仍需在同意与拒绝之间寻找答案。

一、同意理论及其紧张

同意理论（consent theory）是启蒙初期的思想主流，无论霍布斯、洛克还是卢梭，这几位最为人熟知也最重要的启蒙思想家在思考我们如何能够组成一个共同体、如何能够共同行动的问题时，无一例外地都诉诸人们的同意。不过，在历史已被宣告终结，自由主义已在哲学、经济以及社会政策等领域取得压倒性优势的今天，自由主义成分都不够纯粹的霍布斯与卢梭受到了学者们的有意无视，洛克则似乎成了古典同意理论的唯一合法代表。在洛克这里，关于以同意为核心的政治学说，我们可以找到这样一些关键性的论述：首先，"人类天生都是自由、平等和独立的。如不得本人的同意，不能把任何人置于这种状态之外，使受制于另一个人的政治权力"①。但一当做出了同意，"当每个人和其他人同意

---

① 〔英〕洛克：《政府论》下篇，叶启芳、瞿菊农译，商务印书馆 1996 年版，第 59 页。

建立一个由一个政府统辖的国家的时候，他使自己对这个社会的每一成员负有服从大多数的决定和取决于大多数的义务"[1]，"因此，开始组织并实际组成任何政治社会的，不过是一些能够服从大多数而进行结合并组成这种社会的自由人的同意。这样，而且只有这样，才曾或才能创立世界上任何合法的政府"[2]。并且，"当他们这样组成一个整体时，他们可以建立他们认为合适的政府形式"[3]。

从以上论述中，我们可以归纳出洛克式同意理论的基本内容：第一，国家是个人之间集体同意的产物，因而是以个人的自由与自主为前提的，那么，在理论上，出于保护和实现其自由与自主的目的，个人就可以集体地对国家表示拒绝，当然，在现代政治实践中，这种拒绝通常只适用于政府，而不适用于国家[4]；第二，同意确立了合法权威 —— 也就是政府 —— 以及人们服从这一权威的义务，进而，人们就可以围绕并通过政府来开展共同行动；第三，同意服从政府的权威在实践中意味着同意服从大多数人的决定，也就是同意让大多数人来决定我们共同行动的目标、方式与内容，并且，只要政府本身的存在仍然是合法的，那么，尽管少数可以对大多数人的决定表示反对，却不能拒绝服从这一决定，这是现代政治义务的实质性要求；第四，同意是个人之间集体行使其自由与自主的一种方式，那么，在同意实际上意味着接受政府权威与接受多数决定的意义上，在做出同意的决定时，人们有着选择政府形式

---

① 〔英〕洛克：《政府论》下篇，第 60 页。

② 〔英〕洛克：《政府论》下篇，第 61—62 页。

③ 〔英〕洛克：《政府论》下篇，第 65 页。

④ 个人可以通过移民来拒绝他原来所属的国家，群体也可以通过全民公决来拒绝他们认为被强行纳入其中的国家，但这两种拒绝都不是一种现代意义上的正常政治实践，虽然第一种拒绝可能已经具有了某种程度的普遍性。

的自由，也就是说，只要他们都自由地表达了同意，就可以通过多数决定来建立起一个合法却不自由的政府。

　　洛克式的同意理论源自于也体现了许多紧张关系，其中最重要的是自主与权威的紧张。如 20 世纪后期最著名的哲学无政府主义者沃尔夫（Robert Paul Wolff）所说，"国家的基本标志是权威，即统治的权利（right to rule）。人的首要义务是自主（autonomy），即对被统治的拒绝。由此，在个人自主与国家的假定权威之间似乎就存在着不可调和的冲突。只要一个人履行了为自己做决定的义务，他就会反对国家认为对他拥有权威的主张。这即是说，他将拒绝仅仅因为法律就是法律而服从国家法律的义务。在这个意义上，无政府主义似乎是唯一与自主的价值相一致的政治原则"①。显然，这是所有启蒙思想家共同面对的一个问题。现代思想启蒙既是一场个人的启蒙，也是一场国家的启蒙。而这种双重启蒙的目的则是在个人的基础上重建国家，使个人自主成为公共权威的前提，同时使公共权威成为个人自主的保障。但另一方面，在个人自主与公共权威之间似乎又存在着无法克服的矛盾，因为一个人之所以是一个自主的人，就在于他可以拒绝一切外在的干预，哪怕是权威性的干预，否则，他如何能够自主？为了解决这一矛盾，思想家们构造出了同意理论，并通过在逻辑上论证（1）自主意味着通过自己的决定掌控自己的生活，（2）同意国家拥有统治自己的权利同时自己有服从的义务这本身就是一项自主的决定，从而得出了（3）经同意产生的国家实现了自主与权威的统一的结论②。而当服从权威成了个人行使其自主权利的一

---

① Robert Paul Wolff, *In Defense of Anarchism*, Berkeley: University of California Press, 1998, p. 18.

② Joseph Raz, *Ethics in the Public Domain: Essays in the Morality of Law and Politics*, Revised Edition, Oxford: Clarendon Press, 1996, pp. 360-361.

种方式时，这一权威本身也就获得了合法性。由此，同意理论就为国家及其权威的合法性提供了一种在很长一段时期里都颇具说服力的解释。

对自主与权威矛盾的化解是启蒙思想最重要的成就之一，因为它回答了在自主被视为人的首要义务的前提下人们如何还能共同行动的问题，而这也是近代资产阶级革命在理论上必须解决的首要问题。革命是一种颠覆旧秩序的行动，但又不仅仅是颠覆旧秩序的行动，而且也必须是一种建构新秩序的行动，否则，它就只能被称为造反。任何革命性的行动，如果不能提供和确立一种新的政治秩序，就要么演变成换汤不换药的政权更替，要么使人们陷入无政府主义的状态。近代资产阶级革命试图推翻西欧中世纪的等级秩序，而代之以一种以自主的个人为基础并保障个人自主的秩序，首先就必须证明自主与权威的兼容性，否则，如果自主的个人不需要服从任何权威，如果自主意味着每一个人都自行其是，那就不可能有任何秩序，不可能有有序的共同行动，当人们不得不一道应对共同的问题时，就只能走向冲突和争斗。所以，同意理论让自主的个人之间得以形成一种共同的秩序，当他们彼此同意建立或接受这种秩序时，就进入了一个拥有权威的共同体，并得以在这一共同体的框架之内开展有序的共同行动。

不过，"同意"化解了自主与权威的矛盾，却又造成了一些新的紧张：一是自主与自由的紧张；二是合法性与正义的紧张。与以往的理论相比，近代启蒙思想的最大特征是预设了一个自主的个人，并试图以这种自主的个人为基础来重构政治共同体，其表现就是倡导政治自由。在这里，自由是自主的基本表现，我们判断一个人是否具有自主性，其依据就是他是否拥有开展行动与做出选择的自由。在同意理论看来，这种自由就表现为同意的自愿性，只要一个人是自愿地同意服从某种权威，那他的这种同意就可以被视为他行使其自主的行动①。于是就产生了这样的问题：如果这些个人自愿地同意建立或加入一个不自由的国家，那在成为这一国家的一员后，他还是一个自主的个人吗？换句话说，在自主表现为行动与选择的自由的前提下，自主的个人有同意不自由国家的自由吗？显然，如果答案是否定的，那么这个人就根本没有任何自由，因而也就不是一个自主的人。所以，同意理论家只能做出肯定的回答。如果说洛克对这个问题的肯定还比较含蓄的话，在面对当代政治哲学家们对同意理论的集体攻击时，洛克的辩护者西蒙斯（A. John Simmons）给出了更加明确的答复。他认为，"毕竟，邪恶的与不自由的人们拥有根据自己的意愿掌控自己生活的一切权利。如果非自由主义社会的成员真的拥有他们由此从事各种事务的领土（并因此有权控制它），如果每一个成员都自由地让渡了可以让他合理地抱怨被迫服从不自由安排这一事实的权利，那么，对政府不合法的抱怨就不应当产生。无论他们的社会对我们来说多么没有吸引力，它似乎都拥有对其从属者来说具有合法性的那些权利，而这些从属者则对它负有基于他们自愿同意的政治义务"②。但这样一来，通过自愿地同意一种不自由的安排，自主的个人就在事实上丧失了他的自由，并因为自由的丧失而失去了他的自主。在这种情况下，同意就作为个人行使其自主的方式而导致了他的自主的沦丧。这不仅是同意理论在逻辑上无法回避的一个悖论，也是政治现实经常呈现给我们的事实上的危险，而由于造成了这种危险，同意理论也就

---

① Thomas Christiano, *The Constitution of Equality: Democratic Authority and its Limits*, New York: Oxford University Press, 2008, p. 237.

② A. John Simmons, "Consent Theory for Libertarians," *Social Philosophy & Policy,* vol. 22, no. 1, January 2005, pp. 351-352.

使自己陷入了备受指摘的处境之中。

同意理论造成的另一大紧张是合法性与正义的紧张，或者说民主与正义的紧张。同意理论认为，一个国家的合法性取决于后来成为它的从属者的自然状态中的每一个人的同意。并且，这种同意不是说每一个人都同意赋予国家统治的权力，而是说他们都同意接受由他们中的绝大多数所做出的同意赋予国家以统治权力的决定。换句话说，一个国家的合法性取决于其从属者对多数决定也就是民主原则的同意。在同意这一原则的基础是，多数做出了同意接受国家统治的决定，那么这个国家就获得了合法性。由于这一同意的过程本身就是一个民主过程，通过这一过程建立起来的国家也就获得了民主的合法性，虽然它本身可能没有采取民主的政府形式。也就是说，自主的个人可以通过集体表决同意于一种不民主的政府，但这种政府则拥有民主的合法性，也就拥有要求其从属者基于民主原则服从它的权利，对这些从属者来说，服从这一不民主的政府也是他们自由选择的民主义务。这是同意式民主观的内在矛盾，它可以使所有不民主的政府形式都得以合法化，虽然并不是每一个不民主的政府都实际地得到了合法化。为了解决这一矛盾，在民主制度于西方社会已经根深蒂固的背景下，20 世纪后期以来，学者们开始更多地用正义的理念来校正同意式民主，甚至要用证成性（justification）来取代合法性的地位 [1]。这一思潮的最重要代表就是罗尔斯。

罗尔斯认为，民主—同意是一个程序性的概念，如果一个政府是通过民主程序建立起来的，如果它的法律与政策是经由民主程序而得以

---

[1]　A. John Simmons, *Justification and Legitimacy: Essays on Rights and Obligations*, New York: Cambridge University Press, 2001.

制定的，那么，这个政府及其法律、政策就都是合法的，但同时，它们也可能是不正义的，并且，当这种不正义达到某种限度，就可能削损政府及其法律、政策的合法性。这意味着，"合法性是一个比正义更弱的概念，因而也对我们能做的事施加了更少的限制"①。进而，"默认甚或同意显然不正义的制度就不能产生义务。人们一致认为，勒索来的许诺从一开始就不是一种许诺。但是，不正义的社会安排本身同样是一种勒索，甚至是一种暴力，对它们的同意是没有约束力的"②。所以，如果人们发现他们同意的是一种不正义的制度安排，那么他们就可以拒绝服从这一制度，拒绝依据这一制度来开展共同行动。至此，同意作为共同行动基础的地位遭受到了否定，在自由民主制度似乎已经牢不可破的前提下，"我们如何能够共同行动"的问题被"我们如何更好地共同行动"的问题所取代，而这自然意味着对那些不好的行动方式与方案的拒绝，且这种拒绝的核心即是对我们曾经对这些方式与方案做出过的同意的拒绝。由此，对同意的拒绝就成了当代政治哲学研究中的一个核心议题，而这种拒绝也使人类的共同行动陷入了新的困境。

二、我们能否拒绝同意

在某种意义上，同意理论制造了"我们如何共同行动"的问题。或

---

① John Rawls, "Political Liberalism: Reply to Habermas," *The Journal of Philosophy,* vol. 92, no. 3, March 1995, p. 175.

② John Rawls, *A Theory of Justice*, Cambridge, Massachusetts: The Belknap Press of Harvard University Press, 1971, p. 343.

者说，在此之前，"我们如何共同行动"根本就不是一个问题。显见，同意理论是一种虚构，这种虚构掩盖了这样一个历史事实，即我们并不是因为同意才进入了一个共同体，而是生来就处于某个共同体之中，并通过在这个共同体中的生活而习得了它的共同规范，也就学会了基于这些规范而共同行动。在这里，我们并不需要思考我们如何共同行动。因为我们生来就处在了既定的共同行动模式之中，我们也不需要同意这种共同行动，因为我们事实上无法拒绝这种行动。在这个意义上，同意理论其实是一种拒绝理论，当它说只有同意才能赋予我们承担某种共同行动之后果的义务时，实际上是说我们拥有拒绝一切我们想拒绝的共同行动的权利。在这里，同意是通过拒绝而得到定义的，判定一个人同意了一项行动的标志，与其说是他明确做出了同意的表示，不如说是在他（1）清楚知道正在发生的事以及他的同意意味着什么，（2）有明确时限表示拒绝并被告知可接受的表示拒绝的方式，以及（3）被告知从何时开始就不再接受拒绝的前提下，没有表示拒绝的事实①。换句话说，只有拥有了拒绝一切想拒绝的行动方式或方案的权利时，一个人才是自主的，因为只有这样，他才真正拥有同意的自由。而随着人们获得了拒绝的权利，"我们如何共同行动"就成了一个问题，同意理论对这个问题的回答就是同意，只要我们同意或者说没有拒绝一项行动方案，那么我们就可以依据这一方案来开展共同行动，同时有义务承担这种行动所造成的后果。

洛克清楚地认识到了同意与拒绝间的辩证关系，并提出了"默示

---

① A. John Simmons, "Tacit Consent and Political Obligation," *Philosophy & Public Affairs,* vol. 5, no. 3, Spring 1976, p. 279.

同意"（tacit consent）的概念来解释这一关系，即只要一个人没有明确地拒绝一个政府、权威或行动方案，那他就以默示的方式同意了这个政府、权威或行动方案。如前所述，对于历史而言，同意理论完全是一种虚构。因为历史上没有哪一个国家是通过所有人的同意建立起来的。但通过引入"默示同意"的概念，那么只要人们没有明确表示过拒绝，则所有国家都可以被视为同意的产物。由此，洛克就得出了"就历史来看，我们有理由断定政权的一切和平的起源都是基于人民的同意的"[①]这一完全不符合历史的结论。这一结论具有两方面的意义：一方面，它意味着同意理论得到了历史事实的支持，因而反对者就不能以历史上找不出明确同意的证据为由而否定其解释力；另一方面，它为现代国家提供了一种更广泛的合法性基础，无论在国家的建立阶段还是在国家的日常运行中都是如此。对于现代国家的正常治理而言，后一点是非常重要的。因为，在代表型民主制度下，同意直接表现为投票，一位选民参与了投票并不只是意味着他同意某位候选人作为他的代表，更意味着他同意了以投票为内容的代表型民主制度。那么，在政治冷漠日益成为一种普遍现象的背景下，在投票人数尤其是当选者所获得投票人数在总人口中的比例越来越少的条件下，我们怎么能够认为这个当选者以及民主制度本身是得到了整个社会同意的？显然，"默示同意"的概念可以在逻辑上解决这一问题，因为当选者虽然可能没有获得大多数人的明示同意，但所有没有明确拒绝他也就是没给他的竞争对手投票的人都可以被认为对他做出了默示的同意。同样，所有没有参加投票的人，只要他们没有明确拒绝一个国家的民主制度 —— 如通过双重国籍参与另一国家

[①]　〔英〕洛克：《政府论》下篇，第70页。

的投票，就也默示地同意了这个国家及其民主制度。可见，根据同意理论，只要我们没有明确拒绝彼此，那我们就可以共同行动，只要我们没有明确拒绝一种制度，那我们就可以在这种制度下共同行动，而这两点得以成立的前提则是，只要我们想拒绝，那我们就可以拒绝。

　　拒绝不同于反对，正如同意不同于共识。反对与共识是民主的一体两面，民主一方面赋予了每一个人反对另一个人的权利，另一方面又施加给所有人服从共识的义务，而这里的共识就是多数的决定。所以，在民主过程中，每一个人都可以尽情地反对彼此，但只要多数做出了决定，他就必须服从这一决定，这是他的民主义务，且民主制度的存续高度依赖于这一义务。如果他不服从这一义务，那他就不是在表达反对，而是在表示拒绝，并且是通过对民主义务的拒绝而表达的对民主制度的拒绝。同意理论本质上是一种拒绝理论，但它却不允许对同意本身的拒绝，否则，如果所有人都拒绝同意，那么他们之间就无法形成任何的共同体，也无法开展任何的共同行动了。作为一种拒绝理论，同意理论主张个人可以拒绝一切他不同意的事情，而作为同意理论，它又要求个人必须同意一件事情，这就是他必须服从多数的决定，而无论他自己是否属于多数的一分子。这里的问题在于，如果国家真的是同意的结果，如果每一个人在创立国家的过程中都真的表达了他的同意，至少是对服从多数的同意。那么，作为一个自主的政治行动者，他的确不能否决自己的同意，不能拒绝因同意而产生的义务。但在现实中，这样的同意通常并不存在，很少有人曾经有机会表达他们对国家的同意，尤其在民族国家的形成过程中，许多少数群体甚至是被强行整合进民族国家框架之中的，同意理论能够要求他们履行只能因同意而产生的义务吗？显然不能。既然如此，拒绝这些义务也就没有什么不对的了。可见，同意理论存在一个致命的缺陷，如果它不能让人们相信他们曾经做出过同意，也就不能加予他们任何的义务。如果说在洛克的时代人们还愿意相信同意理论所赖以存在的这一假设的话，到 20 世纪后期，在民主制度四处开花的同时，同意理论则越来越失去了市场，以致让布坎南（Allen Buchanan）感叹道："如果同意真的是政治权威的一个必要条件，那就没有也绝不可能有任何实体能够拥有政治权威。"① 结果，近些年来，所有民主国家内部都兴起了拒绝权威及服从权威之义务的浪潮，使民主社会变得越来越支离破碎，也让人们之间的共同行动再次成了一个问题。

义务是共同行动的前提。如果两个人之间不能产生义务关系——无论这种义务是指向对方还是指向一个外部的权威，他们就无法开展共同行动，进而甚至导致社会的解体。因此，在同意理论无法继续解释政治义务来源的情况下，理论家们就必须寻求新的解释，以避免共同行动的分崩离析与政治共同体的土崩瓦解。在这个问题上，罗尔斯与拉兹（Joseph Raz）提出了两种最有代表性的观点。众所周知，罗尔斯的所有理论叙述都是以"原初状态"与"无知之幕"这两大假设为前提的，它们的共同作用保证了人们同意将"作为公平的正义"作为政治共同体的基本原则，并因而需要服从基于这一原则而做出的制度安排。但这并不意味着罗尔斯仍将同意作为政治义务的来源，相反，罗尔斯对政治义务的理解是先验主义的。在解释政治义务的来源时，他假设了一种"自然正义义务"（natural duty of justice），"这个义务有两个部分：第一，当正义制度存在并适用于我们时，我们必须服从正义制度并在正义制度中尽我们的一份职责；当正义制度不存在时，我们必须帮助建立正义

---

①   Allen Buchanan, "Political Legitimacy and Democracy," *Ethics,* vol. 112, no. 4, July 2002, p. 699.

制度，至少在对我们来说代价不很大就能做到这一点的时候要如此"①。在这个意义上，同意"作为公平的正义"其实是我的自然正义义务的一部分，因而，不是因为我表达了同意才获得了这一义务，而是我的自然正义义务要求我表达这种同意，并因为这种同意而产生了现实的正义义务。这也就意味着，"如果社会基本结构是正义的（或者具有在特定环境中可以合理期望的正义性），那么每个人就都有一种去做要求他做的事情的自然义务。每个人都负有这种义务，不管他自愿与否、履行与否"②。换句话说，对于正义的制度，我们必须同意。由此，罗尔斯就通过设定一种自然政治义务而实现了对同意理论的拒绝。如克里斯蒂亚诺（Thomas Christiano）所说："如果同意真是政治权威的一个必要条件，那么个体似乎就可以选择不服从一个对他所居住区域拥有管辖权的完全公正的国家。"③而既然同意不再是政治权威与政治义务的必要条件，那么，当我们从我们的自然正义义务出发而建立起了一种正义的制度时，就没有任何理由拒绝这一制度，而这一制度也就让我们的共同行动重新得到了制度性的保障。

如果说作为契约论传统的继承者，罗尔斯身上不可避免地留下了同意理论的某些痕迹，拉兹对权威与义务的阐述则完全摆脱了同意理论的影响。同意理论认为，自主意味着做出同意的自由，拉兹则认为，"自主意味着在依据正确的理由决定一个人的行为时独立行使其判断"④。如果自主

① 〔美〕约翰·罗尔斯：《正义论》，何怀宏、何包钢、廖申白译，中国社会科学出版社 1988年版，第 322—323 页。

② 〔美〕约翰·罗尔斯：《正义论》，第 323 页。

③ Thomas Christiano, "Authority," Edward N. Zalta ed., *The Stanford Encyclopedia of Philosophy*, Spring 2013 edition, http://plato.stanford.edu/archives/spr2013/entries/authority.

④ Joseph Raz, *Ethics in the Public Domain*, p. 357.

意味着同意的自由,那么,做出了同意就必须接受相应的义务;反之,如果自主意味着在依据正确理由行事时独立行使判断,那么,只要一种正确的理由是与我的独立判断一致的,那我就必须接受这一理由加予我的义务,并且,由于我的判断本身是独立的,在接受义务时,我根本就没有也不需要同意那一理由。由此,拉兹提出了著名的关于权威与义务的一般证成论(normal justification thesis),这就是:"主张一个人应当被承认对另一个人拥有权威的一般的和主要的方式是要表明,如果声言之从属者接受声言之权威的指令具有权威性与约束力并试图遵循它们,那他将比试图直接遵从适用于他的理由更可能顺应适用于他的理由(而不是声言的权威性指令)。"[1] 也就是说,权威之所以是权威,在于它提供了一种正确的理由,而且,服从权威可以让人更好地遵循他本来就应当遵循的理由,所以,出于正确行动的要求,我必须服从权威。在这里,同意根本没有发挥作用的空间,而由于对权威的服从并不是基于同意,那么,无论权威所提供的正确理由是否符合正义,我都无法拒绝顺应这一理由所必须承担的那些义务,因为只有这样才能证明我的自主性。由此,拉兹将同意完全排除在了权威与义务的逻辑链条之外,而随着个人失去了同意的权利,他也就不再能够拒绝依据正确的理由开展共同行动的义务了。

三、无须同意地共同行动?

由于同意理论的失效,过去几十年来,权威与义务成了政治哲学研

---

[1]　Joseph Raz, "Authority and Justification," *Philosophy & Public Affairs,* vol. 14, No. 1, Winter 1985, pp. 18-19.

究中的一对核心概念，罗尔斯与拉兹则成了人们在重新回答"我们如何共同行动"的问题时绕不开的两个人物。比较而言，拉兹的理论蕴含了一种直接的不平等关系，因为权威掌握了关于我的行动的正确理由，虽然我自己也认识到了这一理由，却只能通过服从权威来更好地顺应这一理由。在这里，我与权威的关系显然是不平等的。克里斯蒂亚诺将这种不平等的权威观称作工具主义的权威观，他认为："对政治制度进行工具主义评价的基本标准不是人们作为平等者彼此提出的方案，而是优等者出于劣等者的利益而强加于他们的特殊真理。而这是与正常成年人之间的平等不一致的。"[1] 所以，"这种权威观所具有的工具主义和零星主义的性质使它可以赋予严重不正义的政权以合法权威"[2]。在这一点上，一般证成论有似于儒家所说的"从心所欲，不逾矩"。从表面来看，这样一种权威观既是自由的，也是平等的，但如何做到从心所欲不逾矩呢？答案就是"存天理，灭人欲"，因为没有欲望自然也就不会逾越规矩。在这里，权威掌握了"天理"，也就是正确的理由，而这一理由的要求则是"灭人欲"，即它的从属者只有通过"灭人欲"才能做到从心所欲不逾矩。这样一种关系显然是不平等的。所以，作为对同意理论最激烈的反对，拉兹的一般证成论也受到了同意理论所有反对者的激烈批评。克里斯蒂亚诺就认为"这种权威观必须被拒绝"[3]，而不能成为我们共同行动的依据。

　　与拉兹不同，罗尔斯通过假定每个人都负有一种自然正义义务而证明了我们可以通过选择正义的制度来开展共同行动。并且，在"无

---

[1]　Thomas Christiano, *The Constitution of Equality*, p. 236.

[2]　Thomas Christiano, *The Constitution of Equality*, p. 233.

[3]　Thomas Christiano, *The Constitution of Equality*, p. 236.

知之幕"的设置中，他重申并更新了自由主义的中立性原则，从而让人们对"作为公平的正义"的选择呈现出了不偏不倚的特征，也使基于"作为公平的正义"的共同行动本身具有了正义的性质。在这里，中立性被罗尔斯表述为讲理（reasonableness），它区别于传统意义上的理性（rationality），因为理性的人不是一个中立的人，他首先倾向于选择对自己有利的制度，而不是正义的制度，只有一个讲理的人才会愿意选择一种正义的却可能对自己不利的制度。单从逻辑上讲，在已经设置了原初状态与无知之幕的前提下，讲理这一条件其实有些多余，甚至是不合逻辑的，因为理性选择已经足以保证每个人选择"作为公平的正义"了。但问题在于，无论原初状态还是无知之幕，在现实中都是不存在的，正如同意从来不曾真实存在过一样，而在不存在原初状态与无知之幕的条件下，理性的人们肯定不会选择"作为公平的正义"。所以，罗尔斯就以牺牲其理论在逻辑上的严密性与简洁性为代价而换来了它对现实的更强解释力。这是他超越了同意理论家的地方，他在事实上构建出了一个前所未有的逻辑体系，却并不仅仅是在玩逻辑游戏。然而，讲理的引入又产生了一个新的问题，即它究竟是否一个中立的范畴？在罗尔斯看来，或者说，在罗尔斯所代表的西方主流社会看来，答案是肯定的，如果说现实中并不是每一个人都是讲理的人的话，至少每一个人都可以成为讲理的人。但在社会中处于弱势或边缘地位的人与群体看来，答案则是否定的，相反，"在西方社会，这样的人通常是白人、男性和中产阶级"①。那么，就算每一个讲理的人都愿意选择"作为公平的

---

① Alison Jaggar, "Feminism in Ethics: Moral Justification," Miranda Fricker and Jennifer Hornsby eds., *The Cambridge Companion to Feminism in Philosophy*, Cambridge: Cambridge University Press, 2000, p. 231.

正义"，在社会中事实上存在着不讲理的人——无论他们为什么不讲理——且他们就是不愿意选择"作为公平的正义"的情况下，所有这些讲理的人与不讲理的人如何能够共同行动？

在国内政治的层面上，罗尔斯不承认这样一种可能性，因为在存在国家这一事实权威（de facto authority）的前提下，无论人们讲不讲理，他们都必须在国家所提供的制度框架下共同行动，这是最基本的公民义务。对罗尔斯来说，这一义务意味着，"一位自由社会中的公民需要尊重其他人的整全性的宗教、哲学与道德学说，只要这些学说符合于一种合理的（reasonable）政治正义观"①，这种合理的政治正义观就是"作为公平的正义"。换句话说，作为自由社会中的公民，每一个人都需要让他的整全性学说与"作为公平的正义"相符，只有这样，他才能在保有其差异的同时与他人达成一种重叠性的共识，而只要他们能够达成重叠共识，他们就都是讲理的人。可见，罗尔斯实际上预设了，在自由社会中，每个公民都是讲理的人，或者说，自由社会已经将它的所有公民都变成了讲理的人，所以，他们就可以在选择"作为公平的正义"上达成重叠共识，进而依据这一共识开展共同行动。但从现实来看，在自诩为自由的西方社会中，许多边缘化的社会运动表现出了日益强烈的不讲理甚至无理的特征，它们不是通过理性的协商寻求与其他社会成员的重叠共识，而是要从根本上拒绝它们不想要的但所有自称讲理的人都会赞同的正义观念与政治制度。并且，这种拒绝已经超出了"公民不服从"的范畴，因为它们不是在拒绝特定的政治义务，而是在拒绝所有公民义务的前提，即作为一种事实的公民身份。这些运动向我们提出了这样一个

---

① 　John Rawls, "The Law of Peoples," *Critical Inquiry,* vol. 20, no. 1, Autumn 1993, p. 37.

问题:在我们并没有同意建立一个国家或一种政治制度的前提下,如果我们承认我们都负有一种自然正义义务,那我们是否有权拒绝一种特定的正义观念以及相应的政治制度?

对于这一问题,罗尔斯式的回答是这样的:什么叫自然正义义务?它是我们承认与保护每一个人所拥有的自然权利的义务。那么,什么叫自然权利?它是我们每一个人作为自然人所拥有的那些权利,也就是人权。所以,自然正义义务就是承认与保护每一个人的人权的义务。如果说正义观念本身是开放的与多元的,那么,通过在它前面加上一个"自然"的定语,正义就变成了一种封闭的和排他性的观念。至此,所有不以人权为内容的正义观都不再被视为正义观,而所有支持或信奉这些正义观的人也都不再被视为讲理的人,因此,他们的所有不讲理的主张与诉求都应当受到拒绝。这就是马塞多(Stephen Macedo)所说的,"我们必须摒弃或放弃我们不能与讲理的同胞公民一同分享的立场。我们寻求可以达成具有公共性的合理共识的共同立场,我们不接受、权衡和就信念与观点上的持久的和不可消除的差异讨价还价"①。而如此一来,人权就变成了拉兹所说的正确理由,它意味着讲理的人掌握了共同行动的正确理由,不讲理的人则必须服从这种理由,否则他就无法正确地与他人共同行动。在逻辑上,这种服从关系不能被认为是不平等的,因为平等是人权的基本要求,所以,服从人权的理由就是在实践平等。但它一定是褊狭的和排他性的,在实践上,它意味着讲理的人可以拒绝不讲理的人的无理要求,反过来,不讲理的人则必须在讲理的人向他提供的框架或限制中开展行动。所以,只要承认每一个人都负有自然正义义务,那

---

① Stephen Macedo, "The Politics of Justification," *Political Theory,* vol. 18, no. 2, May 1990, p. 295.

么每个人就都必须讲理，都必须在相互论理（reasoning）中共同接受以人权为内容的正义观。对于罗尔斯之后的自由主义者来说，只有这样，自由社会与自由制度才是可能的，进而，符合自由价值的共同行动才是可能的。

对公民身份及其相应政治义务的拒绝不只是西方自由社会，而是所有当代社会共同面对的一大现实问题，而要解决这一问题，就必须否定同意理论，否则，如果只有同意才能产生义务，那么任何人就都可以通过否认自己做出了同意来拒绝承担政治义务。其结果就不是哲学无政府主义，而是政治上的无政府主义，是政治社会的解体。所以，几乎所有当代主流政治哲学家都对同意理论表达了反对的意见。但在反对同意理论的过程中，至少从罗尔斯与拉兹的理论叙述来看，学者们又走向了另一个极端，即否认任何人拥有拒绝的权利，这就造成了对社会中的边缘群体与边缘价值的错误承认①，让这些边缘群体与边缘价值承担了人们为了在一个多元社会中开展共同行动而必须付出的那些代价。如果说在国内政治层面，这一点还表现得比较隐晦的话，在国际政治层面，不允许边缘国家与人民的拒绝则是当今国际行动的一个基本特征。

在国际关系层面，自由主义者必须直面的一个事实是，世界上客观存在着自由社会与非自由主义的社会，如果他们完全根据自由主义的标准将这些社会视为不讲理的社会，将这些社会中的人民视为不讲理的人民，那么不同社会与人民之间就不可能开展任何的共同行动。为了解决这一困境，罗尔斯提出了"良序社会"（well-ordered society）的概

---

① 〔美〕弗雷泽、〔德〕霍耐特：《再分配，还是承认？一个政治哲学对话》，周穗明译，上海人民出版社2009年版，第14—15页。

念，将自由社会与满足如下条件的等级制社会都纳入了良序社会的范畴之中，这些条件是：第一，它尊重和平原则且不致力于扩张；第二，它的法律制度满足其人民所认为的合法性要素；第三，它尊重基本人权。[①]任何社会，只要满足了这三个条件，就属于良序社会，也被称为"守法社会"，它们之间可以依据一种"万民法"而开展共同行动。不满足这三个条件的社会则被称作"法外政权"。罗尔斯认为，良序社会是一种宽容的社会，但这种宽容是有界限的，它不能宽容法外政权。所以，良序社会及其人民必须"坚定地拒绝一切的军事援助或经济以及其他帮助。此外，秩序良好的人民还不应将法外政权作为合格成员接纳进他们的多边互惠合作实践之中"[②]。但另一方面，"守法社会与法外政权处于一种自然状态之中，它们对自己以及彼此的社会及幸福负有义务，也对处于法外政权之下的人民的幸福负有义务，但不包括它们的统治者与精英"[③]。出于这种义务，出于保护守法社会及其人民，以及在更严重的情况下保护处于法外政权之下的无辜者以及他们的人权的需要，守法社会就可以对法外政权宣战，通过战争将它们改造为守法社会，从而使这些社会中的人民也成为一个人民之间的合理社会的合格成员，将他们也纳入万民法的统辖之中，并以万民法为依据而共同行动。

显然，罗尔斯为国际行动所设置的条件过于苛刻，如果守法社会完全拒绝与法外政权共同行动，那么，除非通过战争，否则它们之间就不可能有任何共同行动。而如果它们之间现实存在着某些共同行动，这些共同行动也一定是不符合万民法的。就此而言，罗尔斯的万民法理论具

---

① John Rawls, "The Law of Peoples," *Critical Inquiry,* vol. 20, no. 1, Autumn 1993, p. 66.

② John Rawls, "The Law of Peoples," *Critical Inquiry,* vol. 20, no. 1, Autumn 1993, p. 62.

③ John Rawls, "The Law of Peoples," *Critical Inquiry,* vol. 20, no. 1, Autumn 1993, p. 61.

有一种现实批判的功能，它指出了当前所谓守法社会施加于法外政权的所有渔利活动的不合法性质，甚至，从一种理想标准来看，与法外政权的任何共同行动都是守法社会对其人民所犯下的不义。显然，对现实世界的评价是无法采用这样一种理想标准的。因此，与罗尔斯总是致力于构建理想理论不同，在思考国际行动的问题时，布坎南采取了一种现实主义的路径，从全球治理机构入手思考国际行动的合法性基础问题。在这样做时，布坎南旗帜鲜明地反对同意理论，他认为："很难相信国家间的同意如何能够赋予全球治理机构以合法性，因为许多国家是不民主的，甚至蓄意侵犯其公民的人权，并因此本身就是不合法的。在这些情况下，国家的同意是不能让渡合法性的，因为根本就没有可让渡的合法性。"[1] 国际关系同意理论的一个论点是，同意可以制衡强者，使弱者可以拒绝强者的不正当干预。但在布坎南看来，"仅仅因为不是所有国家都同意了全球治理机构而无论它们多么有价值就拒绝赋予其合法性，是以放弃对暴政的合法否决权为代价来保护弱小的国家。而这一代价未免太高了。在多边关系中，弱国占有数量上的多数。一般来讲，它们受全球机构中强国支配的危险要远比受那些强国在全球机构之外的行动的威胁小得多"[2]。言下之意，如果不同意由强国主导的全球治理机构的支配，那就只能接受强国在不受任何全球治理机构限制的条件下的支配，那么，"两害相权取其轻"，弱国就没有任何理由不同意以人权规范为基础组织起来的全球治理机构。反过来，这些全球治理机构的行动也就完全无须弱国的同意。只要是出于人权的理由，这些全球治理机构就可以

---

[1]　Allen Buchanan, *Human Rights, Legitimacy, and the Use of Force*, New York: Oxford University Press, 2010, p.111.

[2]　Allen Buchanan, *Human Rights, Legitimacy, and the Use of Force*, p.111.

采取合法行动，这体现了自由人民的一种坚定的自然正义义务（robust natural duty of justice），"一种帮助确保所有人都能享有正义制度的义务"①。

可见，20 世纪后期以来，主流政治哲学研究中出现了一股拒绝同意理论的趋势，无论在国内政治还是国际政治层面上，学者们都不再承认同意作为政治义务来源与共同行动前提的地位，这反映了多元社会兴起的现实。多元社会的基本特征在于，这个社会中一定存在不愿同意的人。而且，如布坎南所看到的，这些不愿同意的人虽然处在社会的边缘，却可能是社会中的多数，所以，要能开展共同行动，多元社会中的人们就必须拒绝同意理论，否则，不愿同意的人就可以正当地拒绝一切义务，同时理所当然地享受搭便车的好处。但另一方面，对同意理论的拒绝在逻辑上又导向了人们不能拒绝与他人共同行动、不能拒绝权威的结论，而这在实践中就造成了排他性的甚至不平等的后果，使社会内部的边缘群体与国际社会中的边缘国家不能拒绝它们不愿参加的共同行动，并不可避免地承担了这种行动的不利后果。虽然这种行动似乎得到了哲学上的充分证明，但在实践中，它注定是不可持续的。无论一项行动有着多么正确的理由、多么正义的目的，只要我不愿参加，那我就一定会想方设法反抗这种行动。这正是今天的政治世界中每天都在发生的事情。在资产阶级革命中，启蒙思想家们通过同意理论证明了自主的个人之间如何能够开展共同行动，同时也让人们间的共同行动陷入了同意与拒绝的紧张之中。而在今天，随着多元社会的形成，虽然同意理论已经受到了普遍的否定，但在无须同意的共同行动已经造成的现实悖论面

---

① Allen Buchanan, "Political Legitimacy and Democracy," *Ethics,* vol. 112, no. 4, July 2002, p. 704.

前，我们能否无须同意地共同行动，我们是否应当无须同意地共同行动，以及更重要的，无须同意地共同行动是否正确，则成了所有试图回答"我们如何共同行动"的问题的人都必须加以深思的根本性问题。

（原载《文史哲》2016 年第 4 期）

论文化识别
——一种界定"少数人"的进路

耿 焰

一、我是谁——文化识别

虽然在哈姆雷特看来,"生存还是毁灭,这是值得考虑的问题"[1],但细究起来,对于个人而言,"我是谁?"才是一个真正令人困惑同时又不得不面对的问题。

在生物学上,人与人没有区别,组成人的基因本质上无区别,人的生物学构造没有区别,器官功能也没有区别。但为什么"我是我"而不是其他人呢?这里不得不涉及"完整自我"的认同与文化识别问题。"完整自我"认同是个体对于自己是谁、自己作为人应具备什么样的基本特质的理解,既包括个体对自身的基础性认识,如对自身需求、自身利益、自身目标的认识,也包括个体对于自身与他人关系的一种基础看法,如满足自身需求的可能性等。"完整自我"的认同是个体独立的基

---

[1] 〔英〕莎士比亚:《哈姆雷特》第三幕。

础，但这种认同不能离开个体既定的文化背景，只能依据文化识别而形成。文化识别又称文化认同，是个体对影响自身的文化和文化群体所形成的一种身份归属，这种归属之所以对个体必不可少，根本原因在于人不仅仅是政治动物，需要确定自己与国家（即亚里士多德眼里的"城邦"）的关系，寻求国家的庇护；人更是一种文化动物，个体"完整自我"的认同只能在特定的文化中，依据文化识别来完成。

1. 个体认同完整自我的价值观念来源于个体既定的文化

个体认同完整自我依据的虽然是个体独立的价值观念，但这种价值观念并非天生，而是在个体与他人互动的过程中，依据其置身的文化背景所提供的用于观测和总结与他人互动关系的价值系统来完成。个体可能接受这种价值系统，将其作为参考；也可能质疑这种价值系统，将其作为反面教训。无论如何，个体认同完整自我的各种观念并不是在"真空"中形成的，相反，是个体所置身的特定文化提供各种"素材"由个体"加工"完成的。人们经常发现，分属于不同文化群体的人，其观念差异会如此之大，原因不在别的，就是囿于文化。一个人是靠生长于某个特定的社会，学习其语言，参与其生活（包括道德和政治生活），在自然地、无所察觉地成为群体成员的同时成为一个独立个体的。社会不同，所处的文化背景不同，个体差异自然重大。对文化的这种魔法作用，有人曾经形象地比喻说，"文化就像软件一样，指导人的行为"①。这不是说特定的文化给不同的个体提供一种统一的价值观念，而是指其至少提供了一种有关信念、准则和实践的框架，在此框架内，个体才形成自己的价值观念，完成自我认同。其次，文化给人提供了一个"清晰的

---

① Duncan Ivison, *Postcolonial Liberalism*, Cambridge: Cambridge University Press, 2002, p.37.

空间",在这个空间内,人们在"集体和个体之间游动,在过去和现在之间游动"①,个体的价值观念由此不断得到修正。塔米尔曾将这种置于特定文化、历史背景中的个体称为"语境中的个体",认为个体依据自己的价值观念所进行的选择不可能具有一种"凌空蹈虚的视点",即不可能像一个没有任何背景、归属或存在的个体那样进行选择。相反,一个人之所以能够反思、评价并选择自己善的概念、目的,是"因为他处于一个特定的社会与文化环境中,这个社会文化环境为他提供了选择标准。自我决定、自主性以及批判性地反思与选择的能力是这个人的概念的主要特征,但是文化归属、宗教信仰以及关于善的观念,也就是这些选择的结果,也是这个人的概念的基本特征"②。

2. 个体认同完整自我所必需的自尊离不开其所处的文化群体

自尊是个人对自身价值的感受,个体完整自我的认同需要起码的自尊,这种自尊来源于对地位与承认的一种渴望,渴望寻求"一种在其中我能够感觉到我是一个负责任的行动者的状况",而"唯一能够这样承认我并因此给予我成为某人的感觉的,便是那个从历史、道德、经济也许还有种族方面我感到属于其中的社会的成员们"③。这种承认是自尊的基础,如同"在我没有被承认是自我管理的人类个体意义上,我也许会感到不自由"一样,"当我被认为是一个不受承认或者得不到充分尊重的群体的成员时,我也会感到不自由"。换言之,"惟有公民们有起码

---

① Homi K. Bhabha, *Cultural, Choice and the Revision of Freedom*, in Austin Sarat and Thomas R. Kearns（edited）, *Human Rights: Concepts, Contests, Contingencies*, Ann Arbor: The University of Michigan Press, 2001, p. 57.

② 〔以色列〕耶尔·塔米尔:《自由主义的民族主义》,陶东风译,上海译文出版社 2005 年版,第 22—23 页。

③ 〔英〕以赛亚·伯林:《自由论》,胡传胜译,译林出版社 2003 年版,第 228 页。

的自尊，他们才能积极参与宪政协商过程，表达意见，然后经由这样的参与，成为人民主权的一部分，同时履践公民自由与私人自由"[①]。如此，个体"完整自我"的认同离不开其既定的文化群体，该文化群体受尊重的地位能为其中的个体提供起码的自尊。

3. 个体认同完整自我所需的自我判断、自我反省能力来源于既定的文化

虽说个体对完整自我的认同是独立进行的，体现在"一个人只要保持说得过去的数量的生活常识和经验，他们自己规划其存在的方式总是最好的，不是因为这种方式是最好的，而是因为它是自己的方式"[②]，即达到所谓的自治。但是，达到这种自治所需的自我反省和自我判断的道德能力却非与生俱来。人可以假设许多与生俱来的东西，如天分、性格甚至权利，但是判断什么是对什么是错，什么可以做什么不可以做的道德能力不是与生俱来的，而是在成长过程中与周围的人接触、在周围发生的事件（即便是偶然的事件）的刺激和反应中形成的。个人所处的特定社会为个人提供了形成和塑造其道德能力的诸多因素，其中最为核心的就是文化因素。个人的道德能力仰赖于其特定的文化背景，无论是对自身行为的衡量、反思，还是对他人行为的评价、反馈，无不与个人所处的包含特定生活方式在内的文化相联系。人们的判断能力、反省能力的形成和锤炼，依靠的是特定社会的文化所提供的价值系统，通过对自己、他人、环境以及其间互动过程的观测、总结才完成的。个体利用文化背景所提供的素材一次次地提炼自己善观念的过程就是其形成、锤炼

---

① 〔加〕詹姆斯·塔利：《陌生的多样性——歧异时代的宪政主义》，黄俊龙译，上海世纪出版集团 2005 年版，第 198 页。

② 〔英〕约翰·密尔：《论自由》，许宝骙译，商务印书馆 1959 年版，第 80 页。

自我反省能力、判断能力的过程。因此，毫无夸张地说，个体的独立的善观念也好，自我的反省能力、判断能力也罢，无一不是其所置身的文化的产品。

二、文化识别中"文化"的含义

1. 作为特定生活模式的文化

"文化"（culture）以及其同义词"文明"（civilization）均源于拉丁文 colure，包含居住或占据（inhabitation）、教养（cultivation）、崇拜（honor with worship）等含义。早期"文化"作为一个名词，表示一种自然的，尤其是植物或动物等自然物的生长倾向。16 世纪，"文化"的使用扩展到了人类生活，开始用以指称人的习惯，表示对人的倾向的一种感觉①。后启蒙思想家开始将"文化"、"文明"用于描述人类发展的长期过程。时至今日，文化至少有三种含义：一是作为抽象名词来描述智力、精神等发展的普遍性路径；二是指作为抽象的名词，用以描述智力成果或智力实践，以音乐、文学、绘画、雕塑、电影、哲学或历史等形式展现；三是作为独立的名词，描述人类发展的过程和路径，表现为一种思想、艺术或智力成果的运用。其中"文化"的第一种和第三种含义包含了人类发展路径、过程之意，符合文化识别中"文化"的要求。

---

① 关于拉丁语、英语中"文化"一词的演变，可参见 Raymond Williams, *Keywords: A Vocabulary of Culture and Society*, London: Fontana Paperbacks, 1983, pp. 88-89。

如果以"文化"来指代人类发展的路径、过程，那么这其中的具体含义又是什么呢？不同的文化如果表明了不同的发展路径和过程，这又意味着什么呢？人类发展的路径和过程是一个实践的过程，一个不断地在践行观念、想法以及在践行的满足与不满足之间修正自己观念和想法的过程。从这个意义上看，文化是人们观念、想法的实践过程。如维柯认为，文化就是任何社会关于现实的看法，对世界的看法，对自然、对自身和与自身过去的关系以及对其奋斗目标的看法，诸多看法通过社会成员的行为、思想、感觉等来表现，通过他们的文字、他们使用的语言的形象描述或抽象的隐喻来表达，也通过他们的崇拜，他们创制的机构来展现①。德国哲学家赫尔德也持相同的看法，认为文化就是社会成员的想法、感觉，通过他们的衣着、歌声，他们所敬仰的"上帝"，他们的设想，他们的习俗，他们固有的习惯等来表现②。由此可见，文化的实质是价值观念的实践，这种价值观念蕴含、浸润在其生活方式之中。从这个意义上看，可以把文化识别中的"文化"理解为一种生活模式、生活方式，通过人们在参与整体社会实践的过程中所形成和依赖的种种"思维"、"观念"或者"感觉"来展现，并由此产生出各种各样的"象征"，如语言、行为模式、服饰、艺术、建筑等。一句话，由特定"思维"和"象征"所展现和塑造的特定生活模式即被称为"文化"。

2. 不可公度的文化

如果文化识别中的文化是指一种生活模式，那么接下来的诘问就

---

① Isaiah Berlin, *The Crooked Timber of Humanity*, edited by Henry Hardy, London: John Murray (Publishers) Ltd., pp. 8-9.

② Isaiah Berlin, *The Crooked Timber of Humanity*, edited by Henry Hardy, p. 10.

是：文化之间可否公度？即是否存在可以相互衡量的共同标准？而依据这种共同标准，文化之间是否有优劣、高低之分？对这些问题的回答不得不涉及进化论式的文化观。

18、19 世纪自然科学的发展对人类产生的影响怎样高估也不过分，有人甚至将其作为影响人类近代历史的因素之一[1]。其中，作为自然科学成果之一的达尔文进化论不仅在生物学界成为一面旗帜，还开始成为哲学家们的"科学工具"，用来诠释各种社会现象。在 18 世纪哲学家们的"科学"引导下，人们对于何谓文化、何谓文明采取了一种进化论式的、由低级到高级的发展观点，如人类学家路易斯·亨利·摩尔根（Lewis Henry Morgan）的观点就是代表。长期研究印第安人的摩尔根认为，人类经验所遵循的法则具有一致性，人类文明的发展是阶梯式的，从底层开始，分为几个阶段，包括野蛮时代、开化时代和文明时代，分别代表了低级、发展与高级阶段[2]。关于人类发展的四个阶段也与对文化的理解联系在一起，认为人类社会所经历的狩猎、采集、开化和商业社会四个阶段也分别代表了不同层次的文化。对于文化的这种理解实际上将不同群体、不同地区的文化与阶梯式的进化阶段联系起来，强烈地表明了一种文化进化论的观点。

不仅如此，在这种所谓的文化"进化"过程中，以欧洲文化为标准，哲学家们还"合理"地推论出欧洲文化处于进化的"顶端"，代表人类的最高水准，而其他非欧洲文化自然还处在"进化"的早期阶段，包括野蛮或开化阶段。即便是那些有过辉煌过去的文化，若以欧洲文化为衡量

[1] Isaiah Berlin, *The Crooked Timber of Humanity*, edited by Henry Hardy, p.1.
[2] Lewis H. Morgan, *Ancient Society*, edited by Leslie A. White, Cambridge, Massachusetts: The Belknap Press of Harvard University Press, 1964, pp.32-45.

标准，也只能是劣等文化[①]。一句话，依从进化自然规律，欧洲文化与其他非欧洲文化在进化阶梯上的优劣等级是已经被"决定"了的事实，无法改变，也无法逃避。由于非欧洲文化被贬为劣等文化，处于该种文化下的个体是否能达到理性的程度就值得怀疑。于是欧洲对非欧洲文化群体成员的殖民就有了充足的理由。尽管密尔等自由思想家相信，"一个人只要保持说得过去的数量的生活的常识和经验，他们自己规划其存在的方式总是最好的，不是因为这种方式是最好的，而是因为它是自己的方式"[②]，但这种自我选择能力仅被确立在欧洲文化背景下。而拥有其他既定文化的个体，被断定为没有这种自我规划的能力。这种进化论式的文化观自 18 世纪开始流行，可以说是当时不带任何偏见的人们的普遍看法[③]。

　　进化论式的文化观实际上遵从了一个柏拉图式的理想化理念，那就是如同自然科学一样，所有关于人类社会发展的真命题只有一个正确答案，其余的答案必然是错误的，而寻找唯一正确答案的可能性就在于获得知识，所谓"知识即美德"也寓意在此。从古希腊开始，这种信

---

① 这方面的例子密尔列举了中国。密尔在《论自由》中谈到"个性为人类福祉的因素之一"时，担心"有其高贵的过去历史以及所宣奉的基督教的欧洲"变成另一个中国，并将中国与欧洲做了比较。认为包括习俗在内的中国文化与欧洲相比，处于下风。由此，在密尔看来"（中国）几千年来原封不动；而他们如果还会有所改进，那必定要依靠外国人"。即便是对于中国的习俗，他也认为是"因为他们遇有难得的好运，竟在早期就备有一套特别的习俗"，并不承认中国文化的价值。参见〔英〕约翰·密尔：《论自由》，许宝骙译，第 84—85 页。

② 〔英〕约翰·密尔：《论自由》，许宝骙译，第 80 页。

③ 约翰·斯图亚特·密尔在分析影响代议政府的因素及不同种族、民族之间建立同一政府的可能性时，认为除人口与政治力量的因素外，文化等级也是其中重要的因素，并频繁地使用文化高等文明（superior in civilization）来指代欧洲文化，用文化劣等（inferior in civilization）、野蛮地区（barbarian region）来指称非欧洲文化的其他文化。可见"欧洲文化为优等文化，其他非欧洲文化为劣等文化"的观点在当时的盛行，可以说是当时不带任何偏见的知识分子对待文化的观点的真实写照。参见 John. Stuart. Mill, *Considerations on Representative Government*, The Library of Liberal Arts Press, 1958, pp. 102, 233—277。

念就一直根植于西方思想，不同的只是在不同的时代对于"何谓真正的知识"有着不同的理解。柏拉图眼里的知识显然与基督教教徒所崇尚的知识不一样，前者推崇哲学以及在人可假设的领域内的数学、几何学知识，后者则认为有关基督教的神学知识方是关于现实的真实知识。但这种分歧并不妨碍他们在一种观点上达成一致，那就是：所有的关于社会的真命题只有一个正确答案，其余的答案必然是错误的。人只有掌握了真正的知识，才能寻找到唯一正确的答案，才能理解自己与万物的关系，才能认清和确定自己的目标，明白自己该做什么、不该做什么、要怎样行为才有可能实现自己的目标。一句话，只有掌握和依从真正的知识，人才能依从正确的答案将自己在世界上进行正确定位。进化论因其对自然界合乎理性、近乎真理的解释、推理和论证而毫无疑问地被推崇为这样一种真正科学、能寻找到唯一正确答案的知识。人们发现既然自然界存在着由低级到高级、由远古到现代的自然演化过程，"物竞天择、优胜劣汰"成为自然界必须顺从和适应的自然法则，那么人类也属于自然界的一部分，凭什么人类能独立于进化论之外呢？科学知识之所以是科学的就在于其可以广泛地、不加区别地运用于各种领域，包括人类的社会生活。于是，在"进化论"的科学知识指导下，人们所寻找到的所谓唯一正确的答案就是：在人类社会的演化进程中，存在着一架阶梯，从远古一直延伸到现在，不同的群体在这个进化的阶梯上处于不同的阶段，文化是其标志，其中欧洲文化无疑在进化阶梯的顶端，不仅代表了人类社会在进化中的最高成就，也代表了人类社会演化的目标、方向。由此，对于其他非欧洲文化而言，接受和顺应这种进化论的要求，进而臣服于欧洲文化，无疑才是最为科学和明智的选择，否则"物竞天择、优胜劣汰"的自然法则会无情作用于他们。

　　文化真如自然界一般，存在着各自高低不同的"进化"阶段吗？对于这种观点，德国的哲学家赫尔德（Herder）早就提出过尖锐的批评。在赫尔德所处的时代，法国文化无不为当时的欧洲各国所仰慕。法国的语言、文学、绘画、建筑、沙龙、服饰以及各类社交礼仪均为当时的人们津津乐道，成为争相模仿的对象。德国也不例外，不甘落后地加入了效仿法国文化的行列。赫尔德对这种效仿行为颇不以为然，认为德国文化有自身独特的不可取代的价值，德国人没有必要模仿法国而成为第二类法国人。更难能可贵的是，赫尔德把这种本意在于强调德国文化独特价值以抨击当时的"效法之风"的观点发展成为一种关于文化的基本观点，并推之于所有的文化和文化群体。即便在当时盛行的欧洲文化与非欧洲文化的对比中，赫尔德也保持了相当的冷静，认为文化就是一种生活方式，无所谓高低之分。在其未发表的论文《人类历史的哲学观点》一文中论及"文化"时赫尔德写道："没有比这个词更不确定的了，在其被用来指代所有的民族和过程时，没有比这个词更具有欺骗性的了。"[1] 在谈及欧洲的基督教文化力图对非基督教文化群体强加影响时，赫尔德更是一针见血地指出，欧洲人的这种做法无异于"自掘坟墓"，其他文化群体的反抗是必然的[2]。

---

[1] Raymond Williams, *Keywords: A Vocabulary of Culture and Society*, London: Fontana Paperbacks, 1983, p. 89.

[2] 赫尔德还设想了一个天主教传教士与其奴隶的对话，以此来说明一个文化群体所信奉的价值观念、信仰等未必能得到另一文化群体的认可，没有任何理由强行将自己的信奉施加于不同的文化群体，即便是出于所谓良好的愿望。对话如下：

　　奴隶："你为什么往我的头上泼水？"

　　传教士："为了让你死后去天堂。"

　　奴隶："我不想去白人的天堂。"

　　奴隶拒绝了传教士的临终仪式，死去。

Isaiah Berlin, *Vico and Herder: Two Studies in the History of Ideas*, London: The Hogarth Press, 1976, p. 161.

文化是特定生活模式的指代，特定的文化是特定的群体在自己的经历中所萌生的对于世界的看法，对自然、对现实、对自身以及自身的过去和未来目标的看法和实践，这些看法和实践尽管在个体之间还存在着种种差异，但在群体外部看来，这些通过个体的语言、信仰、理想，创制的机构、习俗，固定的习惯、衣着甚至食物以及饮食方式体现出的观念和看法，具有大致的趋同性，可以以此将其同别的群体区分开来。即这诸多看法和实践体现在群体大体一致的生活方式中，生活方式是其文化的集中体现。不同文化群体的生活方式可能在许多方面有相似性，但特定文化群体的生活方式仍然是独特的，这种独特性使得他们之间不存在优劣之分，甚至有可能根本就不能比较，不可公度。即便是同一文化群体，在其生活方式所体现的文化中也不存在一个所谓的进步的阶梯从远古一直延伸到现在。其中的原理正如泰勒所言："经过相当长的时期使我们的世界变得丰富的各种文化对人类而言都具有某种重要性。……不同的文化都有平等的价值。"[①]

三、文化识别与民族识别

1. 民族身份实质上是文化身份

虽然迄今为止，关于"民族"的概念十分含混，但一个有趣的现象不容忽视，许多学者在论及民族时都将文化作为界别不同民族的界限，

---

① Charles Taylor, *Multiculturalism and "The Politics of Recognition"*, an essay by Charles Taylor with commentary by Amy Gutmann, Steven C. Rockefeller, Michael Walzer and Susan Wolf, Princeton: Princeton University Press, 1992.

无论他们承认民族的客观存在抑或认为民族是想象的，在"文化"作为首要的界别特征这一问题上，他们都表现出了惊人的一致。如 Gellner 认为："如果只有两个人，但这两个人拥有共同的文化，那么他们就属于同一个民族。"[①] 可见，民族的"黏合剂"就是"文化"，是"文化"将他们彼此联系。原因在于：

首先，文化是人类自我表达的一种自然形式。文化就像空气无所不在，个体可以不属于特定的文化，脱离特定的文化，但绝不可能不属于任何文化或脱离任何文化而生存。而文化的产生是一个自然的过程，组成任何文化的诸多因素如语言、习俗等都是自然的，有自己的历史，这种自然性同任何人为的因素相比较，都更持久。民族、种族、族裔只有加入或者依靠文化的因素才有意义，抛弃其中的文化因素，民族识别本身也会变得空乏。其中的原理正如赫尔德所言，自然创造民族，而民族依靠语言、习俗等自然地被区别。决定一个民族的是那些气候、教育、其与邻里的关系等可改变的或经验式的因素，而不是那些难以琢磨的，或不可改变的特征，如种族和肤色[②]。换言之，最终是文化，也只有文化才能作为将不同的民族区分开来的依据。

其次，民族身份与文化身份合二为一的原因还在于：一个人的民族身份通常意味着对一种特定文化的遵从和依赖，特定的文化以各种形式影响着其成员，并在很大程度上决定着他们想要成为的那种个人。一个人在特定文化下依据特定民族身份所获得的系统性的价值观通常对个人会产生终身性的影响，即便选择有意地离开或有意地保持一定的距离，

①   Ernest Gellner, *Nations and Nationalism*, Ithaca, New York: Cornell University Press, 1983, p. 7.

②   Isaiah Berlin, *Vico and Herder: Two Studies of the History of Ideas*, pp. 159-163.

他也不能完全地抛弃其成长过程中所获得的价值观,其中的情形如同罗尔斯所描述的那样:"离开我们一直都在其中成长的社会和文化,而我们却在言谈和思想中使用社会和文化的语言来表达和理解我们自己,我们的目的、目标和价值。我们依靠社会和文化的历史、风俗、习惯来发现我们在社会世界中的位置。在很大程度上,我们认肯我们的社会和文化,并对它们有一种亲密的和无法表达的了解,即使我们对它们中的许多东西存有质疑(如果不是否定的话)。"①

由此可见,"文化"才是辨别民族的本质特征,是一个民族与另一个民族相区别的本真性标志。如爱瑞斯·玛丽恩·杨认为:"无所不在的文化包含了符号、想象、习惯行为、故事等,借助它们,人们表达他们的经验并相互交流。"塔米尔更是明确地表明:"文化,说得确切一些,就是使一个民族的成员与其他民族成员区别开来的标志。"② 实际上,"文化"是与"民族"或"族群"同一的概念已经被广泛认可。如《麦克米伦人类学词典》就依据"文化"的标志来定义"族群",认为族群是"能自我区分或是能被与其共处或互动的其他群体区分出来的一群人,区分的标准是语言的、种族的、文化的、族群的概念联合以及社会的和文化的标准,且族群性地研究的确集中在族群间的互动及其认同的文化和社会的关联过程中"③。在这个意义上,"文化少数群体"就与"少数民族"或"族群"同义。

既然民族身份通常情形下等同于文化身份,那么为什么要刻意强调文化识别而不直接用民族识别呢?

---

① 〔美〕约翰·罗尔斯:《政治自由主义》,万俊人译,译林出版社 2000 年版,第 235—236 页。

② Yael Tamir, *Liberal Nationalism*, Princeton: Princeton University Press, 1993, p.10.

③ Charlotte Seymour-Smith, *Dictionary of Anthropology*, Boston: Macmillan Press Ltd., 1986, p.95.

2. 文化识别比民族识别体现出更多的宽容

虽然民族身份的实质乃是文化身份，但是民族识别在不否认文化差异的同时，还强调"共同的祖先"、"共同的经历"（尤其是那些痛苦的，或被视为耻辱的经历），更强调民族这种群体至高无上的、压倒一切的共同目标，追求集体主义的自我崇拜。换言之，在民族识别中，血缘、血统、肤色、人种、种姓、经历等被赋予了神奇的力量，认为一致的血缘定会产生一致的需求，共同的经历理所当然地指向所有成员都应为之奋斗的共同目标。如此，个体不仅在所谓的民族身份上无能为力、无从选择，因为谁也不能选择自己的出身，选择自己的祖先，或选择自己作为其中一分子的群体的经历，而且个体在这种识别中还将完全丧失自我，"个人充分实现自己的唯一方式就是把自己认同于种族这种整体，为它服务，遵循它的习俗，不加反思地歌颂它的伟大"[1]。个体的感情、目标、理想、信念、价值等全都依赖于民族或种族的目标和目的，个体成为民族的附属物，民族这种群体从而取代个体成为实现人性、追求理想生活的基本单元。更具有潜在危险性的是，民族识别中对祖先、血缘、共同经历以及群体共同目标的强调和依赖，还会在群体中滋生一种意识，那就是，他们是一群不同于其他群体的有着神奇起源的群体，具有不寻常的经历，有着特殊的使命或命运，由此极易导致用怀疑的眼光来看待其他民族，甚至在行为上对于其他民族（包括处于一个国家共同体内的其他民族）做出轻蔑甚或反感的举动，即形成唯我独尊的意识。而这种意识一旦在现实中遭受挫折或受到妨碍，他们必然求助于各种方法和途径来摆脱挫折或清除障碍。在这种种努力中，在所谓的"异族"

---

① 〔以色列〕耶尔·塔米尔：《自由主义的民族主义》，陶东风译，第 5 页。

人之间，容易形成"一种夸张的怨恨或轻蔑的态度"，或产生"一种过于强烈的赞赏或崇拜态度"，"有时则是两者兼备，它既会导致在观察事物上独具慧眼，也会 —— 这是过度敏感的产物 —— 导致对事实的一种神经质的歪曲"①。实际也是如此。德国在"二战"时推行的种族主义的理论依据之一即是强调日耳曼人"神圣"的血统性质和特殊的使命，并且这种论调至今都没有完全消失。表现为统一后的德国在享受了推倒柏林墙最初的狂欢，随之不得不承受统一所带来的经济损失时，失业的怨恨、对未来的恐惧一度使得许多德国人在所谓的"异族"如土耳其人、原东德人中寻找替罪羊，甚至令人震惊地提起了所谓"纯种日耳曼人"的概念②，让人惊悚地联想到纳粹的政策。而这一切的主要根源之一就是对于确定"民族"的出生、血统、共同经历等所谓不可更改的身份特征的强调，对所谓群体共同目标的追求。可见，强调"共同祖先"、"共同经历"和"共同目标"的民族识别更容易导致一种不宽容，且这种不宽容的后果极有可能是灾难性的。

文化则不同，"文化"表现得更加中性、客观，它总是以一种令人同情的、合理的途径与一种生活图式紧紧相连。文化识别表达了个体的一种归属感和认同感，是个体在反思后希望自己作为某种文化群体成员而存在，并且分享那种独特感觉所表达的一种情感诉求。与民族识别所产生的归属感和认同感不同，文化识别包含有更多积极的内容，它比民族识别更多地体现了宽容和尊重 —— 对其他文化以及浸润于其中的个体的宽容和尊重。

---

① 罗杰·豪舍尔:《序言》,〔英〕伯林:《反潮流:观念史论文集》, 冯克利译, 译林出版社 2002 年版, 第 29 页。

② J. B. White, Turks in the new Germany, *American Anthropologist*, 99（4）, pp. 754-769.

　　由于文化识别中的文化定位为不可公度、缺乏衡量的共同标准的生活模式，因此，文化识别的宽容首先体现为文化之间的宽容，体现为对不同文化平等价值的认可。文化识别中的"文化"既然集中体现为特定的生活方式，这本身就暗示了一种宽容心态，即认为"没有任何一种文化比其他文化更为优秀、也不存在一种超然的标准可以证明这样一种正当性：可以把自己的标准强加于其他文化"①。在文化识别下人与人之所以不同，根源于文化的差异，而这种差异源于对一种文化普遍共有的忠诚和固有的对所有文化一律平等理念的认可。因此，文化识别不仅表达了个体在特定文化下完成完整自我认同的那种归属感，同时也承认不同的文化都具有同样终极的平等价值。少数人的文化也不例外。

　　不仅如此，基于个体在文化识别中的主动性、能动性，文化识别还体现了对个体选择的宽容和尊重。如果说民族识别强调个人民族身份的不可避免性和不可抗拒性，文化识别则认可和强调个体在其中的主动性、选择性，体现在文化识别中的身份认同对个体而言既有先在性，也有选择性。其中，先在性体现在个体基于出生、成长所自然获得的一种文化身份；选择性则体现在个体作为一个具有自由意志的人，能够反思、评价甚至否定其既定文化；对于文化身份，个体也不是被动地接受，而是一个反思的过程。个体对于依据出身取得一种文化身份，可以选择接受（那种已经意识到自己文化的缺陷，但依然决定坚持这种文化，遵循它的习俗、运用其特定的价值标准去评价是非的做法也视为接受），也可以选择与其保持距离，予以评价、深思后进行再选择，甚至

———————

① 〔英〕C. W. 沃特森：《多元文化主义》，叶兴艺译，吉林人民出版社 2005 年版，第 16 页。

脱离原有的文化和文化群体。虽然对于个体来讲，抛弃自己基于出生所获得的文化融入另一种文化是痛苦的，面临着转换过程中的种种障碍，单是类型学上的特征就会极大地限制一个人融入另一文化群体的想象。如出生在德国、成长于德国的土耳其人的后裔，哪怕到了第三代也依然不被认为是德国人，这其中很重要的一个原因就是其类型学上的特征[①]。但困难并不意味着排除可能性，个体确实可以选择自己的文化，这种选择不仅在个体真实地处在一个能为他提供评价标准的特定的文化环境之中时才能实现，即便存在时空的距离，个体也有可能实现这种选择，因为"一个文化的成员，通过想象性的洞察力，能够理解另一个文化或社会的价值、理想以及生活方式，即使是那些在时间和空间上非常遥远的文化和社会"[②]，更何况，在当今世界上，现代传播技术的发达使得个体对于其他文化的了解成为现实，这无疑在客观上更有助于个体选择的实现。自愿移民并成功融入另一文化群体，获得另一文化群体成员承认与接纳的事例就是证明。

民族识别与文化识别这种深层次的区别已经引起了不少人的关注。如在加拿大，即便是那些将"文化群体"和"民族"作为同义词使用的学者也承认"要把文化多样性同少数民族多样性区别开来"[③]，而这种区分，也暗合了以文化识别取代民族识别的趋势。以研究自由主义的民族主义而著称的塔米尔认为，技术的进步和经济的繁荣依赖于跨民族的合作，因此跟以前相比，同化更是一个可能的选择。此种

---

① D. Horrocks and E. Kolinsky（edited）（1996），*Turkish Culture in German Society Today*, Providence, RI, and Oxford: Berghahn, pp. 70-79.

② Isaiah Berlin, *The Crooked Timber of Humanity*, edited by Henry Hardy, p. 10.

③ 〔加〕威尔·金利卡：《多元文化的公民身份——一种自由主义的少数群体理论》，马莉、张昌耀译，中央民族大学出版社 2009 年版，第 20 页。

情形下，应该通过"文化的独特性"来确立民族的边界，回归"文化的民族主义"①。

四、文化识别下的少数人

1.文化识别下的少数人

基于上述文化概念，在文化识别下，置身于不同的文化的个体就成为不同文化群体的成员。按照个体既定的文化在一个共同体中的地位，可以将他们划分为两类，即多数人（Majority）与少数人（Minority）。多数人是指其文化在国家共同体的公共领域得到了充分反映的群体及其成员，如其语言被尊为官方语言，价值观被推为主流价值观等。少数人则是在一个特定的共同体中，与多数人相比较，具有不同文化特征、分享不同文化信念的群体及其成员个体，包括不同的语言、信仰、习俗等。可见"少数人"是与多数人在文化识别下相对应而产生的一个概念。"少数人"与"多数人"的区别不仅在于二者根本性文化特征和基础性价值观的差异，更在于其各自的文化在公共领域被反映、被容纳、被推行程度的截然区别。此时文化识别成为界定少数人的一种进路。

由于少数人是一个基于共同体内文化多样性的事实，在文化识别下形成的概念，因此，是否属于少数人有一个客观的标准，《公民权利

---

① 〔以色列〕耶尔·塔米尔：《自由主义的民族主义》，陶东风译，第169—172页。

与政治权利国际公约》第27条提供了这个标准①。少数人自然包括作为
文化群体存在的少数民族的成员，也包括那些不能称作民族的少数文
化群体的成员，如移民、迁徙工人等。至于那种在同质文化下因具体
意见的差异所形成的、与作为"多数人"的集体相对应的"少数派"，
如密尔等所言的"少数人"②则不在此范围内。实际上，在密尔所生活
的英国，其文化基本是同质的，不存在像别的国家和地区那样存在多
种文化的情形，也不存在着实质性的宗教冲突，即便是教派之间的冲
突，也可以依靠个体的自由来解决③。因此，在密尔生活的同质文化环
境，不存在单纯地依据语言、习俗、价值观念等文化识别来划分"少
数人"的问题。

还有一类个体，虽然其在生活方式、生活理念和基础性价值观方
面与多数人不存在根本性差异，但基于性别、残障或不同的婚姻状况、

---

① 《公民权利和政治权利国际公约》第27条规定："在那些存在着人种的、宗教的或语言的
少数人的国家中，不得否认这种少数人同他们的群体中的其他成员共同享有自己的文化、
信奉和实行自己的宗教或使用自己语言的权利。"

② 约翰·密尔在《论自由》中试图通过探讨"社会所能合法施用于个人权力的性质和限度"
来论证公民的自由，这里，"少数人"的概念就作为与多数人组成的"社会"、"集体"或
"公众"的对立面来频繁地使用，指那些具有与集体、公众或社会的意见，或与某种得势
观点或观念不一致的个体公民，少数不仅仅是在数量上的稀少，更实质地体现在其意见、
观点乃或观念上的弱势甚至劣势。这种"少数人"在密尔看来，或许就是具有某种天才或
天分的人，或至少是有较多个性的人。由于"个性是人类福祉的因素之一"，因此，必须
保护"少数人"的权利，让他们有一个自由成长的空间，以更多地求得或至少不错过任何
一个可能接近真理的机会和路径。其后关注公民个体自由或社会自由的自由主义者对"少
数人"的定义，大体是沿用同样的思路。

③ 休谟在论证国民性格形成的诸多因素时，已经注意到英国同质文化的明显特征，认为英
国讲同一种语言英语，服从同一政府，宗教上的争端只是教派争端等。参见 Hume, Dvide,
Essays, *Moral, Political and Literary*, edited and with a foreword, notes and glossary by Eugene F.
Miller, Indianapolis: Liberty Classics, 1985, p.207。

家庭状况等，他们受到了歧视或不公平对待，或至少没有被一视同仁。这类个体也常被视为"少数人"。如在一个更加倚重于男性视角的社会中，妇女就是少数人；在一个不那么顾及或实际上未能够顾及残障人过正常人生活心愿的社会中，残障人就成为少数人；同理也可推导出单亲家庭乃至独身在一个更加看重完整家庭的社会中也可能成为少数人。但严格地说，如果非要将具有上述特质的个体称为"少数人"的话，他们只能被称为"消极少数人"，与文化识别下的"绝对少数人"还存在着本质的区别。因为对于"消极少数人"而言，由于他们与多数人不存在根本性的文化差异，缺乏绝对的、长久的联合基础，他们不能作为一个基本的文化共同体而存在。即便在主张公平待遇时可能具有联合的基础，一旦平等对待的目标达到，联合的"粘连性"就会自动消失。更何况，他们这种公平待遇的要求完全可以通过个体的普遍的基本权利来实现，不必也不需要像文化识别下的"绝对少数人"一样产生一种长期的"额外文化诉求"。

2. 少数人的"额外文化诉求"

用文化识别来区分个体，区分本身并不是终极目的，在文化识别下强调同为国家共同体成员的个体在文化上的差异以及对不同文化平等价值的实际承认，才是识别的价值所在。文化识别下的少数人之所以成为少数，是由于其既定文化在公共领域中未得到充分反映，包括语言、习俗、信仰等，而这种未被充分反映、表达的文化实际上使少数人在共同体中居于一种"天然的"的劣势地位。以语言为例，其中的情形如泰勒所言："假如现代社会有一'官方语言'，按这一术语的完整意思，就是国家赞助、灌输和定义的语言和文化，所有经济职能和国家职能都通过这一语言和文化起作用。因此，使用这种语言并属于这一文化的人们很明显拥有很大的优势，讲其他语言的人则明显处于劣势。"[1] 由于不同文化具有平等的价值，因此少数人这种似乎"天然的"的劣势并不具有合理性，相反，少数人因肯定自身既定文化价值而产生的"额外文化诉求"应得到理解。因为这种"额外文化诉求"可最大限度地降低少数人因自身既定文化受到不恰当压力（主要是来自多数人文化的压力）而引发的缺乏归属感和认同感的种种挫折和苦恼，使少数人能最大限度地按照自己的意愿生活，包括遵从自己的既定文化，同时也最大限度地减少少数人因自身的文化自豪感受到伤害和完整自我认同受阻而引发的，寻求各种颇具危险性的"药方"的种种尝试，从而也避免社会陷入极端民族主义的泥沼[2]。

更为重要的是，文化识别作为界定少数人的进路，不仅让人们认识到少数人"额外文化诉求"的合理性，更让人反省到实现这种"额外文化诉求"不能寄希望于统一的公民权利，而须通过一种差别性的文化权利来实现。因为在文化识别下的少数人不仅是公民，更是差别性公民身份的个体，这种差别性就体现在其文化在公共领域中被反映的程度与多数人存在着截然的区别。《公民权利与政治权利国际公约》第 27 条不仅将少数人的权利定位于文化权利，而且特别强调"这种权利有别于人

---

① Charles Taylor, "Nationalism and Modernity, " in R. Beiner（ed.）, *Theorizing Nationalism*, State University of New York Press, 1999, pp. 219-245.

② 伯林以第一批真正的民族主义者——德国人为例，说明民族主义是"受伤害的文化自豪感与一种哲学和历史幻象结合在一起，试图消弭伤痛并创造一个反抗的内在中心"。参见〔英〕伯林：《反潮流：观念史论文集》，冯克利译，译林出版社 2002 年版，第 417 页。

人已经能够根据《公约》享受的一切权利"[1] 的旨意也在此。如此，在基于统一公民身份的公民权利之外寻找途径来满足少数人的"额外文化诉求"，方是可取之道。

（原载《文史哲》2011 年第 6 期）

---

[1]　杨宇冠主编：《联合国人权公约机构与经典要义》，中国人民公安大学出版社 2005 年版，第 217 页。

世界秩序中的个体权利

〔美〕约瑟夫·拉兹 撰　杨贝 译

我将从一些有关权利的评述开始，这将引出对个体权利在新兴世界秩序中的作用的反思。我说"新兴世界秩序"是因为我们正在经历一个变化迅速的时期。如果以苏联解体为其开端是合理的，那么这一进程绝不顺利这一点就清晰可见了。但我既无意于分析迫切要求重塑世界格局的主导力量，也不想预测未来可能的走向。我的评述更像是一个观众对这一进程的一个方面的评论，它关注的是个体权利的主张以及实现这些权利的努力在这一过程中的有效作用。

个体权利的承认与实现并不必然是新兴世界秩序中最为重要的方面。但无可否认，这一世界秩序的出现伴随着有关人权的广泛讨论，以及确保人权实现的不懈努力。我有关权利在世界秩序中的作用的讨论以这一忙乱的活动（hectic activity）为背景。我将用两项权利来阐明我的一些观点：受教育权与健康权。受教育权在大量的国际条约中得到承认。主要的出处可能是《普遍人权宣言》，它在第26条第1款中宣称[①]：

[①]　第26条第2款继续指出：教育应当旨在充分发展人的个性，并加强对人权和基本自由的尊重。

人人都有受教育的权利。至少在初级和基础阶段，教育应该是免费的。初级教育应该是义务教育。技术教育与职业教育应当普遍开放，高等教育应当根据成绩向所有人平等提供。

健康权出现在《经济、社会和文化权利国际公约》第 12 条第 1 款中 [1]：

本公约各缔约国承认，人人有权利享有可以达到的最高标准的身心健康。

我的目标是强调个体权利在世界秩序中的至关重要性，并提出一些与它们的智识基础、界定及实现相关的难题。尽管我希望我的评论有助于指明理论探讨和政治活动的方向，以期对这些难题的解决有所贡献，我却不会提出确切的建议。

一、有关一般权利

下面我将从一些对一般权利的评述开始。

我的主题是个体权利，但权利当然也可以不仅仅由个体享有。国

---

[1]   第 12 条第 2 款继续指出，本公约缔约各国为充分实现这一权利而采取的措施应包括为达到下列目标所需的措施：1. 提供降低死产率、婴儿死亡率以及增进儿童健康的条件；2. 全方位改善环境及工业卫生；3. 预防、治疗、控制传染病、地方病、职业病及其他疾病；4. 创造条件以确保为病患提供所有医疗服务与医疗照顾。

家、公司及其他法人也享有权利。由于国家与公司是法律的创造物，它们的权利是法律权利。在法律权利当中，我们可以把由法律创造的权利与由法律承认的权利区别开来。如果个体享有言论自由权，那么言论自由的法律权利，就构成了对一个可以称之为道德权利的现在的言论自由权的充分或部分承认。我在这里将忽略可能的细化，例如，我认为"承认"由这一事实构成，即法律权利与道德权利有着同样的或者大体相同的内容，不论它是因为要使道德权利产生法律效力还是一些其他原因而被法律采用。我也将忽略法律权利是否承认道德权利是一个程度问题这一事实。

有些权利是由法律创造的。对政府债券的所有权，就像那些债券本身，并不独立于法律而存在。它是一项法律创造。由法律创造的权利也许是道德权利，也就是说，它们也许是有着道德力量的法律权利。其他权利也许缺乏道德力量。有时候，当立法者意图承认一项独立的权利但未遂初衷时，法律就创造了新的权利。这些法律创造的权利可能是具有道德力量的道德权利，也可能未必如此。当有服从法律或服从法律某些部分的道德义务存在时，由具有道德约束力的法律创造的权利就拥有道德力量，即使创制这一法律的立法者误以为他们独立地承认了已经存在的道德权利。

在下文中我将忽略没有道德力量的法律权利。因此，当我提及法律创造的权利时，我指的是由法律创造的在道德上有效的权利。

由法律创造的权利的存在给了我们重要的启示。首先，人们拥有的（道德）权利可以改变。随着法律创造了新的权利或终结了旧的权利，我们的（道德）权利改变了。其次，道德权利可以依据更为基本的道德权利之外的因素或由其证成。

现在我将详细阐述第二点：由法律创造的拥有道德力量的法律权利（而不是简单地由法律承认的道德权利）可能仅仅由其他道德权利以外的因素证成，并可能完全不以其他任何道德权利为依据。例如，人们由于持有政府债券而享有权利的正当性理由，将包括解释政府债券为什么是合理的商业工具的因素，与政府的经济运作相关的因素等，而不只是（如果有的话）与债券持有人之前享有的一些道德权利相关的因素。

现在，也许有些人会说只有是法律权利的道德权利可以不需要追溯于其他道德权利而得到证成。"独立的"道德权利，即道德地位不取决于法律或者其他社会制度或实践之创造的道德权利。他们说，独立的道德权利源于其他独立的道德权利，并最终溯源于不源于自身以外的任何事物或由这些事物证成的根本性道德权利。但没有理由认为事实就是如此。也就是说，没有充分论据说明，如果道德权利可以从具有重大道德意义的法律行为中出现，为什么它们不可以从其他具有重大道德意义的因素中出现。它们需要具有重大道德意义这一事实并不是对它们是什么的限制。如果不是通过其他，那么它们是通过证成权利而具备了重大道德意义。

在其证成不取决于其他因素的意义上，最多有一些权利也许是基本的。它们在一定意义上是自我证成的，或者说它们的合法性不证自明。我怀疑在这一意义上，没有权利是基本的。我的论点不依据这些有充分理由的怀疑，但它的确依据我现在将要说明的思考权利的一般方式，我对这一思考权利的方式的解释将说明为什么我的怀疑是合理的。

这一解释依据的是我希望完全正确无误的评述。第一，权利的一个共同特征是，人们的权利所指向的权利客体是有价值之物。一般而言，客体对于权利人有价值。这一自明之理要与第二点"拥有权利对权利人而言有价值"区别开来。在多数情况下，权利的价值取决于权利客体的价值。因为权利指向有价值之物，权利自身也具有价值。第三个自明之理是，一个人的权利限制了其他人的自由。一般而言，人们有不侵犯他人权利的义务。每一项权利都确立一系列义务，并识别出一系列被课以各种义务之人。这些义务得以统一就在于它们确保权利人对其权利客体的控制。

（根据第一个自明之理）由于权利客体对权利人有价值，对它的控制当然也有价值。由此，第一个和第三个自明之理导出了第二个，权利对拥有它们的人有价值。然而，我需要提醒人们注意到限定这些自明之理的需要。大多数权利都可以被放弃，也就是说，权利人可以放弃他们的权利或权利的一些方面。十分常见的是，权利人可以通过馈赠或买卖抑或其他一些方式，将他们的权利转让给其他人。这些权利的要旨和价值有时就在于控制权利客体的价值，以及可以让渡、放弃、转移这一控制的价值。这在权利的价值与权利客体对于权利人的价值相分离的情形中非常典型。权利人对于他们权利的利益在于这些权利的可转让性。也有其他例外，但我们不必在此详述。请让我再补充一点：权利客体之于权利人的价值也许取决于权利人的道德义务——拥有财产的价值包括这一事实，它能使人承担起对于家庭成员、环境等的责任。

考虑到这些自明之理，我们必须掂量它们的重要性。特别是，权利客体对于权利人具有价值会不会与这项权利的证成毫无关系，会不会与权利人为什么拥有这项道德权利的理由毫无关系，拥有权利对于权利人具有价值这一事实会不会与权利人为什么拥有这一权利毫无关系，这不知怎么听起来不太合理。自然而然的解释是，权利客体具有价值这一事实是权利人为什么拥有权利的理由或部分理由。当然，人们并不是对所有对他们有价值的东西都有权利。这就引入了第三个自明之理：权利是他人义务的根据。明摆着的事实是，对我有价值之物并不赋予我对此物的权利，因为它自身并不确立其他人有义务确保或不妨碍我对该物的占有。这样看来，只有当一项权利使得拥有这项权利的价值或者我们对这一权利的需要足以使对他人课以义务成为必要时，我们才拥有这项权利。权利对于其享有者的价值就是它（成立）的根据。正是价值使他人所负有的确保或至少不妨碍权利人享有权利的义务正当化。只有当这些义务存在时，才有权利存在。权利因为导致了这些义务而存在。

我的注意力在这里从权利客体的价值转向了指向客体的权利的价值。权利的价值取决于客体的价值，但包括了对这一客体的可靠享有的价值。它也包括了权利的交换价值，即，人们可以将它作为礼物或交易的一部分给予他人这一事实的价值。对于一些权利，譬如许多财产权利，拥有这一权利的主要价值在于能够用它交易。这一价值以其客体对某人具有价值为前提条件。但它对权利持有人而言也许很少或没有价值，对于权利人而言，主要的价值在于这一权利的可出售性[①]。

总体说来，这三个自明之理，即权利及其客体对于权利人具有价值和一个人的权利是另一人的义务——一些保障权利享有的义务——要求说明：为什么权利对于权利人具有价值以及为什么它们包含他人的义务？原因是，权利在我们的道德世界里有着特殊作用：在某物对于某人的价值成为要求他人以某些方式加以尊重的根据时，权利在这些情形下

---

① 我应当重申，我在此所依据的是允许有例外的普遍化评述，这些例外间接证明了与我注意到的（普遍教训）相同的普遍教训。例如，一些权利赋予权利人的控制指向的是毫无价值并且有害于权利人的客体。此时，这一权利具有价值的关键点正在于它使权利人能够控制危害来源从而消除危害。

适用。

这一权利观已经宽泛得足以容纳林林总总的权利。权利的客体、负有尊重这些权利的义务的人、那些义务的本质与范围以及其他方面都有所不同。人们也许因此感到，尽管这一观点植根于自明之理，它也说得太少，引不起人们的兴趣。相反的情形是：当把权利看作是由对权利人有价值之物来证成时，这一观点挑战了权利是根本性的观点。它也暴露了一个许多人权讨论中常见的缺陷。关注假定权利的价值或者其客体对于权利人的价值的那些讨论是如此之多，仿佛这足以确立这样一项权利的存在。（他们）常常无意说明为什么他人负有与假定权利或其客体相关的义务。某物对某人有价值甚至不能确定我或其他任何人有义务确保或保护（此人）对该物的占有或享有。这里需要一个特殊的论据，一个依赖权利所提供的价值之特性的论据，而它也时常缺失。

在继续讨论之前，应当注意第四个自明之理。它必须涉及权利人与他们的权利相关的特殊控制。它是什么？人们常说权利人有资格投诉对他们权利的侵犯。有资格意味着投诉不能用一句"少管闲事"挡回去。这些回应往往是适当的。通过做出这些回应，人们拒绝了与宣称他人行为失当或侵犯某人权利的投诉者进行对话。阻止行为既不否认也不承认某人行为失当，也不为某人的行为寻找借口，它只是否定了另一人有资格参与此事，并拒绝与他就这件事打交道。

事实是，受制于一些我下文就将提及的例外，如果是主张权利受到侵犯的人提出了控诉，这一回应就是不能接受的。但我不同意一些作者的观点，他们把这一事实作为其权利理论或者甚至道德整体的基石，这些作者在寻找一个更难以捉摸的因素来解释为什么权利人有资格主张权利受到侵犯。要理解我之后的观察，指出他们在何处出错以及为什么出错就十分重要。

在我看来，作为一个兼具道德原则与共同信念的问题，我们都有权利形成有关任何人行为之道德性（morality of the conduct）的观点而不受限制。我们不应该轻率地形成这些观点，也不应该为一些不足道的目标形成这些观点。但我们所有的信仰都确实如此。那些不论有没有意义或效果，都以评论他人为乐事的人是特别令人生厌的。尽管如此，只要人们是负责任地评论，人们仍然有权利形成这些观点。同样地，言论自由的一般原则适用于这些观点的交流。此外，与其他信念一样，交流这些观点的权利不应被滥用。但它是一项普遍权利。在这里，那些在思考或交流中关注自己的权利以及对这些权利的实际的或可能的侵犯的人没有特殊的资格。事实上，一个只有受害者或其亲近的朋友才可以就侵犯人们权利提出抗议的社会，将是一个可悲的社会。

请注意，权利的实施与保护也不专属于权利人。所有这些戒律在许多国家的公共文化与法律制度中都广受承认：记者有揭露侵权并提出抗议的权利与义务，政府有保护权利人的权利和义务，尽管一些实施措施由权利人裁定或受权利人的决定与偏好的影响。

那么，什么是权利人的特殊资格？毋庸讳言，权利人最直接地受到对他们权利的尊重或侵犯的影响。因此，他们的关注很少是多管闲事或者不值一提。这就是为什么他们在与他们权利相关的事情上有资格的原因。当其他人的介入事关重大，表达了对尚未涉及的问题或尚未正确处理的问题的真正关注时，他们在同一问题上拥有资格。区别在于，对于权利人而言，他们的关注几乎总是非同小可的或至少看起来是非同小可的。真正的权利人可以为不值一提的理由追求他们的权利，即使他们的利益并没有受到威胁。但很少有其他人能够知道那些并坚持说那是事实。

　　当然，权利人也可以以另外一种方式涉入。看起来这一其他方式正是解释权利人拥有关于他们自己权利的特殊资格的核心因素。通常情况下，权利人有权力永久地或偶尔地放弃他们的权利，也有权力在某种或多种情形下中止他们权利的行使。他们有时也许更愿意他们的权利不被尊重，或者对其权利的侵犯不会被矫正。一般地或者在个别情形下，他们可以通过运用放弃权利的权力做到这一点，他们也可以放弃对侵权的赔偿或其他救济。也许有些权利是不能被放弃的。一些基本的自由权可能就是如此。但一般而言，（根据第三个自明之理）权利通过课他人以义务来获得保护，这些义务——根据第四个自明之理——可以由权利人放弃或中止。这一权利而非诉讼资格处在权利人有关他们自己的权利的特殊资格的核心。

　　这些自明之理，尤其是最后一个，对于权利在新的世界秩序中的地位十分重要。我们现在讨论这一主题。

二、新的世界秩序：权利从何进入？

　　我所说的新的世界秩序是指，在因大幅提升的通讯技术而日益变小、日益互相依存的世界中，在经济、社会与文化影响下出现的制度范式、条约及惯例。我们正处在一个国际形势的许多方面都在发生快速变化的时期，而这些变化的方向是不确定的。我不敢预测，也不敢为理想的结果推荐蓝图。我的适当目标是指出当下一些可能性与困难，它们内含于与个体权利的地位相关的趋势中。但即使是这一目标，也预设了对那些趋势的某种认知和理解，因为明智的建议不可能仅以先验的考虑为依据，它们必须与它们所意向的现实联系起来。在国际舞台上讨论和追求的个体权利始终都是人权。其他权利在写入条约或国际组织的章程时得以进入。人权凭借自身得以有立足之地。像其他法律规戒一样，人权的实施需要制度化。但如果写入法律，相关法律权利会被正确地视为由法律承认的权利，而不是法律创造的权利。它们是我们不依赖于法律而拥有的道德权利，而这就是为什么法律应该承认、实施并保护它们的原因。

但为什么它们不仅被视为法律应当尊重的道德权利，而且还是人权？简言之，这是因为它们被认为结合了异乎寻常的重要性和普遍性。虽然不同的作者对第一个要素，即重要性，提供了解释，但在我看来没有一个是成功的或者必要的。但我在本文中将忽略这一要素。我想谈一谈普遍性。

我将称之为"传统的"理论主张，人权是普遍的，因为人权是每一个人作为人所拥有的权利。也就是说，作为一个人是拥有那些权利的基础。这一主张很难维持。我的第一个例子是受教育权。如果人们基于他们的人性而拥有《世界人权宣言》所确认的受教育权，那就可以断定石器时代的穴居人拥有这一权利。这合理吗？让我们回顾一下《宣言》的措辞：

> 人人都有受教育的权利。至少在初级和基础阶段，教育应该是免费的。初级教育应该是义务教育。技术教育与职业教育应当普遍开放，高等教育应当根据成绩向所有人平等提供。

在那一时期以及其他许多时期，基础教育、技术教育、职业教育和高等教育之间的区别没有意义。把教育的某一部分视为义务性的也没有意义。谁应该去实施这种强制呢？显然，如果有这里所承认的权利，也只适用于与我们的生活条件相同的人们。但如果是这样，那么它不能只以我们的人性为基础。这样认为是合理的，受教育权背后的推理在于，人们过上如意充实的生活（a rewarding and fulf illing life）的能力取决于拥有这样一些技能，这些技能是应对生活的挑战、抓住他们所处的或可能所处的时间与地点的可用机会所需要的。考虑到现在的生活环境需要正规的学校教育，以及我们社会的政治组织存在于国家中，让政府负责向所有人提供教育是合理的。

　　这是一个十分简短的描述。受教育权的解释与论证要求将它予以大幅充实。我将省略这些。一些理论家会坚持认为，即使受教育权得到了当今国际法的承认，它也不是一项普遍人权，它来源于一些真正普遍的原初权利。我找不到这样的权利。我也认为寻找这一权利的动机是不明智的。我勾勒的现有受教育权的论证是以完全普遍的因素为基础，也就是以获得如意充实的生活的机会的重要性，以及过上如意生活的机会取决于拥有抓住个人所处的地点与时间内可用机会的技能为基础。所有实际的道德结论都以适用于具体情境的普遍因素为依据，其中没有什么是权利或人权所特有的。早期有关权利的思考一般已经说明，权利并不必然源于其他权利。更为普遍的是，也许在所有情形下，它们以我关于受教育权的描述的叙述方式源于与生命价值有关的考虑。

　　更为合理的主张是，人权是共时普遍的，这意味着当今所有活着的人都拥有它们。当今的人权实践似乎已经假定了诸如此类的主张。这至关重要，因为它表达了人的生命绝对珍贵这一观点。（我希望）我们倾向于认为这一观点是理所当然的，但它并不总是得到承认。因此，个体权利对于新兴世界秩序的一个决定性贡献就在于它强化了对人的生命价值的尊崇。

人权对新兴世界秩序还有另外一个至关重要的贡献。国际舞台上最有实力的演员就是国家与大公司。人权是个体的权利，如第四个自明之理所说，权利人对权利的行使有决定权，每一个人、每一个个体或个体的结合都有资格呼吁对这些权利的承认并要求保护。这使得人权事业能够调动有关的个体，对国家、公司及国际组织施加巨大压力。追求人权所产生的最重要的转变之一曾是赋予普通人以权利，以及以个体权利的名义向国家与公司施压的强有力的组织网络的出现。人权运动开启了一个新的政治行为渠道，它是对权力集中于政府和法人之手的主要矫正。

三、困难与风险

我暗示过，人权的重要性在于确认了所有人的价值，并将权力从强者手中分配到每个人以及任何乐于提倡或促进普通人利益的群体或团体（的手中）。但人权也附随着一个智识主张，这一主张对于那两个目标的实现并不是绝对必需的。如果我们承认，所有人都可以因为他们是人而拥有权利，我们就已经承认了权利都拥有道德价值。权力分配是权利而不只是人权的本质特征。所有的权利都赋予权利人对于权利对象（客体）的权力。人权涉及与共时普遍性相伴随的进一步主张，认为当今所有活着的人都享有同样的人权。

我并不打算批评当代人权学说的这一特征，但它对于理解为什么会有这一特征十分重要。依据传统的人权理论中人们仅根据其人性拥有那些权利这一信念，显然所有人都拥有完全一样的权利是因为：他们都是人，正是这一点赋予他们中的每一个人以人权。仅仅同意共时普遍性的人权理论承认，不同的人可以有不同的人权，因为他们认为作为人以外的因素决定了人们拥有哪项人权。在我所举的受教育权的例子中，这些因素包括使学校教育成为获得过上如意充实的生活的机会所必需的必要的社会条件，以及使政府负责提供教育是适当的政治条件。但是，如果人们可以在不同的时期拥有不同的人权，为什么生活在今天的人们不可以拥有不同的人权？为什么人权必须是共时普遍的？

我认为，仅以共时普遍的权利来识别人权没有根本性依据。但选出共时普遍的权利并让它们继承起源于已经失效的传统理论的"人权"称号则有着重要的实用主义的理由。我们挑选出那些任何人可以要求予以尊重的权利作为人权。特别是，一个国家的居民可以依据其他国家的政府与他们自己的公民签订的那些条约，向那些国家的政府提出这样的要求。那些政府不可以说"这不关你的事"来拒绝这些要求。国家拒绝对其内部事务的干涉的能力正是一国主权所在，它可以拒绝承认他们有责任以特定方式向国外组织、机构解释其行为。正如人权在世界秩序中所起的作用，它为国家主权设定了界限。国家必须就他们对人权的实施向国际法庭、国外尽责行为的人和组织做出解释。这是人权在新的世界秩序中起作用的方式的另一个决定性特征[1]。若要给国家主权设定界限，来自被控侵犯人权的国家之外的人或组织有关人权的主张必须能够驳倒（这些国家提出的）这一回应：我们国家的情况不一样，你们没有资格

---

[1] 我并不赞成这一观点。也就是说，我并不认为人权为国家主权设定（过）界限是好的。我只是观察到，这是人权在今日世界真正起到作用的一种方式。

知道我国居民享有哪些人权，因此，也没有资格以那些权利的名义进一步干涉我们的事务。人权不能受到这一回应的限制，因为我们将那些所有生活在当代的人依据现代生活的共同条件所拥有的权利视为人权。这是部分事实，因为我们承认，包括与论及的国家毫无关联的人与组织在内的任何人都可以要求尊重那些权利。因为我们是根据当今生活的共同条件而拥有那些权利，所以并不需要有关此国或彼国国情的特殊知识来了解它的居民是否拥有那些权利。这也是部分事实，因为我们用人权为国家主权设定界限，把人权作为国家应就其执行向境外的个体、组织或其他国家负责的权利。

人权的共时普遍性为存在特殊人权的主张设定了障碍。正如我已暗示的，许多理论作者和政治活动家忽略了他们的倡议所面临的困难，因为他们被一种幻想所蒙蔽，以为他们所需要做的一切只是指出宣称的权利或其客体对于假定的权利人的重要性。他们忽视了确立一个事例，以使他人至少在一定程度上或以一定方式负有确保权利人享有权利的义务。我将指出在为这一权利确定事例时遇到的两种困难：与过程有关的困难和与内容有关的困难。

过程性问题是指，拥有合法权威的机构能否解决有关权利范围的争论，并强制实现对权利的尊重。并不是所有的道德权利都应由法律来实施。对不同道德权利的尊重应当是一个个人良知的问题，并受制于个体间自愿的交往，而不受强制或干涉。但人权不在此列。毋庸多言，理想的状况是，人权应当免受任何机构的干涉而得到自发尊重。但在所有的道德权利中，只有应由法律予以尊重并实施的权利才被视为人权。显而易见，如果委托天生带有偏见，缺乏独立性与公正性，缺乏公正程序，或者随意、专断地进行干涉的机构来承认或实施一项权利，必定会导致不正义。

公正、高效及可靠的管理与实施人权的机构的至关重要性对于与其有关的论据具有三重含义：第一，如果对某事物存在一项人权，那么也就有义务建立和支持公正、高效及可靠的机构以监督人权的实施并保护它免受侵犯。第二，通常直到有这样的机构存在，人们才应该克制不要试图使用任何强制措施来实施人权。第三，如果主流环境都不可能设立公正、高效及可靠的与某项权利相关的机构，那么这项权利就不是人权。

我以强（命题）形式陈述这些结论，这样表述它们——尤其是第二项与第三项——是引人误解的。有关机构实施的画面有可能——其实我相信它是事实——是混合而成的。就这些区域对人权的尊重而言，在一些地区，例如欧盟，可能有充足的机构和程序来承认和实施全部人权。不只如此，诸如国际刑事法庭之类的一些机构性安排也许试验性地设立并存续。它们未被证明是公正、高效及可靠的，但它们也许会随着时间推移变得公正、高效及可靠。我所有的反思都是依据这一认识，即我们身处变动之中，身处一个许多理念都在尝试而其中一些获得成功的时期。这是国际关系取得进展的唯一方式，我们不应当以使成功更加困难的方式吹毛求疵。因此，我的第二个结论实际上是呼吁（提高）警惕，呼吁认识到拥有适当的机构，以及当实施权利的努力有可能导致不正义时愿意怀疑权利的实施的至关重要性。我的第三个结论是，没有公正、可靠地实施的可能性，就没有人权。这是权利的一般实现的结果，尤其是权利实现依赖于偶然因素的结果。试想一下不应由法律实施的道德权利，其不应由法律实施的原因即在于它不能被有效地实施，其实施将是不可能的或者事与愿违的。这些理由植根于人类与社会生活及机构的本性，其中一些也许与人类生活的必然条件不可分割，其他将更具偶然性。

　　但这里重要的是要记住，这一结论并不是说权利并不存在，它只是说它不是人权。当今的人权实践只将那些由法律实施的权利视为人权。由此得出，尽管可能有不通过法律实施的人权，而且它们的存在是这种实施的事例，但不可能有不能由法律实施的人权。如果（公正、高效及可靠的）实施是不可能的，我们应当认识到该项权利不是人权，并克制不要要求实施它。

　　最后，我想提到在确立任何权利为人权时一个特别的与内容相关的困难。这一困难涉及一种怀疑，怀疑人权的主张或者一些人权主张是存在文化偏向的。这些主张代表了一种意识形态的主张，认为西方的理念应当盛行于全球。在某种程度上，这一困难并不与指向假定权利人的义务的确立明确相关。但在实践中，这正是困难所在。

　　以健康权为例。谁能否认，健康对于一个健康存在问题的人具有价值？谁能怀疑这是一项真正的普遍权利？因为只要有人，健康就对人们具有价值。是的，事情并不那么简单。首先，将健康权理解为只要人们不健康，其健康权就受到侵犯是愚蠢的。一个更为理智的权利观会根据国家义务清单看到公约第12条第2款的核心。但国家或政府并不是普遍的，也不是在智人之初就存在的。其次，可以说健康既有内在价值也有工具价值。内在价值是身体健康者所享有的身体安康感的价值。工具价值在于健康极大地增加了人们过上如意充实的生活的希望。在我看来，健康权的基础显然是工具价值而不是内在价值。这是因为，没有特定关系，就没有人有义务确保我或其他任何人有身体安康的感觉。但他们也许有义务确保人们拥有过上如意充实的生活的机会。

　　请让我回到我的主要论题：与文化多元性相关的困难，这在健康权的例子中已经得到显示。正如我们所知，健康的理念是与文化相关的。

健康与功能性相关，而功能性与特定环境中的一些活动类型相关，它们对通常的成功生存十分重要。健康权宽泛得足以涵盖对残障和其他不便的预防，它们提供了显而易见的文化相关性的例子：不孕不育或畸形的预防或治愈是否已成为由健康权所涵盖的一种情形？众所周知的是，构成精神疾病的精神状况与文化相关，但我们以不太明显的方式将这些状态界定为疾病。

还有一种困难我想予以特别强调：健康权是为了享有"可以达到的最高标准的身心健康"。可达到性被加以具体化，以使得义务与不同国家的经济、社会与政治环境相关联。然而所有国家都被要求健康优先，问题是在什么程度上。健康是否应该优先于个人自由或商业自由？健康权是否包含禁止吸烟或禁止从事其他损害健康的活动的义务？它是否包括使目标的可获得性或从事它的机会变得更加昂贵，从而抑制其运用的义务？如此等等。

显而易见的真理是，我们应当反对将"可以达到的最高标准"的检验标准归为实际可以达到的标准。如果我们认为把对包括其他道德权利和值得的目标在内的所有其他因素的正确权衡归结为可达到的更为合理，那么它就太容易受到攻击并引起决定性质疑。这些质疑不仅影响健康权，也影响其他权利与价值。

我希望所有人都同意，健康不应当优先于其他一切。我们所有人都不同程度地在威胁我们的健康和生命的活动中找到满足与充实，有时候，风险是那些活动要旨的一部分。关键点在于，对于这些矛盾，不同的文化有着各不相同且相互冲突的但却是合理的态度。平衡健康与其他利益的方式并不是唯一的。在他们的生活中，不同的个体达致不同的平衡，在他们的公共政策中，不同的国家达到不同的平衡。这如何与我们拥有相同的共时普遍的人权这一事实相协调？它不会得出，泰米尔纳德的居民与佛蒙特的居民拥有不同的健康权，不是因为这两个州贫富状况不一，而是因为它们对于何者构成"可达到的最高标准"持有合理的但却相互冲突的看法吗？

指出公约中健康权的表述容许人权与这样的变体相关毫无益处。尽管这是正确的，但它既无助于实现原则的意图，也无助于审慎实践发展的需要。困难在于明确这一权利的实际含义，既承认它的普遍性，也承认它对文化变体的敏感性。当前的国际人权实践在这一点上做得很不够。它更可能援引文化差异来谴责它们，而不是承认它们的合法性。

但这不是全部：人权是用来实施的。它们需要负责监督人权实施的权威机构，也需要负责实施人权的机构。那些机构将不得不做出实际决定，承认不同文化态度与实践的合理性，或谴责它们的不合理性或不道德性。这引出了我提到过的原则的意图：当国家承认了健康权，国家就承认了国际机构有权利评判其健康政策以及它们对其他权利与价值的追求。因为对于决定何为"可达到的最高健康标准"，国际机构对不同国家在追求健康利益与其他价值间进行折中的方式拥有裁判权。它也提出了一个实践中很微妙的问题：谁来决定？由国际组织来决定世界各国实践是否合情合理？不成比例地从一些强权国家中选出这些组织的工作人员是否可以接受？

四、结束语

笔者想用问题而非答案来结束。我们强调了人权在国际世界秩序中的决定性作用，首先在于表达了所有人的价值；其次，在于将政府间关系或大企业利润以外的利益提上了议事日程；最后，在于赋予个体和志愿团体以权利，为施加影响并改变国际秩序开辟了另外的渠道。

我们也强调了人权实践中的一些困难与危险。在当前气候下，人权活动家与人权组织投身于轻率的积极主义，忽视了这些事实：权利课以义务；在指出权利对于权利人的价值之后必须确立义务存在的事例。不止如此，如果不委托公正、高效和可靠的机构来负责，那么实施权利的努力会造成很大损害。最后，与许多现在的雄辩言辞相反，权利不是绝对的，对它们的公正解释及执行要求具有对文化多元性和其他目标之合法性的敏感性。个体权利在国内的实施也存在这些问题，尽管经常是在较弱的程度上。我们没有解决这些问题的良方。我们通过结合一些通晓专业精英（很少一致的）观点的公共辩论，产生由权威机构做出的可以修改的决定，从而与这些困难持续斗争。我们需要拥有在形式上适合国际舞台的类似机构。我们完全没有类似机构，但我们有了一些开端，这可能或不可能导致需要的这一类型的国际权威的发展。

（原载《文史哲》2010 年第 3 期）

论古希腊哲学中人权基质的孕育

齐延平

　　如果我们不把人权看作是衡量文明优劣的标准，而是首先把它视作思想体系的一种、理念形式的一种，或者仅仅把它视作缔造思想、理念与制度的技术进路的一种，那么，将之视为东西方文明的差异标志就是恰当的①。同为生灵，思想与理念、制度与生活的技术路径何以迥然不同？"每一种思想体系或多或少地有赖于其所由兴起的文明、以前各种思想体系的性质，及其创始者的个性；它又反过来对当代和后代的思想和制度发生很大的影响。"②因而，要探寻人权传统赖以凝聚型塑、孕育演化、成长成熟的原始基质③，我们就必须回到古希腊。

----

① 人权可在两种意义上理解，一是事实人权，二是理论人权。我们平常讲传统中国无人权，指的仅仅是没有提炼出人权的概念，没有建构起人权的理论，没有形成以人权为核心的文化传统，但这并不意味着传统中国没有人权的事实与人权的生活。恰恰相反，在传统中国，就事实人权、人权生活而言，并不逊色于西方。只不过，没有借助"人权"模式而是借助我们自己独有的文化模式加以实现罢了。

② 〔美〕梯利著，伍德增补：《西方哲学史》，葛力译，商务印书馆1995年版，第1页。

③ "基质"是古希腊自然哲学在探究世界本原和宇宙本质过程中使用的概念，它指的是构成事物"最初存在状态"的基本要素。古希腊自然哲学家认为"最初存在的东西在运动变化过程中始终起作用"（参见赵敦华：《西方哲学简史》，北京大学出版社2001年版，第4页）。本书作者认为古希腊时代并未形成人权观念，但是已出现了人权的"基质"，而且这些"基质"在后世欧洲社会的人权运动变化过程中是"始终起作用的"，故选择其作为本文的核心概念。

人类文明的最初表现形态是神话和宗教。而能较早地从神话和宗教迈向哲学的文明，便会从诸种初级文明中胜出，成为人类文明的主流源泉。古中国文明和古希腊文明即属此类文明，它们分别构成了东西方文明的思想出发点和精神原点。后世人类思想的突破、精神的提升均是从自己的文明原点汲取智慧和力量的，后世人类的行动均是以自己文明的本原内质为潜在意识的。西方文明不同于东方文明的独特之处，站在历史的当下，我们可以概括为它是从个体出发看待整体、以自由为基质构设制度、借人权拉动维持进步的。无论从文化的质素、制度的精神还是行动的理念上看，人权都是打开西方文明奥妙的一把不可或缺的钥匙。而这把钥匙并不纯粹是近代工业化时代的产物 —— 工业化时代只是完成了把它锻造成型的最后一道工序 —— 这一锻造过程的起点在飘忽久远的历史深处。西方文明在古希腊时代的"大爆炸"[①]性的突破，为锻造它提供了最基本的质料。就是这些粗糙而拙朴的质料，决定了一种文明的特定样态。在西方文明中，古希腊早已不再是一个地理概念，而是一个文化概念、精神概念，它是西方之所以成其为西方的根据。黑格尔曾如此感慨："一提到希腊这个名字，在有教养的欧洲人心中，尤其是在我们德国人心中，自然会引起一种家园之感。"[②] 哲学家梯利更是将希腊文明的地位推向了无以复加的高度："希腊人不仅奠定了一切后来的西

[①] 解释宇宙起源的"大爆炸"理论，运用于对人类文明的起源分析，不仅是一种比喻，更暗含了自然进化与人类进化规律的统一性。从公元前 8 世纪到公元前 2 世纪这一区间，可以被称为人类文明的"大爆炸"时代（德国哲学家雅斯贝尔则把这一时期称为"轴心时代"）。在这一时代，地球上基本互不了解的几大区域同时实现了精神上的第一次突破和跃升，西方有古希腊文明的诞生，东方则有中国先秦诸子百家的争鸣和印度佛教哲学的创立。这些文明传统，构成了人类文明的主要历史依据和精神依托。

[②] 〔德〕黑格尔：《哲学史讲演录》第一卷，北京大学哲学系外国哲学史教研室译，生活・读书・新知三联书店 1957 年版，第 157 页。

方思想体系的基础，而且几乎提出和提供了两千年来欧洲文明所探究的所有问题和答案。"[①]

在文明的"大爆炸"时代，以儒家为代表的中国哲学精神趋向经世致用，方法上取道主客观交融；印度的哲学精神则趋向佛法与人生的会通，方法上取道教理解释；而希腊哲学的精神却独取理性一途，方法上重于推理与思辨。正是由于这些差异，古希腊形成了自己独特的理念／实在二元并立哲学图式，推演出了对立与对抗主义技术路线，展开了人本主义的人学探索，这三者为人权传统的滥觞提供了世界观支撑、方法论支持和人学基础。

一、理念／实在二元并立哲学图式

近现代人权思想源自启蒙时代的自然权利哲学，自然权利哲学又发端于自然法这一西方哲学的基石性概念。自然法概念的基石性一方面体现在使人定法获得相对应的逻辑范畴，另一方面为道德权利、应然权利、自然权利等超人定法权利的独立性提供了逻辑基础。而自然法这一概念是古希腊自然哲学的结晶。"自然—自然理性—自然法"这一概念链对应着"实在—人为理性—人定法"这一概念链的形成，确立了西方政治、法律道德、文化乃至诗歌、艺术思想发展史的理念／实在并立的二元世界观。这一迥异于中国传统世界观、印度佛学世界观的形成，得益于希腊社会历史背景的独特性和希腊哲学创始者的个性。作为一个民族的

[①] 〔美〕梯利著，伍德增补：《西方哲学史》，葛力译，第 7 页。

智慧之源和第一笔思想财富，神话能够体现出这一民族的鲜明个性。希腊神话的精神是自然的"多神"精神。对自然神（日、月、星、雷、河、海）的崇拜诱导了希腊哲学对自然奥秘的探索兴趣，自然神的多元化则奠定了希腊哲学的开放性、包容性及其非宗教精神。希腊哲学侧重对自然的思辨和对道德原则的精研深思，还与其特定的地理环境和生活历史有关。在希腊自然哲学的兴起时代，希腊人已成为爱琴海、黑海和地中海沿岸的霸主，城邦商贸往来和航海贸易繁忙而发达，民族迁徙、融合以及与埃及、巴比伦的文化交流频繁而深入，这就为希腊哲学走出神话时代，面向自然，开辟新的理念世界，提供了必要的开放视野和思想刺激条件。

　　自亚里士多德始，泰勒斯（Thales，盛年[①]约在公元前585/584年）就被视为西方哲学的始祖。由他创立的米利都学派[②]彻底放弃了神创造世界的神话世界观，试图从自然万物出发，探求世界的本原和宇宙的原则，从而宣告了哲学的诞生。米利都学派是从具体确定的实体（比如水或气）出发探究世界本原的，而由毕达哥拉斯（Pythagoras，盛年约在公元前532/531年）开启的学派则特别注重从形式或关系上"思考世界的齐一性和规律性问题"[③]。他们认为"数"是世界的本原，"有一个只能显示于理智而不能显示于感官的永恒世界，全部的这一观念都是从毕达哥拉斯那里来的"[④]。赫拉克利特（Herakleitos，约前540—前480）则因

---

① 古代人生卒年份多不可考，故用"盛年"或"鼎盛年"标识，主要根据历史记载中其思想影响的高峰期推算而出。
② 因诞生于小亚细亚德伊奥尼亚地区的米利都城而得名，该城位于爱琴海东岸，地处亚、非、欧三大洲交通枢纽，商业发达，人文荟萃。米利都学派与爱菲斯的赫拉克利特合称为伊奥尼亚派，这是希腊哲学的起点。
③ 〔美〕梯利著，伍德增补：《西方哲学史》，葛力译，第15页。
④ 〔英〕罗素：《西方哲学史》上卷，何兆武、李约瑟译，商务印书馆1961年版，第65页。

提出"逻各斯（logos）"这一概念而奠定了其在早期希腊自然哲学史上极其重要的地位。他认为世界万物是运动变化的，而万物的运动变化又是遵循一定尺度的，这一尺度就是永恒不变的逻各斯，借助这一概念形成了运动变化着的自然万物和永恒不变的逻各斯（规律、理性）之间的二元并立对应结构。从希腊哲学的诞生和缘起看，它甫一展开就与以中国为代表的东方哲学传统路向相反，这集中表现在希腊哲学是演绎性的而非归纳性的，是思辨性的而非经验性的。罗素曾经指出："从一般的前提来进行演绎的推理，这是希腊人的贡献。"① 演绎推理的进行，需要一般前提的确立。而通过思辨获得一般的与普遍的原则，建构一个逻辑自治的理念世界，就成为"爱智慧"之人的专业，成为希腊哲学向纵深发展的牵引动力。

古希腊自然哲学行进到德谟克利特（Democritus，盛年约在公元前435年）和苏格拉底时代，分裂出了目的论和机械论两途。面对奥妙无穷、纷繁复杂的世界和宇宙，人类发出的疑问可概括为两种，一是"宇宙和世界是为了什么目的而发生的"，二是"宇宙和世界是怎样运动演变而成的"。由第一个疑问引导的探索关注宇宙和世界形成与存在的目的；而由后一个疑问引导的探索则关注宇宙和世界诞生过程中的机械规则。对前者的追问大多会导向神学，而对后者的追问则大致会指向自然科学② 。以德谟克利特为代表的原子论者认为不管世界是怎样诞生的，只

---

① 〔英〕罗素：《西方哲学史》上卷，何兆武、李约瑟译，第24页。

② 罗素认为从科学的发展角度而言，很难确定应该先解决目的论问题还是机械论问题，"但是经验表明机械论的问题引导了科学的知识，而目的论的问题却没有。原子论问的是机械论的问题而且做出了机械论的答案。可是他们的后人，直到文艺复兴时代为止，都是对目的论的问题更感兴趣，于是就把科学引进了死胡同"（〔英〕罗素：《西方哲学史》上卷，何兆武、李约瑟译，第99—100页）。

要一存在就要受机械运动原则的支配。它们相信世界万物是由在物理上不可分的原子构成的，原子不可毁灭，依照自然规律永恒运动。这一方向的探索不仅为西方世界贡献了自然科学，也在起点上为西方哲学奠定了永不凋落的理性精神，此种精神在西方文明中是起始性的、原发性的、基因性的。

苏格拉底、柏拉图、亚里士多德师徒三人将自己的哲学热忱和天才般的智慧倾注进了人类社会，从而完成了古希腊从自然的哲学向人间的哲学的转向。由对自然物理世界的观察研究转向对人伦世俗世界的思考探索，是人类诸文明发展到一定阶段之时，自然科学路径囿于研究范式的有限性而必然关闭，社会科学基于世事的日趋复杂而必然兴盛，而自然发生的。但是在这一转折的起点上，古希腊文明立即表现出了不同于其他文明的特点。它既不同于古印度从佛理引导出世界观和人生观，也不同于古中国从血缘宗亲关系推导出社会原则和行为之规，而是基于其独特的自然理性，构筑其社会伦理和正义体系，由此决定了支撑古希腊伦理学和正义理论哲学图式的三大支柱：第一，在实在的经验世界背后还有一个自然的超验的世界；所以第二，实在的经验规则背后还有一套自然的超验的法则；进而第三，实在的经验规则要服从自然的超验法则的规制。比如柏拉图就认为在个别的、可感的事物之外还有一理智可知的、更加真实的领域存在，否则就不会有确定的知识。柏拉图的理念造就了他的"两分"式世界观和认识论哲学基础。在理念／实在或者理念／生活二元并立对应哲学图式上，古希腊伦理学与正义理论的体系就被成功地勾画出来。这一体系由三个基本概念构成，它们是自然理性、自然正义、自然法。

自然理性不仅是古希腊哲学的核心概念，而且是整个西方政治、法律、社会哲学思想史的核心概念。这一概念包含着环环相扣的三个环节：第一，自然是有理性的；第二，人类是属于自然的；第三，人类必须服从普遍理性。毫无疑问，这一概念的形成得益于古希腊发达的自然哲学，并首先得益于赫拉克利特的"逻各斯"学说，他认为理性是一切人和全世界共有的，人类必须服从这种普遍的理性。当然，将这一思想导入政治法律伦理哲学，最终是由苏格拉底、柏拉图、亚里士多德等人完成的。"自然理性"这一概念不同于中国文化中的"天理"、"自然"、"道"等概念，因为中国文化中的这些概念仍然不过是人之所欲、所求的一般性表达。"自然理性"这一概念是外在于人之所欲、所求的，是基于对物理世界规则的思辨而推导出来的，当它被提炼出后，对人之所欲、所求的控制功能是逻辑演绎的结果，而非目的设定的产物。因此，自这一概念诞生时起，它就成为西方一切思想的终点和一切行为的边界，成为西方人生活中的终极权威。由于这一权威出身于自然哲学，因而具备了人力不能逾越、不能变通的先天特点，这与中国的"天理"、"自然"等概念的内容可由人随心所欲设定又显然不同[①]。另外，由于"自然理性"这一概念发端于自然哲学，也就决定了在西方哲学伦理思想发展过程中"以自然科学的方法解析人文社科"欲望的强烈和方法传统的连续[②]。

　　自然正义这一理念与自然理性可以说是自然哲学的孪生物。古希

[①]　当然，西方的"自然理性"、"正义"、"自然法"等概念，在特定历史时期也是被人为赋予内涵的；但是这种"人为的赋予"又是每时每刻受到来自自然理性传统的控制的。

[②]　学界通常认为西方人文社会科学研究中的"科学"传统，是近代笛卡儿思想的产物。而事实上，这一传统有其更为久远的基因处所。笛卡儿的哲学思想，比如世界的物质性、辩证法、演绎推理等，在一定意义上可被看作是希腊古典哲学的复兴。

腊格言"正义乃百德之总"①，精炼地概括了正义在希腊人心目中的社会价值位阶。但是，正义本身并不是自洽的，如何确定社会正义的"应当性"原则，需要借助外在于社会正义的设定。古希腊借助自然与自然理性，创设了自然正义这一概念，从而为社会正义伦理原则的确立提供了一个万变不离其宗的标准。

第一个从科学与理性角度探讨自然正义原则的是米利都学派的三杰之一阿那克西曼德（Anaximander，约前 610—前 546）。对此，亚里士多德曾在其《物理学》中指出：不同于其他自然哲学家把水、火、气中的某一单一物体作为万物的本原，阿那克西曼德致力于"从单一中区别出内在于它的对立物来"②。罗素则对阿那克西曼德的思想做了如下梳理：世界上的火、土和水应该有一定比例，但是每种元素都永远企图扩大自己的领土。然而有一种必然性或者自然律永远在校正着这种平衡。这种正义观念——即不能逾越永恒固定的界限的观念——是一种深刻的希腊信仰，神与人都要服从，这种至高无上的力量本身是非人格的③。尽管在普罗泰戈拉之后，智者学派曾经发起过对早期古希腊自然哲学的批判与背离，公开否定正义的客观基础，公开宣扬正义就是"强者的利益"，但是自然正义观在哲学中的迷失仅仅是暂时的。后期的希腊各学派不但实现了对"自然正义"概念的回归，而且扩展了这一概念的范围，使其在有形的物质世界之外，还包括了诸如人的思想、风俗伦理以及对幸福的期望等道德世界的价值。苏格拉底首先将道德与真理相联系，把正义纳入社会伦理范畴予以研究，他坚信正义是一

---

①　严存生：《论法与正义》，陕西人民出版社 1997 年版，第 12 页。

②　苗力田主编：《古希腊哲学》，中国人民大学出版社 1989 年版，第 25 页。

③　〔英〕罗素：《西方哲学史》上卷，何兆武、李约瑟译，第 52—53 页。

种客观的知识。柏拉图则认为理性是正义的基础。而作为古希腊哲学的集大成者，亚里士多德将正义做了明确的区分，自然的正义规则是先天的、普遍的，"在任何地方都具有同等效力，而不取决于我们是否接受它"[1]。

亚里士多德之后，希腊哲学进入了希腊化时期，此时的希腊哲学随着马其顿王国的军事征服、文化扩张向东方传播，与之同时，古希腊哲学思辨理性精神在东方实用主义思潮和宗教信念的影响下出现了历史性的衰退。哲学转向致用的一大后果是专业化学术研究的精彩纷呈。这一时期的新学派如伊壁鸠鲁学派、斯多葛学派的主要哲学兴趣由追求智慧转向追求幸福。从人权的思想基质方面看，斯多葛学派直接贡献了自然法和天赋平等学说[2]。不过，在公元前5世纪中期开始的智者运动中，有关"自然"和"人为"的讨论已初露自然法之端倪。当时已有人认为风俗习惯性的法应与"未成文法"、"神的法"相区别。例如希庇亚认为未成文法是到处都一致遵守的法，修昔底德认为未成文法是符合自然的、普遍的、必然的，伯里克利认为违背了未成文法即违反了公认的法律，等等。但是，自然的正义规则最终被概括为自然法是由斯多葛学派完成的，他们认为，在一切普遍知识的背后，存在着作为演绎推理的最初原则，自然法就是由这些原则而推出的。斯多葛学派创始人芝诺按照理性统一的宇宙论图式，勾画了一个理性的、统一的"世界城邦"图景。在芝诺看来，人们应当摒弃希腊城邦不合理的法律和习俗，无条件地接受宇宙理性，也就是自然法的命令。可以说，"是斯多葛学派区别了 jus

---

① 〔美〕E. 博登海默：《法理学——法哲学及其方法》，邓正来、姬敬武译，华夏出版社1987年版，第11页。

② 我们这里只讨论斯多葛学派的自然法思想，而把其天赋平等思想放到后面讨论。

naturale（自然法）与 jus gentium（民族法）"①。

古希腊哲学在上述诸方面的展开和发展，并没有为人权的产生提供具体的思想质料，甚至是间接的思想素材，它们为人权的产生提供的是"自然—自然理性—自然法"与"实在—人为理性—人定法"二元并立对应的世界观。这一世界观，在可触摸、可呈现、多样化的实在世界和不可触摸、不可呈现但可借助理性感知的统一的理念世界之间，建立起了一种张力基础上的制约关系。得益于自然哲学的诸种文明核心要素的支援，非人格化的理性作为一种终极信仰，为西方文明抵御着一元论宗教的冲击，修复着由此起彼伏的道德幻灭带来的社会塌陷，阻挡着由个人专断和民主暴政导致的文明倒退。这一世界观图式，把最终规则的制定权从人的手中转移出去，伸张着自然法的自然神圣性，维护着存于实证伦理原则、实证法律制度背后并对之予以持续批判的终极理性标准，从而为人权诞生所需的对抗意识、自由人观念和人权否定精神的成长预留了必要空间并开辟了哲学道路。

二、对立思维的形成与对抗主义的萌芽

汤因比在探索文明的起源时放弃了传统的因果关系模式，建立起"挑战—应战"模式，这是一个描述在个人或社会生活中激起新的脱离行动的各种自由力量的公式。一次有效的挑战会破坏原先存在的和谐，刺激人们去从事创造性的活动，因而创造"是挑战和应战之间发生的一

---

① 〔英〕罗素：《西方哲学史》上卷，何兆武、李约瑟译，第 341 页。

场遭遇战的结果"①。借助这一模式，我们可以发展东西方文明在面对挑战时选择的应战进路上的显著差异。有学者认为西方人权的基本精神是对抗主义，东方人权的基本精神是协调主义，而后者具有颇多优越性。这一观点受到了多方面的辩驳和质疑，如夏勇教授就对"东方人权"这一概念是否成立做了分析②。但无论如何，如果我们说东方因为对和谐追求的执着而不可能生成西方式的人权概念，而西方则因为有着对世界对立性的客观把握和人际对抗性的深刻洞察而成就了其人权传统，大抵不会有异议③。

与希腊哲学源自世界对立、揭示人际对抗不同，中国传统哲学的精神是建立在"天人合一"哲学图式之上的，是以追求人与自然、人与人、人身与人心的和谐为圭臬的，在伦理上就落实为血缘宗亲结构。这样一种文明进路是由古代中国封闭的地理环境、稳定的民族认同和相对单一的文化模式、相对自足的经济形式共同孕育、打磨出来的。应当说，这一文明进路也是睿智而又惬意的。因为它从文化图式内部消弭了身与心的分裂、灵与肉的对立和人与人的对抗，以先在的和谐为执着信仰。这样，无须经验之外的超验外求，就可以获得生活的安逸并最终实现心灵的宁静。在"心灵的宁静"这一人类孜孜以求的"至善"目标——东方和西方共同的目标——之上，可以说西方先行借助宗教、

① 〔英〕阿诺德·汤因比：《历史研究》（修订插图本），刘北成、郭小凌译，上海人民出版社2000年版，第55页。
② 夏勇：《人权概念起源》，中国政法大学出版社1992年版，第109—180页。
③ 文明只有样态的不同，而没有优劣之分。因为做出优劣判断必须有一个前提，那就是必须有一个可以超越所有文化形态而能够对之进行衡量的"至善"的标准。而从人类思想史看，这一标准总是民族性的、历史性的、变动性的。自近代以来，大家采用的标准主要是物质与科技标准。这一标准至今仍然通行，但挑战已经出现。

然后借助科技、而后借助人权，都没有达到中国曾经达到的高度。即使在极其困苦的情况下，中国文化也没有丧失其恬淡宁静的品格，而西方文化即使在物质极其丰富的情形下，也没有能够消除其内在的紧张与不安情结。这与文化模式原点性基因的不同是密切相关的。但中国文化进路的不足在于，经验归纳理性的发达显然抑制了演绎推理技术的发展，以和谐为基本精神的哲学追求阻滞了思想的解析面向和抽象纬度的展开。概言之，中国哲学是"既不走向真正的科学的经验观察、实验验证，又不走向超越经验的理论思辨和抽象思辨"[1]。传统中国的哲学图式在起点上就封闭了思辨理性成长的需求与可能。

与中国取道"和谐"不同，西方选择了"对抗"作为自己思想成长的技术路线。这种选择与希腊时代城邦林立、贸易发达引发民族的迁徙、文化的多元以及由之导致的思想刺激、社会挑战加剧是联系在一起的。哲学思辨的最初动因来自于对自然奥秘的好奇，对人际关系的困惑，而其发达则来自于自然与社会多方面的刺激与挑战。希腊人是航海的民族，"试想：茫茫大海上一叶扁舟，面对海天一色的空阔，观望斗转星移的天穹，这样的自然环境怎能不激发出对自然奥秘的遐想？"[2]西方文化中人与自然的分离、人的灵魂与肉体的分裂、人与人之间的对立、人与国家的对抗意识正是在对多变又不变、有序又无序、矛盾又统一的宇宙与人类社会的规律及原因的探索过程中形成的。对立与对抗意识的形成，离不开希腊民族对世界多元的体认和对自身超越的渴求，也离不开该民族对经验世界的突破和对理念世界的开拓，更离不开希腊民

---

[1]　李泽厚：《中国古代思想史论》，天津社会科学出版社 2003 年版，第 161 页。
[2]　赵敦华：《西方哲学简史》，北京大学出版社 2001 年版，第 3 页。

族对智力挑战的应战和对自由智慧的上下求索。

希腊思想中的对抗与争斗底蕴可以追溯到古希腊的"多神"神话世界观和宗教观。一个民族的神话或宗教往往体现着一个民族假借这些形式所确立的本民族终极权威观念。所以，世界上多数民族的神话和宗教中，基本上都有一个人格化或非人格化的最高的完美的"神"。但是希腊神话是多神崇拜的，虽然宙斯是奥林匹斯山众神中的主神，但众神又是各司其职的。并且，诸神也不是全能或完美的，他们不但在外形体态相貌上与凡人相同，而且还具有相同的七情六欲，甚至神与神、神与人生下的英雄也具有欺骗、虚荣、贪色、嫉妒、复仇、争斗等人的一切恶行。可见，希腊思想的本质深处是不承认完美无缺的人格的，人性之恶、人际的对立与利益冲突的存在成为希腊思想的预设。

希腊神话中的"对立"元素深刻地影响了希腊哲学的发展。在希腊哲学的早期，自然哲学家在探索宇宙生成原理的过程中，最早揭示了自然界中的"对立"原理，并运用它来解释宇宙之起源。阿那克西美尼（Anaximenes，盛年约在公元前546/545年）认为"气"是宇宙的本原，它有冷和热两种对立性质，有浓聚和稀疏两种对立运动。"对立，即冷和热是（宇宙）生成的最有利因素。"[1]赫拉克利特的逻各斯理论中更饱含着丰富的从对立到统一、由斗争到和谐的自然辩证法思想。他认为，"相反的力量造成和谐，就像弓与琴一样"，"向上的路和朝下的路是同一条"，"生与死、睡与醒、少与老是同一的。因为变化了的前者就是后者，而变化了的后者又成为前者"[2]。赫拉克利特的自然辩证哲学奠定了

---

[1]　苗力田主编：《古希腊哲学》，第32页。
[2]　苗力田主编：《古希腊哲学》，第41—43页。

他基于对抗的社会哲学观。他谴责诗人荷马在《伊利亚特》中的理想："让来自神和来自人的斗争都消除吧"，而认为"善与恶是统一的"，"战争是普遍的，正义就是斗争，万物都按照斗争和必然性而生成"[①]。他高度赞同斗争的价值，"世界为斗争所支配。'战争是万有之父和万有之王。'如果没有斗争和对立，世界就会消亡——停滞不前而毁灭"[②]。显然，这种斗争哲学与中国传统是相反相悖的。中国从先秦的孔孟之学，到秦汉的"天人感应"宇宙论和阴阳五行哲学，到魏晋的本体论哲学，均内含着一种面向中心、追求和谐的坚执，断不可能生发出类似赫拉克利特虽"危言耸听"但又有对人类生活真实切入之论。

智者运动中的寡头派与自然哲学中的自然正义传统背道而驰，公开否认法律的自然正义基础，而从人与人之间的天然邪恶、相互报复的角度解释法律和社会，法律不过是强者打击弱者的工具。智者斯拉西马库就认为强者的利益就是公理、强权就是公正。智者加里克里斯则认为法律是弱者的强权，是大多数弱者制定出来惊吓强者的，因而是可耻的、骗人的。"如果一个人有足够的力量……他就会把我们违反自然的一切准则、咒文、护身符以及我们的全部法律统统踩在脚下。"[③]虽然这两位智者对法律的功能认识截然相反，但他们都以斗争作为法律哲学的基础，都认为所谓的公正、正义、法律都不过是相互争斗的工具与借口。

基于斗争的世界观与希腊城邦的独立精神是密切相关的。根据历史记载和史家的研究，希腊时代各城邦间的相互独立与对立可谓登峰造

---

① 苗力田主编：《古希腊哲学》，第41—44页。
② 〔美〕梯利著，伍德增补：《西方哲学史》，葛力译，第21页。
③ 夏勇：《人权概念起源》，第108页。

极。各城邦均有自己独立的信仰、独立的法典、独立的司法乃至独立的纪年、独立的钱币、独立的度量衡，因而城邦都是各自为政的，相互之间界限至深。地形、习俗、宗教、法律的不同与利益纷争、旧怨新仇一起不断强化着城邦间的界限，这一方面使得希腊自始至终没有形成统一的帝国，另一方面，正是在这一状态中，希腊人的独立精神得以不断强化。而在城邦内部，"自由民各阶层的斗争也甚为激烈。几乎所有的希腊国家，内部都分裂为两个党派"①。古朗士的研究所得更加耐人寻味：双方有争执时，"雅典禁止公民有中立者，他必须随一派竞争。凡不归派、不竞争而中立者，法律予以严厉惩罚，去其公民权"②。在生活的锤炼中，通过斗争、竞争赢得生存空间的情怀不断渗入民族心理的深层结构之中，成为人们生活信仰的一部分。雅典晚期著名政治家伯里克利就不相信关于正义的空洞说辞，而认为正义的标准就是强力与战争，而且其在执政期间借助强大的舰队创造了雅典的辉煌。

　　如果说中国文化是从道德理想的最高处确立规范然后施教，古希腊文化则便是立足人性世情的最劣处而后探求相对最优的生存技术。在柏拉图著名的"两分法"及其第二等好的国家的设计、亚里士多德精致的"形而上学"及其对法治国家构想的背后，事实上也隐含着对立理性和对抗主义的理念前提。伊壁鸠鲁也认为："自然的公正，乃是引导人们避免彼此伤害和受害的互利的约定。"③可见他的功利主义的社会契约论也是建立在先行承认人与人相伤害的存在这一前提下的。与中国为了

---

① 〔古希腊〕修昔底德：《伯罗奔尼撒战争史》，谢德风译，商务印书馆1978年版，第21页。
② 〔法〕古朗士：《希腊罗马古代社会研究》，李玄伯译，张天虹勘校，中国政法大学出版社2005年版，第185页。
③ 严存生：《论法与正义》，第25页。

追求和谐而先行否定对立与冲突的文明发展路线不同，希腊哲学为了实现和谐先行承认人与自然的对立、人与人的对抗、人与城邦（国家）利益、城邦与城邦利益的冲突，然后选择最优的技术路线。二者导出的结果是断然不同的，前者导出的是人伦与义理，后者导出的是人权与法治。可以说，从世界对立性出发，西方文明以平实而冷静的心态迎接着来自自然与社会的挑战；从人际对抗性出发，希腊文明的创始者寻求以法治应战"挑战"的途径。人权在本质上是人际对抗的产物，同时又是控制人际对抗的一种手段。在此意义上，希腊文明的创始者对世界对立和人际对抗的阐明，就为权利这一概念的被凝练、被发明提供了前提。

三、人学的兴起与人性论的展开

古希腊哲学借助其充沛的自然、自然理性、自然正义、自然法思想资源和对人际对抗主义精神的洞察，对人权的思想做出的另一重要贡献体现在人学方面。自然哲学的理性根基和思辨演绎哲学进路，孕育了以理性、尊严、平等为德性的人学的胚胎；对抗主义的精神底蕴则成就了个体自利观、人际斗争观等人性论要素和契约论、法治论等社会原理。在后来西方文明的发展过程中，这一传统虽不断受到罗马的世俗性、基督教的创始论以及各种形形色色怀疑主义、相对主义的诋毁和抨击，但是其起始性、本源性、超验性特质决定了这些观点的不可被突破性。跨越千年，文艺复兴和思想启蒙时代的人们从中汲取了前进的力量和进步的智慧，将之培育成了人权与法治的参天大树。这棵大树的种子便是由古希腊哲学缔造的人的理性、人的尊严、人的平等、人的自由等基质构成的。

从以自然为中心问题的自然哲学到以人为中心的道德哲学的转向，发生在公元前 5 世纪中叶的智者运动之中。希波战争结束后，古希腊城邦制度最终形成，政治制度和法律制度日趋完善。在这一背景下，探讨人类社会的合理性、人类生活的正义性、人类本身的德性及其与正义、法律的关系，就成为哲人们新的兴趣点。智者学派以相对主义为哲学基础，以怀疑主义为批判工具，对传统宗教信仰和哲学观念进行了彻底颠覆，其贡献在于将哲学的注意力由自然领域引向社会政治法律领域，推动了道德哲学、政治法律哲学以及人学的产生，引申出了功利主义和实用主义的哲学端绪。

具有划时代意义的"人事"与"自然"的分离，也正是在智者的批判中完成的。普罗泰哥拉的"人是万物的尺度"这一著名判断，标志着希腊人对人本身认识的历史自觉和思想高度。普罗泰哥拉从三个方面论证了人与动物的不同：第一，人拥有智慧与技术，能发明语言、从事生产；第二，人能结成城邦和社会；第三，人具备确立社会秩序的政治智慧和品德[1]。普罗泰哥拉的论断在哲学上首次鲜明地凸显了人自身的意义，这种凸显包括两个方面：一是哲学研究的重心由客观的自然转向人性世情本身；二是在人与自然、社会的关系中，人具有了主体的资格。他通过一个神话表达了人人拥有正义理性的观点 —— 在谈到神怎样在人们中间分配正义时，他说宙斯的回答是："要分给所有的人，我愿意他们所有的人都有一份；因为如果只有少数人享有，像［别的］那些技术那样，城邦就无法存在下去。"[2] 在这里，人类在分得理性方面的平等，

---

① 参见杨适：《古希腊哲学探本》，商务印书馆 2003 年版，第 278 页。
② 参见杨适：《古希腊哲学探本》，第 276 页。

已经呼之欲出了。在智者发动的以人为中心的对传统的怀疑、批判、否定以及对之再怀疑、再批判、再否定的过程中，希腊哲学中的物理意义上的"自然观"开始转向人本性意义上的"自然观"。在这样一种哲学思潮积极参与政治、法律、教育、伦理议题的过程中，人性的思考得以深刻拓展，人本的传统得以扎根型塑。智者安提丰指出人的生存本身应基于人的本性，他认为按照人的本性（自然），"不论是哪里的人，希腊人还是野蛮人，生下来都是一样的"①。这种人人平等的思想一定是与希腊的自由精神相伴生的。

在古希腊哲学中，自由的精神并没有得以理论化的研究和审视，而是作为一种实实在在的生活样态存在着的。尽管古朗士曾经认为，在古希腊罗马社会，城邦绝对支配公民，"个人自由不能存在"，"人身上无一毫自主"，"个人无自由信仰的权利"，并认为人们相信古人有自由权是大错而特错了②。这显然有以近代个体自由观念裁剪古代史的嫌疑。希腊神话中的多神性、希腊内部城邦的林立、民族的迁徙流动、商品贸易的发展，从中衍生出的自由并非首先表现为自由精神的理念，而是自由精神的呈现，即成为希腊人对待人与人之间矛盾关系时奉行的态度、精神与行为方式。在希腊哲学独特的抽象思辨与独立、批判精神和希腊政治、经济、文化突飞猛进的共同作用下，向往自由和个人主义的倾向逐渐增长起来。

然而，智者借助相对主义、个人主义武器对传统的批判和否定，对真理唯一性和确定性的不遗余力的攻击与颠覆，极大地破坏了古希腊哲

---

① 参见杨适：《古希腊哲学探本》，第 292 页。
② 参见〔法〕古朗士：《希腊罗马古代社会研究》，李玄伯译，张天虹勘校，第 184—187 页。

学的自然理性基础，动摇了人们对人本理性的信仰，并成为西方哲学内部既承担自我批判功能又具破坏作用的一股力量。对此，苏格拉底、柏拉图和亚里士多德与智者的怀疑主义和相对主义进行了不懈的斗争，尽管"他们并未消除这个内部隐患"[1]。

苏格拉底在思考、认识人自身时，已经提出要建立一门研究人的灵魂的学问。他早年潜心自然哲学，后来转向对早期自然哲学的批判，取道人性世情、生活实践探讨伦理问题，尤其热衷于阐释虔诚、适宜、正义、明智、勇敢等德性的定义，并主张以心灵为本原发现外部世界的原则。苏格拉底的人世情怀、实践热忱和哲学方法显然极大地影响了他的学生。柏拉图和亚里士多德将古希腊哲学、政治学和法学共同推进到了真正独立的学科的高度。但是，他们的政治学与法学却是以人生而有等作为出发点和基础的。柏拉图就认为不同等级的人是由不同元素构成的，亚里士多德虽然认为公正的真实意义"主要在于平等"[2]，但却认为奴隶天生就是奴隶。在今天看来，这些观点显然是不能接受的。但是，我们不能把这些带有历史局限性的具体论述以及哲学家们出于应对现实人事的需要而对自己思想做出的折中与退让，等同于他们一般性的人学理论。比如，柏拉图虽然基于自己的阶级局限主张社会的等级划分，主张天赋血统论，但是他主张的等级划分是基于社会成员禀赋的差异和社会分工原则的，他在原则上是"反对以某一等级的利益为基础的阶级社会"的[3]。他反对将某一等级利益凌驾于其他等级利益之上，反对"强权即公正"原则。柏拉图从其哲学两分法出发，认为人也由可见与不可见

---

[1]　赵敦华：《西方哲学简史》，第 36 页。
[2]　〔古希腊〕亚里士多德：《政治学》，吴寿彭译，商务印书馆 1965 年版，第 153 页。
[3]　赵敦华：《西方哲学简史》，第 65 页。

两部分组成，可见的部分是身体，不可见的部分是灵魂，而人的灵魂的最高原则是理性，理性使人区别于动物，理性来源于神圣的理念，是灵魂的本性。亚里士多德认为追求幸福出自人的自然禀赋和本性，人的独有的自然能力就是理性。所以，虽然柏拉图把人做了生产者、武士、统治者这样的差等划分，亚里士多德主张国家必须维持社会等级制度，这些用今天的标准来衡量是不道德的、不正确的，但他们基于现实的需要、针对现实的希腊社会所做的等级分析，是并且仅仅是针对现实的希腊社会的，属于并且仅仅是属于社会政治学和社会历史学范畴的；这种具体的、历史的政治学观并不能被抽象为他们的一般的政治伦理结构；这种具体的、历史的人学分析也不能被抽象为他们的一般的人学原则。

柏拉图对人学的另一贡献是人本性恶学说。他认为大部分人的灵魂中理性不占主导地位，人类的本性是永远倾向于贪婪与自私的。并以此作为其后期政治学说即第二等好的国家的理论基础。亚里士多德从其自由人和奴隶天然不平等信念出发，指出掠夺自然奴隶的战争是自然而正当的[1]，同时还认为人是自利性的动物："凡是属于多数人的公共事物常常是最少受人照顾的事物，人们关怀着自己的所有，而忽视公共的事物；对于公共的一切，他至多只留心到其中对他个人多少有些相关的事物。"[2]这一判断为亚里士多德的法治论提供了坚实的认识论基础。

亚里士多德之后的希腊化时期的哲学新派别伊壁鸠鲁派、斯多葛派批判了希腊哲学前期为智慧而智慧的思辨精神，取道幸福的追求，将人学理论推进到了一个新的阶段。这一阶段是以希腊人固有的思辨理性精

① 参见〔古希腊〕亚里士多德：《政治学》，吴寿彭译，第23页。
② 〔古希腊〕亚里士多德：《政治学》，吴寿彭译，第48页。

神日趋下降和来自东方与罗马人固有的实用精神的急剧上升的相互交织而显示出其独特性的。

伊壁鸠鲁哲学的基础是感觉主义和快乐主义，认为避苦求乐、快乐为善是自明的。但是，伊壁鸠鲁所谓的快乐主要是身体健康和心灵宁静，而不是后人所歪曲的享乐主义和纵欲主义。另外，伊壁鸠鲁的思想还具有强烈的个体主义特征，"他的伦理学关心的只是个人的快乐，而不是社会的福利，达到个人快乐的途径也与社会服务和利他无关"[1]。这与柏拉图"为了公共幸福而放弃个人幸福"和亚里士多德"人是天生的政治动物"、个人只有在公共的政治生活中才能实现自己的"至善"的路径是截然相反的。柏拉图"给每个人以公平的对待"、亚里士多德"人天生是政治的动物"等判断，均是服务于其城邦或国家政治伦理的，并且其中的"人"是被作为义务主体而凸显的。比如亚里士多德就曾指出："善人为他的朋友和国家尽其所能，在必要时甚至献出生命。"[2] 这显然是一种利他主义的人学观。伊壁鸠鲁开辟的新的人学观是利己主义的，并且他的利己学说"在本质上是有见识的利己学说"[3]，而其见识的深刻性，在我们承认人权的先天利己本质时，就不证自明了。应当说，是伊壁鸠鲁开辟了人学的个体主义的面向。

斯多葛创始人芝诺在人们必须无条件接受的宇宙理性即自然法的基础上，阐释了自己的人学观点。在形而上学方面，斯多葛认为人们受宇宙理性的规定，所以是决定论的；在伦理学方面，他认为因为"人有了逻辑思维，他就是自由的"，"一个人遵循理性，即服从自然的永恒的规

---

① 赵敦华：《西方哲学简史》，第98页。
② 赵敦华：《西方哲学简史》，第89页。
③ 〔美〕梯利著，伍德增补：《西方哲学史》，葛力译，第110页。

律而行动，这时他是自由的"①，这种对自由意志的宣扬显然又是非决定论的。不同于伊壁鸠鲁的个人主义，也不同于柏拉图和亚里士多德的希腊民族沙文主义，"他们发挥了人的尊严的观念，即一切有理性的人都是同一父亲的儿女和世界公民，具有同样的权利和同样的职责，受制于同样的法律、同样的真理和同样的理性"②。世界上的一切人都应该是平等的，男女也应该是平等的，应该自由组织家庭；不应该有阶级、种族和任何等级差别；甚至认为对自己的敌人也应当给予帮助和宽恕。芝诺的人人平等思想和现代人权"不分种族、肤色、性别、语言、宗教、政治或其他见解、国籍或社会出身、财产、出生或其他身份等任何区别"的平等观近乎是在同一高度上的。可以认为，斯多葛学派对人类贡献的是"胸怀全球的人道主义"③。罗素的评价是很中肯的："像十六、十七、十八世纪所出现的那种天赋人权的学说也是斯多葛学说的复活，尽管有着许多重要的修正。"④ 斯多葛派的自然法思想、天赋平等学说、人道主义情怀在人权思想史上发挥的作用是其他任何学派和学说都无法比拟的。在罗马帝国登上欧洲文明的舞台后，斯多葛学派的学说就与罗马人的实践偏好和实用精神相结合，锤炼出了权利保障的法律体系。

　　从人的理性出发认识人的存在、解释人的本性、定位人的关系，从而肯定人的意志自由及其自我决定性，肯定人的利己本能及其正当性，肯定人的尊严及其平等性，构成了希腊哲学中人学的精华。但其大放异彩，却是在中世纪后期希腊哲学被重新发现之后的事了。在此之前，来

---

① 〔美〕梯利著，伍德增补：《西方哲学史》，葛力译，第118页。
② 〔美〕梯利著，伍德增补：《西方哲学史》，葛力译，第123页。
③ 〔美〕梯利著，伍德增补：《西方哲学史》，葛力译，第122页。
④ 〔英〕罗素：《西方哲学史》上卷，何兆武、李约瑟译，第341页。

势汹涌的实用主义的东方文明、注重实践的罗马文明，一起关闭了希腊哲学注重形而上的思辨路向及非宗教性的多元自由精神和刚刚起步的人之平等尊严观，而代之以一元宗教的统摄和形下法律的构建。但是在这一过程中，希腊时代所开辟的理念/实在二元并立对应哲学图式、对立与对抗主义精神和基于理性而应平等的人学观念，并不是被取代了，而是被涵摄、凝聚进了罗马帝国法律关于"人"与"权利"等法言法语的创造过程中。希腊时代的思辨中锻造出的人权基质在之后的罗马时代经历实践的冶炼，将为人权的诞生提供更为直接的权利质料和制度素材。

（原载《文史哲》2010 年第 3 期）

论人权的普遍性与人权主体观

曲相霏

一、引　言

本文首先要揭示人权主体与人权内容之间这样一种关系：人权内容决定于人权主体，人权内容服务于人权主体。以这个关系为分析前提，本文强调，人权的正当性要求人权的普遍性，人权的普遍性首先是人权主体的普遍性，而人权主体的普遍性同时意味着人权主体的多样性，尊重人权主体各自的独特性而能与普遍的、多样的和具体的人相契合的人权才是普遍的人权。

本文认为，人权主体问题不只"关系到人权的适用范围"[①]，而应该认识到，人权主体理论除了在知识论的意义上回答"谁的权利"，从而使人类免于在这一问题上的困扰外，还在整个人权理论中具有重要地位，并对人权救济和人权保障具有不可替代的实践功能。首先，有什么

[①]　自 1991 年人权理论研讨会对这种观点做了概括性表达之后，人权主体只"关系到人权的适用范围"这种理解一直被人们视为理所当然，几乎可以从目前所有关于人权的理论中推导出来。

样的人权主体，就对应着什么样的人权体系。假设人不是一种有生命的存在，生命权对人有何意义？假设人不是一种能从产权界分中获益的生命，财产权对人有何意义？生命权和财产权成为人权的内容，从根本上说是因为它们满足着主体的需要。换言之，按逻辑分析，不是先确定了人权的内容，然后再去寻找有资格享有它们的主体[①]；恰恰相反，人权主体是先于人权而存在的，人权正是人权主体在道德上和法律上所要求的权利。由此，所有的人权理论都是建立在对人权主体预设的基础之上，人权的全部内容最初都从人权主体出发。其次，对人权的全部研究，不仅均须以如何使主体享有最充分的人权为逻辑起点，也以如何使主体享有最充分的人权为最终目标。人权研究要服从与服务于人权主体，人权的价值只能和必须通过人权主体的满足来体现。成熟的人权理论和科学的人权研究，首要的是对人权主体的研究。再次，在人权主体与人权内容这两大构成要素中，不仅是人权主体决定着人权内容，而且使人权与其他任何类型的权利相区别的，也不是人权内容，而是人权主体。进而言之，人权与其他权利的最大区别就在于主体的区别。其一，人权主体只能是人，而其他权利的主体则可以是多种多样的，国家、政府、群体、法人等都可以成为种种权利的主体，动物的权利、植物的权利、自然的权利等概念也都被提出。其二，人权主体必须是普遍的，人权的概念中天然地包含着主体要素，人权的正当性也体现在人权的普遍性中，而其他权利却并不要求主体的普遍性。最后，人权之所以成为人权也只能在人权主体的理论中找到说明。人权不能简单地解释为"人享有的或

[①] 人权的实践往往把某些人权主体排除在人权保障之外，因此人权斗争在很大程度上也可以视为扩展人权主体的斗争。这是人权的主体与人权关系的另一个方面，是人权制度性保障的问题，与本文的分析并不悖逆，而且，本文的分析正可以为这样的人权斗争提供支持。

者应当享有的权利",而应当突出"把人作为人看待"所必须具有的权利这一层含义①。简言之,人权是从人的存在和保障人的尊严中产生的权利,是把"人"作为"人"看待所必不可少的权利。

阐明人权主体与人权内容之间的这样一种关系,对人权的理论研究并从而对人权的保障实践都是十分有益和必要的。第一,人权的正当性要求人权主体的普遍性,如果只从形式上承认普遍主体而对具有差异的人权主体的特殊要求置若罔闻,则由此构筑起来的人权体系实际上又抹杀了人权主体的普遍性,从而消解了人权的正当性。第二,人权主体的确定性是人权内容确定性的前提条件,离开人权主体讨论人权的内容与体系成为不可能,而人权内容与体系的缺陷必然导致人权保障的不充分。第三,既然人权的全部研究,都须以如何使人权主体享有最充分的人权为逻辑起点和最终目标,那么,自觉地对人权主体的更全面的分析考察,将可预期地提高人权保障的水平。就本文而言,它可能的意义还在于,在以往的人权研究中,这一分析总是令人遗憾地被遗漏了。如果说"长久以来法学理论对规则的重视已经导致了对人的遗忘"②,那么长久以来人权理论对权利内容的重视则已经导致了对人权主体的遗忘。例如在目前中国的人权研究中,学者们偏重于研究人权的具体内容和制度建构,往往只有在分析人权的概念或要素时才会用一节、一段或一两句话,简单地交代人权的主体③。

对人权主体的研究可以在两个向度上展开,一是对人权主体的哲学

---

① 参见夏勇:《人权概念起源》,中国政法大学出版社 1992 年版,"导论",第 2 页。

② 赵晓力:《民法传统经典文本中"人"的观念》,《北大法律评论》第 1 卷第 1 辑,法律出版社 1998 年版。

③ 曲相霏:《人·公民·世界公民:人权主体的流变与人权的制度保障》,《政法论坛》2008 年第 4 期。

辨思，其目的在于从哲学、政治学、伦理学等的立场上认识人，并大致确定人权的内容；二是从历史与现实的实证角度，考察人权主体从一般意义上的人向法律主体的转化，及此种转化对人权实现的意义和影响，目的在于为人权的实现提供法律与制度的保障。本文主要是在第一个向度上展开，对第二个向度则是略有涉及①。

　　为了较清晰地揭示人权主体与人权内容之间的这一关系并在此基础上展开分析，本文准备简单地勾勒出人的自我意识的发展如何形成了形而上学的人权主体观及催生了人权的观念，分析自由主义的人权主体如何对应着自由主义的人权体系，阐释 20 世纪人权主体的转型如何带来了人权内容的扩张，最终强调人权理论必须尊重具体的人及其多样性以保障普遍人权。

二、人权主体观的形成

　　"任何人类历史的第一个前提无疑是有生命的个人的存在。"② 当历史上 "有生命的个人" 诞生之时，从普遍人权的立场上看，人权的主体也就实际存在了，但人权观念的形成却是此后十分久远的事情③。人权观念形成的先决条件之一是人权主体观念的形成，即抽象的普遍的人的观念的形成。从 "有生命的个人" 开始产生自我意识，到人类大致形成一

---

① 第二个向度上的分析，参见曲相霏：《人·公民·世界公民：人权主体的流变与人权的制度保障》，《政法论坛》2008 年第 4 期。

② 马克思、恩格斯：《费尔巴哈：唯物主义观点和唯心主义观点的对立》，《马克思恩格斯选集》第 1 卷，人民出版社 1972 年版，第 24 页。

③ 参见夏勇：《人权概念起源》，第 5—30 页。

个普遍的抽象的人的观念，是一个漫长的历程，而且直到目前人类自我意识的历史还在继续着。本文无意去探索和详述这段历史的细节，而只选择与本文主旨相关的几点予以分析。

需要说明的是，虽然今天各种文化观都在其传统中挖掘人权资源[1]，但作为观念的人权首先是西方文化的产物，人权主体观也首先在西方文化中产生。探索人权的渊源，人权精神与人权意识的萌芽可以追溯到公元前 5 世纪的古希腊文明。但是在当时，人具体地表现为归属不同等级的"经验人"，例如在雅典和罗马，有希腊人、雅典人、斯巴达人、罗马人、外国人、自由人、野蛮人、市民和奴隶，却没有人类物种成员意义上的"人"。抽象的普遍的形而上学的"人"的观念还十分模糊，只能够从少数智者的言语中分辨出一点痕迹。总体而言，在古代社会人的类认同感是十分稀缺的[2]。形而上学的人的观念的产生要归功于文艺复兴、启蒙运动与宗教改革的推动。

应当承认，斯多葛学派在形而上学的"人"的概念的形成中起到了重要的作用，因为斯多葛学派较早地认识到了这个重要的概念——理性，并形成了"理性人"的观念雏形。Persona 一词就来源于斯多葛哲学，是为显示具备理性的独立实体即人而被使用的，并为康德所继承而确立了伦理上自由的具有承担责任能力的主体，Persona 思想可以说是人文主义的表现[3]。许多西方学者把斯多葛学派的世界主义誉为"胸怀全

---

[1]　A. H. Robertson, J. G. Merrills, *Human Rights in the World*, Manchester: Manchester University Press, 1996, pp. 1-11.

[2]　参见〔美〕科斯塔斯·杜兹纳：《人权的终结》，郭春发译，江苏人民出版社 2002 年版，第 198 页。另可参见夏勇：《人权概念起源》，第 5—30 页。Costas Douzinas, *The End of Human Rights*, Oxford: Hart Publishing Ltd., 2002, p. 186.

[3]　参见〔日〕星野英一：《私法中的人——以民法财产法为中心》，王闯译，载梁慧星主编：《民商法论丛》第 8 卷，法律出版社 1997 年版，第 162 页。

球的人道主义"，并把它看作是人权理论的思想来源[1]，无疑它当得起这一赞誉。而据杜兹纳分析，"humanitas"一词首先出现在罗马共和国，是对古希腊中用来表示教育和培育、学术和良好修养的 paideia（教养）一词的意译[2]。可以看出，形而上学的"人"的概念具有理性和教养的内涵。若干个世纪后，启蒙思想接过了理性主义的火把，并使之光大。在启蒙思想家看来，人首先是一个欲望主体[3]，但不仅仅是一个"欲望主体"，因为人生来就有理性。"作为一种物种的类型，人之为人，就在于他是理性的人造体，只不过是赤条条的人被赋予了逻辑思维能力、强烈的生存本能和道德意识。"[4] 人的全部尊严就在于能思想，"人只不过是一根苇草，是自然界最脆弱的东西；但他是一根能思想的苇草"[5]。理性是上天或自然赋予每个人的内在的禀赋，每个人都应该把这种禀赋充分地发展出来。培根、洛克、休谟等经验主义哲学家着力强调人们从经验事实出发去确立自己的信念，而笛卡尔、斯宾诺莎和莱布尼茨则强调理性推理的清晰性和确定性，这两个方面在康德那里得到了融合。康德是启蒙时代最冷静和最深刻的思想家，他对启蒙精神作了最精辟的阐释。康德由衷地赞美理性，认为"启蒙就是人脱离自己所加之于自己的不成熟状态。而不成熟状态即没有别人的指导就无法运用自己的理性。如果不

---

[1]　夏勇：《人权概念起源》，第99页。

[2]　参见〔美〕科斯塔斯·杜兹纳：《人权的终结》，郭春发译，第199页。Costas Douzinas, *The End of Human Rights*, p. 186.

[3]　要求"凡人的幸福"是文艺复兴时期人文主义者的宣言，相对于来世主义和禁欲主义的宗教而言，享乐主义的复活具有革命性的意义。柯耶夫认为西方现代性的理性主体和历史主体实质上是"欲望主体"，并使欲望成为法国后现代哲学的中心问题。卢风：《启蒙之后：近代以来西方人价值追求的得与失》，湖南大学出版社2003年版，第35页。

[4]　参见〔美〕科斯塔斯·杜兹纳：《人权的终结》，郭春发译，第66页。Costas Douzinas, *The End of Human Rights*, p. 65.

[5]　〔法〕帕斯卡尔：《思想录》，何兆武译，商务印书馆1995年版，第157页。

是因为缺乏理性，而是因为未经别人指导就缺乏运用自己理性的决心和勇气，那么这种不成熟状态就是自己加之于自己的"。所以，"要有勇气运用你自己的理性！这就是启蒙的口号"①。

除了理性主义（rationalism）观念，个人主义也为西方形而上学的"人"的塑造做出了重要贡献。据钱满素的考察，西方个人主义的源头可以追溯到古典哲学。罗素认为，个人主义源于犬儒学派和斯多葛学派，伊壁鸠鲁学派可能也为个人主义做出了自己的贡献，宗教也在个人主义的形成上起了重要的作用。宗教根基对"人"或"个人"概念形成的意义是不能低估的，因为上帝对人类的拯救是以个人为单位进行的，"个人拯救的教义给了基督徒一种关于个人的特殊意识"②。如果说文艺复兴较为笼统地彰显了人的尊严，较为鲜明地宣扬了享乐主义，那么宗教改革则在上帝的旗帜下张扬了个人主义。在路德和加尔文那里，每个人皆可凭其信仰而直面上帝，每个人都应当重新恢复自己的个性和创造性，上帝不仅号召个人通过服务于教会而表明其信仰的虔诚，而且号召个人通过日常生活和工作而表明其虔诚③。马丁·路德更通过强调"因信得救"而使宗教更加个人化，拯救完全个人化。他以良心为理由而拒绝按教会的要求收回自己的信仰，实际上就是把他个人的判断置于教会的判断之上。个人良心和个人判断的权利就这样形成了。新教徒通过直接阅读《圣经》做出自己的判断，与上帝建立起直接的联系，这种联系给予个人关于自己权利和责任的强烈意识，由此演变为灵魂的自决权和个

① Cf. John Cottingham, *The Rationalists*, Oxford: Oxford University press, 1988, p. 187. 转引自卢风：《启蒙之后：近代以来西方人价值追求的得与失》，湖南大学出版社 2003 年版，第 79 页。
② 钱满素：《爱默生和中国——对个人主义的反思》，生活·读书·新知三联书店 1996 年版，第 199 页。
③ 卢风：《启蒙之后：近代以来西方人价值追求的得与失》，第 64 页。

人的神圣性①。所以，宗教改革的本质就是个人主义的张扬。

　　个人主义不仅为后来的启蒙准备了条件，而且经启蒙学者的进一步阐扬而成为自由主义的核心思想。对个人主义第一次做出系统哲学表述的是托马斯·霍布斯，他的学说对近代自由主义的最大贡献就是个人主义，他因此被称道为当代个人主义的创始人、个人主义之父。西方马克思主义政治哲学家麦克佛森认为，尽管霍布斯的结论很难说是自由主义的，但他的基本预设却是高度个人主义的②。在《个人主义》一书中，卢克斯引用奥托·吉尔克的话说："自然法领域中全部思辨的主导线索始终是个人主义——一种可循序得出其逻辑结论的个人主义。"因为，对于从霍布斯到康德的所有近代自然法理论家来说，"现在的个人主权乃是团体权力最终的和唯一的来源"，共同体和社会生活的所有形式都是实现个人目的的手段③。霍布斯之后的"欧洲的思想史从此目睹了一系列抬高个人的学说，个人自由与个性解放成了哲学家们的共同关注，马克思也不例外，他不仅把个人的存在看作任何人类历史的先决条件，也视之为最终目标"④。

　　启蒙精神就是理性主义与个人主义的结合。美国学者阿什拜（W. Ashby）总结道："启蒙运动的基本信念就是这样的，有决心和勇气的个人可以独立自主。"⑤ 在启蒙之后的哲学和伦理学中，人成为凭理性生活的从社会整体或等级秩序中独立出来的平等的单个的人。在康德看来，人是理性的主体，是能够凭理性自己做出决定、自己确立目标且自己指

---

① 钱满素：《爱默生和中国——对个人主义的反思》，第 200 页。
② 李强：《自由主义》，中国社会科学出版社 1998 年版，第 47 页。
③ 〔英〕史蒂文·卢克斯：《个人主义》，阎克文译，江苏人民出版社 2001 年版，第 68—69 页。
④ 钱满素：《爱默生和中国——对个人主义的反思》，第 201 页。
⑤ 卢风：《启蒙之后：近代以来西方人价值追求的得与失》，第 80 页。

导自己行为的自由自律的主体。人的主体性要求：人是目的，要永远把人当作目的，而不仅仅当作手段，无论是对你自己还是对他人①。

不仅社会以个人为本位，在宇宙万物中，人也具有最高的价值和至高的尊严。与理性主义、个人主义同时发展起来的还有以人道主义为表现的人类中心主义。从笛卡尔至康德的哲学上和伦理学上对"人"的阐释，最终使人成为自然的主人和万物的中心。康德的理性主义就带有强烈的人类中心主义色彩，虽然今天我们应该反思人类中心主义或人道主义的缺陷和不足，但不可否认的是，人类中心主义的人道主义对启蒙时期人的解放曾产生过巨大的影响，人道主义也是启蒙精神之重要一维。

由上所述，文艺复兴、宗教改革和启蒙运动所推动的社会领域和哲学领域里的主体性原则或个人中心原则的确立，塑造了作为一切价值目标的、成为整个世界中心的、理性的、个体性的、独立的原子式的"人"。这样的独立自主的个人观念的形成，使人第一次认识到自己的价值和尊严，产生人权的观念，帮助个人从包括神权在内的各式各样的特权力量下解脱了出来②，在法律上也形成了梅因所谓的"从身份到契约"的转变。这样的人权主体观，从人的解放的角度而言具有不可低估的价值，虽然实际上它又产生了另外一种形式的特权，所以带有无法克服的历史局限性。关于这一点，下文将做进一步的分析。而缺乏这样的主体

---

① 〔德〕康德：《法的形而上学原理——权利的科学》，沈叔平译，商务印书馆1991年版，第48页。
② 人在近代化的过程中从各种共同体中获得了自立，但同时又对代替这些共同体的国家抱有强烈的归属意识。从共同体中的人到作为人权主体的民族国家的公民，是人在近代的重要的身份转换。这种转换一方面为人权提供了保障，另一方面又因其有限性和有害性而给人权带来了无穷的灾难。参见曲相霏：《人·公民·世界公民：人权主体的流变与人权的制度保障》，《政法论坛》2008年第4期。

观，却是"中国传统社会不讲人权的原因"之一[1]。

三、自由主义的人权主体及其人权

自由主义是启蒙的成果之一，在其三百多年的发展中逐步获得了四个方面的内涵，即政治自由主义、经济自由主义、社会自由主义和哲学自由主义[2]，但为严格自由主义所认可的是经济自由主义和政治自由主义。

经济自由主义作为一套系统的理论是从苏格兰启蒙运动开始的，亚当·斯密是古典经济自由主义的杰出代表。亚当·斯密的经济自由主义中包含着个人主义的预设，每个人都是市场的主体，支配着自己的财产与劳动，以自己的方式来满足着自己的愿望和要求，同时在经济竞争中为社会繁荣做出自己的贡献。自由主义政治哲学的杰出代表则是斯图亚特·密尔，其源头可以追溯到英国著名的启蒙思想家约翰·洛克。洛克描述的自然状态中的个人，就是独立的原子式的个人，他们在自然法的界限内，按照他们认为合适的方法，决定他们的行动和处理他们的财产和人身，而无须得到任何人的许可或听命于任何人的意志。为了保障个人的自然权利，人们才通过契约组成社会、政府、国家。个人是第一位的，社会和国家是第二位的。密尔进一步把政治自由主义概括为以下几点：（1）个人是自己利益的最佳判断者；（2）人类具有从经验中学习的

---

[1] 夏勇:《人权概念起源》，第 180 页。
[2] 李强:《自由主义》，第 16 页。

能力，从而具有不断改善的潜能，所以个人和社会都是可以通过不断的生活试验而不断进步的；（3）自由是个人和社会进步的必要条件，是个人首创性和个性发展的必要条件；（4）必须为个人划定一个不容干涉的自由选择的界域，这便意味着国家和政府不应握有不受限制的权力①。

从自由主义的内涵中不难看出，"无论是经济学的自由主义还是政治哲学的自由主义，都充分体现了启蒙精神，都包含着个人主义和理性主义的设定"②。更进一步说，在自由主义的内涵中，作为主体的人，是"经济人"、"政治人"、自足的权利主体，是启蒙所塑造的形而上学的"人"。整个的自由主义理论都是建立在对"人"的这一预设的基础之上，表现出了一种理论上的自洽。

拉德布鲁赫从民法的角度对这样一种人的类型的简洁而深刻的分析，可以佐证本文的判断。拉德布鲁赫认为，3R 运动以后法律的转型是以一种新的人的形象为基础的。一个植根于启蒙时代的、虚构的、抽象的、尽可能自由而平等的、利己的、理性的、逐利的、精于算计的形象，是"经济人"（homo oeconomicus）的标准形象。法律把所有的人都当作商人，商人的需求是罗马法继受的最本质的动因。"近代私法中的人"是自私自利的、老谋深算的、机警灵活的、自由思考的和相互平等的，是"强有力的智者"③。并且不仅在私法领域，"这一人之（形象）观念直到晚近的时代仍主宰着我们全部的法律思维，从私法中的当事人

---

① 卢风：《启蒙之后：近代以来西方人价值追求的得与失》，第 105 页。
② 卢风：《启蒙之后：近代以来西方人价值追求的得与失》，第 105 页。
③ 〔日〕星野英一：《私法中的人——以民法财产法为中心》，王闯译，《民商法论丛》第 8 卷，第 168 页。

主义到公法中的选举制度"[1]。

进入 20 世纪，又出现了波普、哈耶克、伯林、诺齐克、罗尔斯及德沃金等自由主义思想家。波普、哈耶克、诺齐克等坚持着古典的自由主义传统，罗尔斯和德沃金则成为新自由主义的代表人物。罗尔斯的学说因其平等主义和社会主义的倾向而受到了以诺齐克为代表的古典自由主义者的强烈批评，但是，罗尔斯对"人"的预设并没有背离传统自由主义。人们一般认为罗尔斯的理论大厦建构在原始状态和无知之幕这两个概念基石之上，而忽略了他的另一个重要的概念基石，即原始状态中和无知之幕后的那个主体：理性的人。进入罗尔斯初始位置的人，是"努力追求自我利益的自由的理性的人"，其实也就是亚当·斯密所说的"经济人"。有理性的人才能选择，自由的人才能真正选择，而罗尔斯已经把追求自我利益最大化的自私自利当作一个自由的理性的人的基本特征[2]。尽管哈耶克等自由主义者谨慎地提醒人们，认识不到人类理性和知识的有限性将会导致致命的自负[3]，但他们所反对的其实只是政治家们试图为他人或整个人类设计未来、重构社会的集体的自负，而从来也不反对个人作为一个自由个体的理性能力。

由于自由主义所预设的主体人，是自己利益的最佳判断者和追逐者，他们只要不受干扰就能够恰当地追求自己的利益并获得满足。因

[1]　〔德〕古斯塔夫·拉德布鲁赫：《法律上的人》，舒国滢译，方流芳主编：《法大评论》第 1 卷第 1 辑，中国政法大学出版社 2001 年版，第 483 页。
[2]　启良认为，罗尔斯已经用"道德人"置换了"经济人"。而在亚当·斯密看来，自爱的经济人同时也是道德人，因为人人为了自爱而作用于经济领域，便是财富的增多和社会的进步。参见启良：《西方自由主义传统：西方反自由到新自由主义学说追索》，广东人民出版社 2003 年版，第 193 页。
[3]　〔英〕弗里德里希·哈耶克：《自由秩序原理》，邓正来译，生活·读书·新知三联书店 1998 年版，第 13 页。

此，洛克、密尔、贡斯当、托克维尔等自由主义者都特别强调，应该给人留下一个绝对不受干扰、不容侵犯的私人领域，在私人生活领域和公共领域之间必须立下一道樊篱，严防死守，对个人之外的其他一切力量保持着充分的警惕，严格地划分公域和私域，除自己的理性之外不相信超越的理想和理论，对不管以什么名义行事的压制或强制给予坚决的抵制，管得最少的政府就是最好的政府。对这样的精英主体而言，他们最需要和最珍惜的就是自由，因此各种自由被宣布为不可剥夺的人权。

可以说，自由主义搭建了一个舞台，"人"是舞台上的演员，只有先成为演员，真实的人才能进入这个表演的舞台。显然，并不是每一个人都具备成为演员的素质，所以，并不是每一个人都能成为自由主义的"人"。或者说自由主义的"人"是一种身份，一个人像，一个面具[1]，显然并不是每个人都与这个身份同一或相似。最极端的例子是未成年人、老人和智力障碍人等社会弱者。以精英的人为模型来设计的自由主义人权实际上就忽视了大量的真实的具体的人，能够符合他们的"人"的主体特征的，其实只是人类中的一部分，且不大的一部分。

由于保障权利意味着分配资源，所以在资源稀缺时需要对权利做出选择。自由主义选择保障的是哪些权利呢？政府维护公正的选举制度要耗费的成本，或培训和监督警察以减少刑讯逼供要耗费的成本，也许并不少于保证所有身体和智力障碍人拥有适当生活水准的成本，也不少于为所有适龄儿童提供义务教育的成本；并且，应该可以对资源做出某种形式的分配，使这些不同类型的权利都得到适当程度的保障。但自由主

---

[1] 拉杰德认为，法律上的"人"字面之义为人格面具，原义为演员的面具，可称之为法律面具。参见〔美〕科斯塔斯·杜兹纳：《人权的终结》，郭春发译，第238页。Costas Douzinas, *The End of Human Rights*, p.226.

义者所要求的是前一种权利保障，而不是后一种，因为后一种权利，是作为"人"的他们所根本不需要的，也是作为"人"的他们所恐惧于提供的。自由主义的人权观自以为已经找到了"普遍的人"，但这样的"人"，具有明显的文化、道德和能力上的精英特征，可见自由主义的人权观是精英主义的人权观。

对于"人"之外的这些人，自由主义所宣告的那些人权，当然也大都是不可或缺和弥足珍贵的，但却是不够的。对这样一些与精英的理性主体不相符合的人，商法可以不予考虑，甚至民法和刑法在一定意义上也可以不予考虑，但人权理论和人权法却无论如何不能忽略。

罗尔斯曾在《政治自由主义》中提出，他的正义观念并不是涵盖所有领域的观念，而是仅仅适用于基本的政治、社会、经济制度，这意味着自由主义从方法论上的撤退①。对罗尔斯的撤退笔者持赞赏的态度，本文赞同政治领域、经济领域的自由主义，但在人权问题上，自由主义必须重新审视自己以做出相应的调整，首先是解决在人权主体问题上的不彻底性。

四、人权主体的转型与人权内容的扩张

人权主体的转型在理论上可以从两个角度进行说明：一是从形式上

---

① 李强：《自由主义》，第 129 页。美国批判法学者邓肯·肯尼迪认为，一切制度都可以从个人主义和利他主义两个视角加以说明，个人主义并不是唯一正确的方法论。参见 Duncan Kennedy, Form and Substance in Private Law Adjudication, *Harvard Law Review*, Vol. 89（1976），pp. 1713-1725.

而言，从非普遍性的人权主体向普遍性的人权主体的转型，即生物意义上的人作为无差别的存在而不例外地成为人权主体[①]；第二个角度，是就实质而言，从精英主义的抽象的人权主体向具有差别的经验的具体的人权主体的转型，即尊重存在殊异的人权主体各自的独特性，尊重人权主体的多样性。本文将分析第二个角度的人权主体的转型及其所带来的人权内容的扩展。

从上文可知，由于自由主义把人权主体预设为单一的以精英为模型的抽象的人，从而又消解了人权主体真实的普遍性。19 世纪末期特殊的历史背景，充分暴露了自由主义人权体系与具体的人的具体灾难的严重脱节，使人的尊严所面临的严重挑战表面化了。因为资本主义的高度发展带来了生产方式和生活方式的巨大变化，也带来了史无前例的制度性贫困，即并非由于或并非只是由于个人懒惰等原因而是由经济结构所决定的贫困，例如大规模的失业，并产生了诸多令人难以忍受的后果。为普遍的、抽象的、以精英为原型的"人"设计的人权，使挣扎在生存边缘的社会的大多数都无法保全人的尊严。到 19 世纪末，自由主义人权的有限性和特权性更加突出。自由主义人权观无暇去顾及的、与其预设的人权主体不相符合的人，已经愈来愈清晰地在法律面前显现出其形象，并向法律提出挑战。如古斯塔夫·拉德布鲁赫所考察的，一种与自由权利时代抽象的自由的、自利的和精明的人的形象相比更加接近生活的新的人类形象，即具体的、经验的、现实的人的形象，开始进入法律考量的视野。对此，古斯塔夫·拉德布鲁赫做出了这样的判断："法律上的人之新观念呼之欲出，一个法律时代转折渐次出现，一个新的法律

[①]　这一角度的分析，详见徐显明、曲相霏：《人权主体界说》，《中国法学》2001 年第 2 期。

时代开始降临。"①

　　法律上的"人"的形象的转型，直接促使了民法的转型。近代民法的代表《法国民法典》和《德国民法典》中的理想形象是有产者的市民阶级，是富有的企业家、农场主或政府官员的人类形象②，他们都具有良好的判断能力、行动能力、责任能力，精通本行和熟悉法律，所以意思自治、契约自由、当事人主义成为近代民法首要的原则。"以强者为前提的近代民法，极而言之，不幸扮演了制造弱者痛苦的角色。近代民法向现代民法的变迁，发生了从法律人格的平等向不平等的人、从抽象的法律人格向具体的人的转变，在这种转变的背后则是从理性的、强有力的智者向弱而愚的人的转变。这可以称为民法中人的再发现或复归。"③与近代民法中的理想的"人"相比，现代民法中的人不仅是"具体的"，甚至有些是"弱而愚"的。"具体人格"的登场，甚至还出现了"从契约到身份"④的"返祖现象"，或曰从"戴面具的人"到"穿衣服的人"、从"抽象人"到"具体人"的运动⑤。

　　这一新的人的形象，逐渐开始使原有的法律观念、法律原则和法

---

① 〔德〕古斯塔夫·拉德布鲁赫：《法律上的人》，舒国滢译，载方流芳主编：《法大评论》第1卷第1辑，第483页。

② 赵晓力：《民法传统经典文本中"人"的观念》，《北大法律评论》第1卷第1辑，法律出版社1998年版。

③ 〔日〕星野英一：《私法中的人——以民法财产法为中心》，王闯译，《民商法论丛》第8卷，第174—175页。

④ "从身份到契约"可以说是从一种身份到另一种身份，即从有差别的身份中解脱，而戴上了统一的"形而上学的人"的身份面具，而这两种身份都构成对真实的人的压迫。再"从契约到身份"，不是向旧身份的倒退，而是向真实的人的复归、向保障人的尊严的进步。这两个过程、三种身份的嬗变，可以简单地表述为从"不平等的身份"向"形式平等而实质不平等的身份"再向"实质平等的身份"的嬗变。

⑤ 谢鸿飞：《现代民法中的"人"：观念与实践》，《北大法律评论》第3卷第2辑，法律出版社2001年版。

律规范产生变化。例如，现代民法通过矫正绝对契约自由来积极回应一些人在"要么接受，要么走开"这种缔约权力格局中所受到的法律的压迫①。在民事程序法上，法官开始以帮助、引导的方式介入当事人之间的自由调解过程，当事人主义被渐渐地打破。刑法中犯罪者的类型也不再是单调的一种，而是区分偶犯、惯犯等②。这一新的具体的人的形象，在人权立法上的显著表现就是以劳动权和福利权为核心内容的生存权立法和社会权立法的出现。"为确保自由权体系能够存在下去并且能够有效地发挥其自身的作用，社会权就成了对自由权的一种补充物，一种必不可缺的新的法的规范。"③1919 年德国《魏玛宪法》在世界上首次明文规定了生存权，增设了关于劳动的社会权条款，明示了国家可通过积极干预来实现人的"像人那样生存"，这为自由权本位的人权体系增添了崭新的权利类型。如果说 18 世纪的"民事权利"（公民权利）、19 世纪的"政治权利"分别对应着市民社会中的人／自然社会中的人、政治社会中的人这样的人权主体的话，那么 20 世纪的"社会权利"则对应着"社会中具备一种特殊面相的人"，尤其是社会弱者的人。人权主体的多样性及其内涵的丰富表明了人权主体向现实的人的回归。

第二次世界大战之后的人权立法，见证了人权主体的转型。人权主体的转型给人权内容带来的扩展可以归纳为两个方面。一是国际人权宪章中人权内容的扩展，工作权、享受公正和良好的工作条件的权利、休

① Max Weber, *Economy and Society: An Outline of Interpretive Sociology*, Vol. 2, eds. by Guenther Roth & Claus Wittich, California: Univ. of California Press, 1978, p. 730. 转引自谢鸿飞：《现代民法中的"人"：观念与实践》，《北大法律评论》第 3 卷第 2 辑。
② 〔德〕古斯塔夫·拉德布鲁赫：《法律上的人》，舒国滢译，载方流芳主编：《法大评论》第 1 卷第 1 辑，第 483 页。
③ 〔日〕大须贺明：《生存权论》，林浩译，法律出版社 2001 年版，第 13 页。

息闲暇权、带薪休假权、食物权、住宅权、健康权、受教育权等被认可为人权。二是针对特殊主体的单项人权立法的增多及人权内容的扩展。在联合国多年来颁布的一系列人权文书中，很大一部分都是针对特殊人权主体的，这些人权立法都分别对应着生理上的、文化上的、国际关系中的、社会关系中的多样的人的多样的需求。

　　应当承认，人权内容的扩展从一开始就伴随着对它们的担忧、非议和否定。《经济、社会和文化权利国际公约》的起草在当时也的确是非资本主义国家阵营所极力坚持与斗争的结果，最初得到的也更多是第三世界国家的支持。保守的自由主义担心，这种扩展似乎预示着对人的全面的保护和福利国家的追求，而这将会是一条通往奴役之路。本文认为，人权必须保障个人的价值与尊严，必须尊重个人的主体性和自立性，因此必须警惕国家力量的无限膨胀；但无疑，人权内容某种程度上的扩展同样也是保障人的尊严所必需的[①]，人权不应该缩回到保守自由主义的襁褓而沦为少数人的特权。所以，现在所能做的和最应该做的，恐怕只能是在扩展人权的同时，继续保持着对全权国家的警惕。

五、结语：人权主体的普遍性与多样性

　　人权是人之作为人就应享有的权利，所以人权的主体是普遍的生物学意义上的每一个人。在现实生活中，人权主体总是表现为一个个具体的、感性的、直接经验存在着的个体。给每一个人以同等的关心和

---

① 本文同样对人权主体和人权内容的某些扩张保持警惕，以防止贬损人权和架空人权。

尊重，这是人权的要求，是人权的正当性所在。而要真正给予同等的关心和尊重，首先就要正视与尊重人的多样性，或者说尊重人在各种状态下的真实和具体的呈现。认识不到人的多样性，便很难真正尊重每一个人。对人权主体的普遍性的强调必定要求承认并尊重存在差异的人权主体对人权的特殊和特定要求。无视这样的特殊和特定要求，就是抹杀人权的普遍主体的实际差异，也就是对人权主体的普遍性的否定。这就既要求人权理论阐释人作为无差别的存在而不例外地作为人权主体，又要求人权理论揭示存在殊异的人权主体各自的独特性，否则人权就会蜕变为特权和霸权。

（原载《文史哲》2009 年第 4 期）

契约：交易伦理的政治化及其蔓延

张凤阳　李永刚

"契约"（Contract）首先是一个法律术语，它指的是"两个以上当事人间具有法律约束力之协议，或由一个以上当事人为一组具有法律约束力之允诺"①。换言之，契约或者是能够用法律约束的立约人的合意，或者是能够直接或间接由法律强制执行的允诺。无论是双方的"合意"还是单方的"允诺"，"契约"一词都"暗示必须按照所有各方都能接受的原则来划分利益才算恰当"②。

虽然契约行为的发生可以上溯到远古，契约论的渊源可以追寻到苏格拉底之后的古希腊，契约法的原则也可以在古罗马清晰地找到，但在很长的历史时间里，契约都只是一种基于个人交易的辅助伦理。自资本主义广泛兴起之后，契约观念被极大地泛化，获得了浓厚的宗教、社会和道德意义。尤其重要的是，随着契约被引入政治领域，竟然建构起了一整套相应的政府理论。这种转变是如何发生的？对实际的公共生活产

---

① 杨桢：《英美契约法论》，北京大学出版社1997年版，第1页。
② 〔美〕罗尔斯：《正义论》，何怀宏等译，中国社会科学出版社1988年版，第14页。

生了何种影响？在当下世界，契约又有新的遭遇吗？对这些问题的探究不仅有趣，而且十分重要。

一、作为交易伦理的契约

历史地看，契约与交易相伴而生，所以总是意味着当事人的复数关系。它并不仅仅关乎自身，而且是一种牵涉他人的人际交往。特别重要的是，在这种人际交往中，当事双方或各方必须设法找到彼此的利益结合点，不但要达成共识，而且要做出承诺，由此形成一种权利和义务得到明确界定的锁链式约束。或许可以将契约理念的基本特征提炼并概括如下：

1. 功利目的

契约关系骨子里是一种利益关系，它原则上排斥行为方式的情感取向。当一个人与别人打交道的时候，从契约行为的利益本质来说，可以不必知晓对方的人生观、宗教信仰、艺术品位等人格要素，而完全"拿自己的利益当作判断的准绳"[①]，即以对方是否对自己有利、能不能满足自己的特定需要为根本性取舍。唯当事各方均感到有利可图，自利才能在互惠合作中找到恰当的实现形式。亚当·斯密对此做了形象的注解："不论是谁，如果他要与旁人做买卖，他首先就要这样提议：请给我以我要的东西吧，同时，你也可以获得你所要的东西。这句话是交易的含义。"[②]或许交易的实际结果可能有违当事一方或各方的初衷，但至少就

---

① 北京大学哲学系编：《十八世纪法国哲学》，商务印书馆 1963 年版，第 458 页。
② 〔英〕亚当·斯密：《国民财富的性质和原因的研究》，郭大力译，商务印书馆 1977 年版，第 13—14 页。

理性预期而言，共同获利是契约发生的原初动因和基本前提。

2. 理性权衡

契约关系不仅涉及具体利益，而且"充满了度量性和精确性"[1]。因此，它需要缔约者对自己的付出和所得做审慎的理性权衡，这是达成并履行契约的一个先决条件。功利主义哲学家边沁曾试图为这种精神建构一个严格的科学基础。他的一个著名论点是，趋乐避苦乃人之本性，因此，对形形色色的人类行为在质上作高下区分没有意义，关键在于对苦乐的大小或多少进行精确的定量计算。"强度"、"纯度"、"持久"、"继生"、"范围"等，就是这种计算所要考虑的基本指标[2]。但是，边沁的苦乐计算模式于表达科学化追求的同时，也昭示出契约观念的一个典型价值取向，即把理性定位于充当功利谋划的实用性和工具性手段。如此一来，理性就与穷究宇宙根本和彻悟生命意义的智慧无涉，而转型为讲求实惠的商人式精明了。

3. 自由合意

契约行为具有选择性特征，它反映了当事人之间的一种自由合意的意志关系。这种关系包含两个基本方面。其中一个方面可界定为"无支配原则"[3]。只要不是法律明文禁止，也不违反"公序良俗"，当事人就有订立契约的自由、选择缔约方的自由、决定契约内容的自由以及选择契约方式的自由，而不应受到无理的干预和胁迫。洛克将其表述为：一切具有自然权利的人，都可在正当范围内，"按照他们认为合适的办法，

---

① 〔美〕麦克尼尔：《新社会契约论》，雷喜宁译，中国政法大学出版社 1994 年版，第 20 页。
② 周辅成主编：《西方伦理学名著选辑》下卷，商务印书馆 1987 年版，第 226—227 页。
③ 〔英〕安东尼·德·雅赛：《重申自由主义 —— 选择、契约、协议》，陈茅等译，中国社会科学出版社 1997 年版，第 80—83 页。

决定他们的行动和处理他们的财产和人身，而无须得到任何人的许可或听命于任何人的意志"①。与此相对应，自由合意的另一方面，可界定为"协商一致原则"。从某种意义来讲，缔约过程是一个谈判过程。要给这个过程画上圆满的句号，不仅有赖于当事各方的意志都得到充分表达，而且还必须形成某种共识，取得意见一致。

4. 主体平等

作为一种自愿协议，契约内在地蕴含着平等要求。它的实质意义在于，参与契约的当事者在价值本性上秉持有无分贵贱的平等人格。他们都对自己的人身和财产拥有权利，而且应该相互承认和尊重对方也拥有同样的当然权利②。在契约行为中，由权利对等引申出义务对等和地位对等。如果没有这种对等，契约就会与其本来意涵相悖，变成一种集合—顺从、胁迫—屈服的强制性关系。

5. 信守承诺

任何契约都意味着某种程度的约束。它要求缔约方都做出或明或隐的承诺，并庄重地恪守这种承诺。不然的话，契约就是一纸空文。可能的问题在于，除了诉诸法律惩治，现代世俗文化能够提供自觉守信的道德资源吗？或者，如果可能的话，它将以什么方式提供呢？在契约理论中，典型的回答有两个：一是基于功利逻辑，契约能以互利的方式达到自利，因此，当事人通过理性的利害权衡，即会做出守信的选择；二是立足个人主义立场，强调既然缔约出于当事人的自由意志，那他就理当为此承担责任，就像是他在自愿施加约束一样。

① 〔英〕洛克：《政府论》下篇，叶启芳、瞿菊农译，商务印书馆1986年版，第5页。
② 〔英〕洛克：《政府论》下篇，叶启芳、瞿菊农译，第19页。

二、契约如何从交易伦理走向社会伦理

1. 古代社会的身份伦理

无论契约的行为和观念发生得多么久远，都必须承认，在传统社会，扮演社会主导性角色的是宗法关系而不是契约关系。进一步说，契约观念在古代文明中至多只能算是一种辅助性的个人伦理，这不仅与交易行为的极度贫乏有关，更主要的是，交易行为还被身份社会的等级秩序所制约。

按照梅因（Henry S. Main）的说法，古代文明形态各异，但有一个近乎相同的起点："人们不是被视为一个个人而是始终被视为一个特定团体的成员。"① 换句话说，社会的单位是"家族"而非"个人"，由此产生了一些法律上的重要特征。首先，"个人并不为其自己设定任何权利，也不为其自己设定任何义务。他所应遵守的规则，首先来自他所出生的场所，其次来自他作为其中成员的户主所给他的强行命令"②；其次，财产权利与亲族团体的权利纠缠在一起，难以分离。权利、义务的分配基本取决于人们在家族等"特定团体"中具有的身份（如贵族或平民、父或子、夫或妻等）；再次，"个人道德的升降往往和个人所隶属集团的优缺点混淆在一起，或处于比较次要的地位"③。在这种具有强烈依附性质的共同体中，很少有契约活动的余地。维系成员紧密关系的最大美德是一种信任伦理，是"现代人很难理解的道德上的休戚与共"④。

对于这种群体本位的身份社会，麦金太尔（John McIntire）也作过

---

① 〔英〕梅因：《古代法》，沈景一译，商务印书馆 1995 年版，第 105 页。
② 〔英〕梅因：《古代法》，沈景一译，第 176 页。
③ 〔英〕梅因：《古代法》，沈景一译，第 73 页。
④ 〔德〕舍勒：《价值的颠覆》，罗悌伦等译，生活·读书·新知三联书店 1997 年版，第 125 页。

和梅因类似的分析，他指出，在大多数古代和中世纪的社会中，像在许多其他前现代社会中一样，个人是通过他或她们的角色来识别，而且是由这种角色构成的。这些角色把个人束缚在各种社会共同体中，并且只有在这种共同体中和通过这种共同体，那种人所特有的善才可以实现：我是作为这个家庭、这个家族、这个民族、这个部落、这个城邦、这个民族、这个王国的一个成员而面对这个世界的。把我与这一切分离开来，就没有"我"①。

从这个意义上讲，传统社会一方面具有群体本位的归属结构，由此严格地设定个人的身份角色和行为界域；另一方面又通过情感纽带的联结，形成了一种浑然一体的团契秩序②。在这种由共同准则、共同理念、共同信仰、共同爱慕、共同希望交融起来的"团契"秩序中，群体成员相互依赖，彼此认同，所以，友谊和忠诚在传统德性中占据重要的位置。就本质而言，"忠诚是爱与信任伦理的自然延伸，其承担者视一切约束性的'诺言'和需要接受的'契约'要求为一种侮辱，因为那是对忠诚的怀疑，要求提出人为的保证"③。

2. 去身份重契约的资本主义历史逻辑

恰恰就是这种"人为的保证"在近代以后流行了开来。资本主义发展所驱动的世俗化过程，不仅以反禁欲的方式，将功利谋划提升为现世生活的至上目标，而且把个人从传统归属纽带中剥离出来，变成独立的自主行为者。伴随着商品经济的大规模兴起，旧有的团契秩序或者被摧毁，或者被彻底改塑。对此，马克思和恩格斯在《共产党宣言》中作

---

① 〔美〕A. 麦金太尔：《德性之后》，龚群等译，中国社会科学出版社1995年版，第216—217页。
② 〔德〕舍勒：《价值的颠覆》，罗悌伦等译，第153页。
③ 〔德〕舍勒：《价值的颠覆》，罗悌伦等译，第144页。

过精彩的评论："资产阶级在它已取得了统治的地方把一切封建的、宗法的和田园诗般的关系都破坏了。它无情地斩断了把人们束缚于天然尊长的形形色色的封建羁绊，它使人和人之间除了赤裸裸的利害关系，除了冷酷无情的'现金交易'，就再也没有别的联系了。它把宗教的虔诚、骑士的热忱、小市民的伤感这些情感的神圣激发，淹没在利己主义打算的冰水之中。它把人的尊严变成了交换价值，用一种没有良心的贸易自由代替了无数特许的和自力挣得的自由。"[①]

　　人们在挣脱传统束缚后尽管获得了独立与自主，但也丧失了群体归属纽带所维系的情感交融与精神契合，相互之间产生了疏离感、陌生感和不信任感。此时，肇始于文艺复兴而在启蒙时代成为思想主流的功利主义、个人主义和自由主义哲学，实时为契约行为的普遍化提供了重要的文化资源。

　　站在个人本位的立场，功利主义者首先宣示，利他主义不再行得通。趋乐避苦的本性表明，每一个人骨子里都是利己动物，别人以至整个社会对他来说只有工具性价值。但是另一方面，细密的社会分工把人划分成不同的部分，可是每一方的生存基础却都在对方那里，在这种情况下，赤裸裸的唯我主义也不可取。互赖势所必然，互信的基础却异常脆弱，要使合作变得可能和有效，唯一的选择就是用约束性协议的方式明确规定合作双方或各方的权利与义务。作为对不信任感的体现和补偿的契约伦理，在不知不觉中就渗透到普通人的心目中，成为一种"理所当然"和"不证自明"的常规[②]。

---

① 《马克思恩格斯选集》第 1 卷，人民出版社 1995 年版，第 253 页。
② 苏力：《从契约理论到社会契约理论 —— 一种国家学说的知识考古学》，《中国社会科学》1996 年第 3 期。

此外，传统社会是贵贱有别的等级社会。在这个社会，价值评判的核心原则植根于先天的身份归属，所谓生为贵族恒为贵族，身为贱民永为贱民。但在个人自由平等的旗号下，价值评判的天平势必从先赋转向后致。就像霍布斯抨击的那样："旧道德所说的那种终极目的和最高的善根本不存在。"① 既然不存在，用它来衡量和规范人们的言行就是虚伪。因此，"人由于自己本身的努力而成为某种人"，不仅在观念上被人们广泛认可，而且在实践上为人们极力奉行②。结果就是世风的彻底翻转。"我们似乎看到：平等的时代已经到来，而对贵族的信仰永远消失了。"③于是，新兴市民阶层不仅背叛着古代伦理传统，而且按照自己的品格改造和同化着整个社会。以"契约"作为规范的人际关系模式便日益取代了以身份定尊卑的古典"等级大序"，契约终于成为一种主导日常生活的普遍社会伦理。

正是在这个意义上，我们才能更准确地理解梅因的伟大论断："所有进步社会的运动，到此处为止，是一个'从身份到契约'的运动。"④

三、契约引入政治生活及其立约过程

1. 契约政治化的背景

在契约从交易伦理走向社会伦理的巨大变革中，欧洲的形态也在发

---

① 〔英〕霍布斯：《利维坦》，黎思复等译，商务印书馆 1996 年版，第 72 页。

② 〔苏〕科恩：《自我论》，佟景韩等译，生活·读书·新知三联书店 1986 年版，第 158 页。

③ 〔瑞士〕布克哈特：《意大利文艺复兴时期的文化》，何新译，商务印书馆 1981 年版，第 354 页。

④ 〔英〕梅因：《古代法》，沈景一译，第 97 页。

生空前的变化。它突出地表现在主权国家的兴起和公私领域的划界。

在中世纪的漫长时期，西方并没有多少现代意义上的统一民族国家，除了几个以武力建立的庞大帝国之外，大多数"国家"都是较小的城邦国。这些城邦国臣服于罗马教皇至高无上的权威，难以产生强烈自主的愿望。但从 16 世纪开始，科学人文主义和宗教改革运动的兴起分别从外部与内部对宗教神权提出了挑战，力量不断壮大的世俗王权力量也对掌控国家权力抱有越来越强烈的觊觎之心。

在国家兴起的同时，社会结构的另一个重大变化在于以崭新的形式和前所未有的规模形成了一个相对自主的私人领域[1]。它有两个典型特征：一个特征是"私"。随着个性化潮流的不断高涨，个人挣脱传统脐带而成为独立的行动单元，于是社会舞台上崛起了具有强烈自我意识的"私人"；在世俗功利追求的冲击下，超验价值关切日渐式微，生活的主旋律一步步翻转为在公开形式上喷涌而出的"私欲"；而自利的主观动机和互惠的利益实现方式，则将投资、生产、经营、交换诸经济环节统统纳入私人范围，从而以愈益加深的程度纯化成了"私人事务"或"私人之间的事务"。另一个特征是"自主"。它一方面表现为以私人为主体并由私欲所推动的市场体系有着"自己的内在动力和自主性规律"，它按照自身的均衡机制进行调节，就像是"自我组织"一样[2]；另一方面也表现在，个体成员之间的互利合作必须在主体平等与自由合意的前提下达成，它只认可当事各方自愿接受的契约规则的约束，而从骨子里排

---

[1]　私人领域的具体内容十分复杂，但市场经济的发展构成了私人领域的轴心与基础。归根到底，私人领域的其他内容都是在这个温床上一步步衍生出来的。

[2]　〔加拿大〕泰勒：《市民社会的模式》，载邓正来等主编：《国家与市民社会》，中央编译出版社 1999 年版，第 18 页。

斥任何外部力量的强制性干预和胁迫。

　　看起来，旧体制的土崩瓦解反映了社会发展的需要和国家政权组织方式变革之必然，但是这种变革至少在其初期并不能自发地获得人们下意识的认可和认同，因为它与传统的理论和实践都是相悖的。无论是国家从神权中的突围，还是公私领域的冲撞，都迫切要求得到新的理论辩护和解释。当思想家们既不能诉诸经院神学，又不能过分依赖传统道德时，一种富有想象力和创造力的学理冒险就开始了：既然契约伦理如此完美地契合了资本主义精神，那么，如果在政治生活中引入"契约"，将统治视为一种合意，把政治义务理解为契约性义务，则公共生活是否也会变得民主化、市场化、自愿化呢？

　　从知识发生学上看，那段时期契约活动大量增加使契约成为人们日常生活中一种随处可见、无法避免的社会存在，它不仅成为构建新型社会关系和社会组织的一种可供资用的理论资源，而且把人们的思想做了新的"格式化"，为人们普遍接受以契约解说各种关系 —— 其中包括国家 —— 创造了良好的条件[①]。顺着这个脉络，契约伦理的政治化几乎是顺理成章、水到渠成的事情了。

　　2. 首次和 N 次立约：对政治权威的辩护与限制

　　契约从交易伦理变身为政治逻辑时，倡导者要解决的其实并不是国家从哪里来的历史真实问题，而是试图回答新兴国家与新兴市民社会的关系问题。

　　面对新兴国家的强力扩张态势，即便承认，国家及其掌控的公共权

---

① 苏力：《从契约理论到社会契约理论 —— 一种国家学说的知识考古学》，《中国社会科学》1996 年第 3 期。

力是社会经济得以发展的必要条件，是健康生活得以维持的必要条件，归根到底也是个人自由权利得以保障的必要条件，我们仍可以进一步质询：一个国家将人们聚合在制度化的社会中生活并拥有在所辖范围内使用强力的独占权，其正当根据是什么？每一个生活于制度化社会的公民均须承担某种形式的守法义务且往往表现出哪怕是最低限度的自愿服从成分，他基于什么理由这样做？

倘若摒弃超验的神性根据而用纯世俗的眼光来看待国家，则国家所拥有的强制力量便很容易在直观意义上被解释为政治服从的客观理由。霍布斯曾讲，离开带剑的强大政府权威，就不足以羁束人们的贪婪和野心，因此，只有依赖强力威慑，才能迫使人们规矩守法。但是问题在于，民众因害怕制裁而不得不对既定政治权威表示服从，并不能够使统治获得道义上的正当性。那么，能否把国家看作人们出于对切身利害的理性权衡，在主体平等与自由合意的前提下，通过自然权利的某种转让而以契约方式所做出的公共选择呢？能否把国家的起源和实质都立基于人们的自愿同意而非外在强制呢？

思想家们正是从这里出发，以契约为核心概念，构建了一个完整的分析框架。他们以更为聪明的反向设问来切入：如果没有政府，人类生活将会是什么样？这一思考方式的逻辑必然是假想出一个没有政府的"自然状态"，并通过分析该状态下人们的生活情境来印证国家有无必要性。

一个显而易见的推论是，倘若自然状态足够可怕，则创立国家就会成为一个较好的选择。这是霍布斯的思路。按照霍布斯的分析，在没有一种公共权威令大家慑服的情况下，每一本性利己的个人便会无节制地放纵自己的贪婪欲望。但物品的匮乏又不可能使每个人的需求都得到充分满足。因此，"任何两个人想取得同一东西而又不能同时享用时，彼此就会成为仇敌"[①]。加上体能和智力方面的天然平等又使每个人树立了敢于挑战的信心，结果就形成了"人对人像狼一样"的战争状态。在这一状态中，产业无法保存，公正遥不可及，所有的人都时刻面对暴力与死亡的危险，"人的生活孤独、贫困、卑污、残忍而短寿"[②]。不待言，同这一人人自危的生存境况相比，诉诸强大国家权力以保障人们的生命和财产安全，当是一种可欲的更佳选择。因此，所有人都应放弃自己的自然权利，将它们让渡给一个公共机构。这种每个人自然权利的放弃就是人们之间权利的相互交换和转让，而"权利的互相转让就是契约"[③]。通过这样的首次立约，一个代表公共权力的强大国家诞生了。

诺齐克（Robert Nozick）认为，从描述最坏的自然状态开始，无法对国家存在的合理性给予充分的逻辑支持。因为，由此推出的集权政治模式视个人权利为草芥，非但不比人人自危的自然状态更可取，甚至还要糟糕[④]。如果不愿认同取消国家的无政府主张，那么，关于公共权力的正当性论证就必须寻找一种新的理论思路。依据诺齐克设计的评判标准，倘若某种类型的国家可以从较好的自然状态中导出，而且既不侵犯个人权利又可显示胜过这种自然状态的优越性，则国家存在的必要与合理就得到了有力的证明[⑤]。在诺齐克看来，这种证明是由洛克最先提出的。

同霍布斯模式相比，洛克描述的自然状态显示了某种更富理想色彩

---

① 〔英〕霍布斯：《利维坦》，黎思复等译，第 93 页。

② 〔英〕霍布斯：《利维坦》，黎思复等译，第 92—95 页。

③ 〔英〕霍布斯：《利维坦》，黎思复等译，第 100 页。

④ 〔美〕诺齐克：《无政府、国家与乌托邦》，何怀宏等译，中国社会科学出版社 1991 年版，第 12 页。

⑤ 〔美〕诺齐克：《无政府、国家与乌托邦》，何怀宏等译，第 13 页。

的自由、平等、温和特质。据洛克的看法，生活在这种状态之下的每一
个人，都可按照合适的方式，自由决定自己的行动和处理自己的人身与
财产；他们具有平等的人格，相互间不存在从属或受制关系；而理性的
指导又促成人们的视界融合，孕育出彼此尊重、互不侵犯的集体良知，
且这种自然法规在本质上为每一个有理性的个体成员所体认和信奉[1]。但
是洛克又指出，即使这样一种相当好的自然状态也存在着诸多麻烦和不
便。其基本表现就是：由于具体的个人在道德上并非十全十美，他们在
追求自我利益的时候，难免会对别人造成伤害；伤害别人应受惩罚，可
是在缺乏文明评判标准和公共仲裁机关的情况下，由每个人在涉己的纠
纷中充当法官，亲手处罚犯罪行为，却很可能因为思维盲点或情绪冲动
而发生判断失误，从而惩错对象或处罚过分。如此翻来覆去，便容易导
致宿怨世仇，带来广泛的惶恐不安[2]。洛克认定，鉴于个人强行正义会产
生严重的负面效应，这样的事情必须交由公共权力机关去做。当这一机
关作为公平的仲裁者和有实力的执行者通过惩罚犯罪来维持正义秩序的
时候，它实际上也是在为人的生命、自由和财产诸项自然权利提供有效
保护。因此，人们通过订立契约的方式成立国家，以解决上述不便。同
样是首次立约，在洛克这里，推导出的则是一个弱意义的国家。

　　借助"首次立约"对国家起源的思辨力量，似乎已为政治权威的
统治正当性提供了足够有力的辩护。但社会契约论的更高价值在于，它
不仅是对公民服从义务的思考与证明，而且表现了对限制国家权力的密
切关注。如果承认国家是社会契约的产物，从法理上讲，统治者所拥有
的权力便出自民众的自愿委托。而民众之所以愿意委托他进行统治，根

---

① 〔英〕洛克：《政府论》下篇，叶启芳、瞿菊农译，第5—7页。
② 〔英〕洛克：《政府论》下篇，叶启芳、瞿菊农译，第77—78页。

本来说是为了更好地维持基本秩序，保障自己的基本权利。如果统治者背离这一至上目标，他作为缔约的一方便破坏了契约赖以生效的信任关系。据此，民众可以选择重新立约，更换统治者。这便是 N 次立约。

在代议制民主盛行的现实处境中，N 次立约的真实样式可能是，在民众首次立约产生国家之后，再次立约推举代理人，代理人按照议会规则立约产生国家治理者。治理者在涉及公共生活的若干重大问题上，或者要不断征询代理人的意见，或者允许民众直接介入，其间又会发生无数次的立约事件。通过这些不同层次、不同目的的立约，法律和制度建立起来，规则开始完善，而统治者的权力则受到了限制，以确保公共领域和私人领域的冲撞维持在可容忍的水平。如果将首次立约称为公民契约的话，N 次契约则可以称为宪政契约。

可见，社会契约理论在形式上吸纳，至少是有选择地接受了功利谋划、理性权衡、主体平等、自由合意与信守承诺等一般契约要素。例如，一般契约所追求的是民商事的利益，社会契约论将其泛化为一种极为抽象的、普遍的社会利益。此外，作为国家学说的社会契约论尽管与一般契约理论的适用范围不同，但都是以当事人地位的平等和自由为前提的。无论霍布斯还是洛克在对自然状态的描述上有何重大区别，他们都小心翼翼地不摧毁这两个基本点。洛克的重大贡献在于，他调整了契约各方，把主权者从契约监督者的地位落实到契约一方当事人的地位[1]。

从这个角度说，社会契约的国家起源论，不过是在论证国家如何可能变成一种人们追求其自身最大利益的工具。这样，原来更多属于贵族

---

[1]　苏力：《从契约理论到社会契约理论 —— 一种国家学说的知识考古学》，《中国社会科学》1996 年第 3 期。

阶层的政治活动就与一般平民世俗特征的契约活动相吻合了。契约观念深入人心，为早期资本主义国家的高歌猛进铺平了道路。

四、政治契约理论的当下变迁与未来趋向

1. 古典契约论的当代危机

进入 19 世纪，已经完成了统治合法性论证任务的古典社会契约论开始跌入低谷。黑格尔就曾经嘲讽"（社会）契约乃是以单个人的任性、意见和随心表达的同意为其基础的"[1]；罗素则以另一种苛责的口吻说："社会契约按这里所要求的意义讲，总是一种架空悬想的东西"[2]；休谟则不同意国家的合法性来自于契约或人民的同意，认为人民建立国家的直接动机就是享受充分的利益[3]。

20 世纪以降，社会契约论的几大基本假设更是直接遭到质疑，陷入更深的困境。首先，古典契约论认为天赋人权的"自然法"是普遍的、必然的和自明的，它天然地存在于所有人的心中并对所有人有效，而当代西方哲学拒斥形而上学，要求理论诉诸经验的呼声十分强烈，导致对自然法产生怀疑；其次，古典契约论一向主张国家产生于一个伟大的共同目的和一种理性的明智设计，但这一点无论在历史上还是逻辑上都很难证明；再次，社会契约论关于人性能够"自律"又乐于"互惠"的立约假设内含着不可克服的矛盾。由于当事人在知识、信息和能力等

---

[1] 〔德〕黑格尔：《法哲学原理》，张企泰、范扬译，商务印书馆 1961 年版，第 255 页。
[2] 〔英〕罗素：《西方哲学史》下册，马元德译，商务印书馆 1976 年版，第 166 页。
[3] 〔英〕休谟：《人性论》，关文运译，商务印书馆 1983 年版，第 584 页。

方面都不可避免地存在着各种局限性，可能陷入的立约困境是：出于"自律"，我应该承担履行自愿达成的契约义务，但契约或许包含着产生不公平结果的内容而我不知道；出于"互惠"，我应该承担履行具有公平结果的契约义务，但契约的最初缔结是不自由的，我当时没有选择的余地①。

在时代发展的另一个脉络上，社会契约论所依赖的一般契约观念也在发生重大变化。早期的理性哲学认为，自由意志可以自然导向正义和公正，反映在契约观念上就是契约自由至上理念：只要契约是自由达成的，就能够自然地保证双方当事人利益满足的合理和平衡；如果当事人在协商中不能获得自己所认为的平衡条件，就可以另外寻找订约伙伴。基于这种观念，强调当事人必须依法订约并严格遵守合同的契约，形式正义是被优先考虑的；至于订约当事人实际上是否存在着不平等、一方是否利用了自己的优势或者对方的急需等与对方订约，或者履行契约时是否因情势变化而使契约履行显失公平等，均不予考虑。然而，晚近以来的社会经济结构发生巨变，弱势群体保护的问题凸显出来，民众对维护契约的实质正义提出了迫切要求，使得传统的以当事各方自由合意为核心的契约理论受到很大冲击，大量的当事人约定之外的义务由国家强制引入契约关系②。以至于耶鲁大学法学教授格兰特·吉尔莫（Grant Gilmore）发出了这样的感慨："有人对我们说，契约和上帝一样已经死亡，的确如此，这无任何可以怀疑的。"③

---

① 姚大志：《契约论与政治合法性》，《复旦学报》2003 年第 4 期。
② 例如劳动法、反托拉斯法、保险法、社会福利立法以及商业规制等，把原本属于契约范畴的许多交易和境况，划归到政府权力的调整范围。
③ 〔美〕格兰特·吉尔莫：《契约的死亡》，载梁慧星主编：《民商法论丛》第 1 号，法律出版社 1995 年版。

国家的强制干预，是对契约自由至上理念的沉重打击。它造成的政治后果主要是，西方国家的政府职能急剧扩张，注重社会公平和扶助自由竞争中的弱势群体，逐渐成为政府责任和国家福利原则。

2. 新契约论的应变与重构

面对古典契约论的重重危机，也为了回应日新月异的社会变革，20世纪70年代，罗尔斯（John Rawls）利用社会契约的假设，在更抽象的层次上重新构建了一套新的契约论体系。罗尔斯的理论旨趣早已不是探讨国家来源或者权力合法性的问题，而是旨在考察"秩序良好社会"（well-ordered society）如何体现正义原则，以便为民主社会提供最恰当的道德基础，为社会基本结构中的权利义务分配提供标准。所以，在罗尔斯那里，契约既不是一个经验事实，订立契约也不是一种真实的历史过程，他只是借用合理的政治推理来表达对如何实现正义的审慎思考。在古典契约论中，结果比程序重要，最重要的东西是全体人民达成一致的契约，而国家正是从这种契约中诞生的。在罗尔斯这里，程序比结果重要，只有在"纯粹正义的程序"下才能导出正义的结果。

罗尔斯的新契约论其实有着极其强烈的现实关怀。古典契约论可以支撑自由竞争的市场体制，可以强化或者限制公共权力，是自由主义政治体制的基础。但它的致命缺陷是，只关心形式上的自由合意，不关心事实上的强弱对比。因而就像丛林法则一样，暗含着对弱肉强食的许可，表现出鼓励优胜劣汰的冰冷面孔。同时代的敏锐思想家已经洞察，自由不仅是一种抽象的天赋人权，还是与特定历史发展阶段有关的现实人造物。用阿马蒂亚·森（Amartya Sen）广被接受的说法，自由是"实质的"（substantive），即享受人们有理由珍视的那种生活的可行能力①。如果承认自由是一种能力，那么，在这个维度上，不顾能力差异的对契约自由的绝对化表述更像是精英的凯歌，而对弱者缺乏足够的感召力。所以，罗尔斯将正义作为新契约论的魂，是在修正自由主义的内核，为福利国家提供政府责任的引导和价值正当的证明。

针对契约关系在日常生活中发生巨变的现实，麦克尼尔（Lan R. Macneil）也从真实世界的世俗角度对它进行了新的阐释。他提出了与"个别性契约"相对应的"关系性契约"概念。个别性契约指当事人之间除了单纯的物品交换外不存在任何关系，它强调合意的一次性的全面实现；关系性契约则在一个更长的时间维度上来考虑当事人的相互依存性。"内容和责任的渊源都来自关系本身，是缓慢进化的习俗与法律模式的结果，个人的承诺只有微不足道的意义。"②当契约的基础不再是当事人的合意，而是社会关系及共同体规范时，麦克尼尔的契约论也从古典阵营分离出来，成为一种以公共责任为硬核的新契约论。

3. 政治契约论的未来走势

政治契约论的未来走向何方，我们不敢妄下断言。但是，一个大致的趋势已经呈现，那就是契约必须同时满足"正义的外观"和"正义的内涵"，以社会公正与社群合作为核心的信任伦理会越来越成为"合意与承诺"的契约重心，表现在现实政治生活中，就是政府更多地承诺责任而约束权力，公民更多地表达美德而约束私心。

由于人们对于个体自由的追求（对束缚的排拒）与对集体安全的追求（对风险的排拒）同样出于天性，但是对于谁重谁轻谁来治理却存在

---

① 〔印度〕阿马蒂亚·森：《以自由看待发展》，任赜、于真译，中国人民大学出版社2002年版，第3页。

② 〔美〕麦克尼尔：《新社会契约论》，雷喜宁译，第16页。

严重分歧，因此在立约规范"政府"的问题上，一个理想意义上权力极小责任极大的"最好政府"从未实现，政治文明的进程便只能是一个找寻次优政府的进程。要确保公众生活在一个弱者不会孤苦无告、强者不敢肆无忌惮的社会，无政府不行，纯粹私力救济也不行，只能是既依靠政府，又警惕政府。合乎逻辑的结论是，需要一个中立的但同时又是有效能的政府存在。这显然是在要求一个法治下的权责对应的政府。为政府公共责任确立一个大小合适的中间地带，是公民与国家既合作又博弈的结果，是不同力量各自担当不同责任的微妙均衡。

在现代社会中，个人权益应被重视的观念得到普遍认同，其核心命题是：个人受自我利益而不是任何公共利益观念的驱动，他们是自身利益的最好法官。不过，将这一命题极端化，"原子化"的个人不计后果地狂热追求自身福利，便很容易滋长"公民唯私主义综合症"[1]。大规模的民主治理只能在公民不只对他们自己负责，也表明对其社群的合理承诺下才能运作。否则，漂泊在冷漠团体的每一个人，注定要陷于个人中心主义的和理性主义的孤独和焦虑中。爱德华·希尔斯（Edward Shils）指出，正是公民美德（Civic Virtue）或曰"公共精神"，使一个秩序优良的自由民主制与一个无序的自由民主制区别开来[2]。多元社会背景下自利泛滥和共识崩解的危急局面，使得呼唤政治共同体和普遍共识的美德主张，具备震撼性的力量和强烈的道德感召力。

就像研究者辩白的那样，"从原则上说，十分有节制的契约论不仅

---

① 〔美〕爱德华·希尔斯：《市民社会的美德》，载王炎主编：《直接民主与间接民主》，生活·读书·新知三联书店 1998 年版，第 670 页。

② 〔美〕爱德华·希尔斯：《市民社会的美德》，载王炎主编：《直接民主与间接民主》，第 286 页。

仅适用于现代西方社会；它应该适用于任何一个承认需要正义解决个人利益之冲突的社会。如果它现在还不具备非常普遍的适用性，那么或许它将来应该具备”①。我们可以期冀，新契约论强调政府责任与公民美德并重，谋求相互承诺的信任。在多元共治的努力下，可以将先前的“契约—竞争—依附”型国家治理模式，逐渐抬升到“信任—服务—协作”型的更文明的治理模式。

（原载《文史哲》2008 年第 1 期）

---

① 〔英〕迈克尔·莱斯诺夫等：《社会契约论》，刘训练等译，江苏人民出版社 2005 年版，第 209 页。

两种自由观念发展的政治思想线索

佟德志

贡斯当"古代人的自由"与"现代人的自由"的区分，开启了自由观念现代性的一个新时代，这一观念被伯林发扬光大，形成了积极自由与消极自由的体系，成为当代西方政治哲学的核心观念。那么，两种自由观念的发展，是各自孤立的吗？在西方政治思想的发展历史上，两种自由观念的发展有着怎样的政治思想线索呢？国内学术界自20世纪开始就有大量的相关论述。朱学勤、甘阳、李强、许纪霖等人的研究，对于国内学术界更好地认识两种自由，有着重要的贡献。这些研究，或是从法国大革命、美国革命，甚至是希腊民主当中发现了两种自由，并用之区别不同的思想流派；或是集中于对贡斯当、伯林等人政治思想的再阐发。本文则试图以一个更为广阔的思想史视角，对两种自由的理念加以梳理，以厘清两种自由观念发展的思想史线索。

一、两种自由与两个传统

两种权利或两种自由的不断发展形成了西方政治文化的两个重要

的传统，即"洛克传统"和"卢梭传统"。前一传统以霍布斯为开端，以洛克为集大成者，主张个人权利的独立性，更强调不受侵犯的消极自由；后一传统则以哈林顿为开端，以卢梭为典型代表，主张公民权对于个人的重要性，更强调自我实现的积极自由。两种传统在权利与自由方面认识的歧义流露在立宪与民主的制度安排当中，从而构造了政治意识的二元结构。罗尔斯深刻地指出了两个传统的重大差异，他指出：

> 与洛克相联系的传统更强调贡斯当所讲的"现代人的自由"，如思想自由和良心自由、某些基本的个人权利和财产权利以及法律规则；而与卢梭相联系的传统则更强调贡斯当所讲的"古代人自由"，如平等的政治自由和公共生活的价值。[1]

就以卢梭为代表的共和主义传统来看，这一理论并不是没有注意到两种权利的区分。在《社会契约论》一书中，卢梭不但探讨了以"大我"的形式存在的公共人格，而且还探讨了那些构成公共人格的私人。他指出：

> 除了这个公共人格而外，我们还得考虑构成公共人格的那些私人，他们的生命和自由是天然地独立于公共人格之外的。因此，问题就在于很好地区别与公民相应的权利和与主权者相应的权利，并区别前者以臣民的资格所应尽的义务和他们以人的资格所应享受的

---

① 〔美〕约翰·罗尔斯：《政治自由主义》，万俊人译，译林出版社 2000 年版，第 4 页。

　　自然权利。[①]

　　事实上，即使在卢梭的社会契约当中，当其将"每个结合者及其自身的一切权利全部都转让给整个的集体"的时候，这一转让也并不是无条件的。卢梭要求，每个人由于社会契约而转让出来的自己一切的权力、财富、自由，仅仅是全部之中其用途对于集体有重要关系的部分。就转让的内容，卢梭并不是诉诸"自然权利"等一系列抽象的概念，而是以"主权者"作为"这种重要性的裁判人"[②]。这样，卢梭就将在主权者与臣民之间明确划分两种权利的权力交付了其中的一方 —— 主权者。对主权者的乐观信任、对民主程序的过分依赖在肯定权力民主化的同时否认了非民主化的途径，从而将两种权利的划分置于一种危险而又无法补救的专断关系中。

　　卢梭并非没有对现代个人自由的体认，然而，更引人注目的是，他拾起了传统政治自由的衣钵。说到现代社会的"古代人"，卢梭肯定不是最后一个，但他却是他们之中最悲壮的一个。尽管如此，西方在政治现代化的过程中遭遇卢梭并不是件坏事。卢梭和他的追随者，包括雅各宾主义者强调了现代政治文明的另一面，为西方政治文明的二元结构撑起了另一个维度。

　　身处大革命旋涡中的罗伯斯庇尔亦清醒地看到了两种权利及各自的重要性。然而，他还是倾向于为革命订下"更高的原则"，在个人自由与社会自由之间，他毫不犹豫地选择了后者。在《关于革命政府的各项

---

① 〔法〕卢梭：《社会契约论》，何兆武译，商务印书馆 1980 年版，第 41—42 页。
② 〔法〕卢梭：《社会契约论》，第 42 页。

原则》的演讲中，他指出：

> 立宪政府主要是关怀公民自由；而革命政府则是关怀社会自由。在立宪体制下，保护个别人免遭社会权力的蹂躏，差不多就够了；在革命体制下，社会权力本身被迫自卫，来击退向它进攻的一切派别。[①]

法国大革命后，西方政治思想界开始了冷静的思考，这使得 19 世纪欧洲大陆的思想界更加清晰地看到了两种自由[②]。在他们看来，大革命之失就在于混淆了两种自由。回顾这场革命，贡斯当发现，"在我们那场旷日持久且充满风暴的革命中，不少怀着良好意愿的人们由于未能分清这些区别而引发了无限的罪恶"。贡斯当进一步强调指出了两种自由：

> 古代人的目标是在有共同祖国的公民中间分享社会权力 —— 这就是他们所称谓的自由。而现代人的目标则是享受有保障的私人快乐；他们把对这些私人快乐的制度保障称作自由。[③]

贡斯当所谓的两种自由即两种权利，在他的论述中，两者是没有

[①]　〔法〕罗伯斯庇尔：《革命法制和审判》，赵涵舆译，商务印书馆 1965 年版，第 159 页。

[②]　事实上，国内学者对两种自由的引介也大多集中在"法国大革命"这样一个重要的历史事件当中（参见朱学勤：《道德理想国的覆灭 —— 从卢梭到罗伯斯庇尔》，上海三联书店 2005 年版），并将其与"美国革命"加以比较（参见朱学勤：《阳光与闪电 —— 近代革命与人性改造》，《万象》2002 年第 12 期）。

[③]　〔法〕邦雅曼·贡斯当：《古代人的自由与现代人的自由》，阎克文、刘满贵译，商务印书馆 1999 年版，第 33 页。

分别的。他所指出的"行使政治权利为我们提供的乐趣"即所谓"古代人的自由"；相应地，"个人的独立"则是所谓"现代人的自由"。这样，古代人的自由与现代人的自由就既是"历时性"的，又是"共时性"的。当它体现为人权和公民权时，它就可以作为权利体系的一对双生子，从两个方向规定了人的本质。在贡斯当看来，二者不可判然两分，因为人既需要在社会中保有个人权利，又需要进入国家，行使公民权；但又不能泥沙俱下，因为两者之间存在着一个基本的优先序列。早在1806年写作《政治学原理》一书时，贡斯当就曾指出：

> 社会权利不可能与政府权力判然两分，因为不可能给出一种方法，以使社会不受政府干预地行使它的权利。但是，把个人权利同政府和社会的权利区分开来却是有益的，因为那就可能指出一些政府和社会必须放弃干预、必须留给个人自由选择的目标。[1]

在国家与社会分离的基础上要求两种权利，张扬两种自由，这正是贡斯当权利理论的核心，同时也是他自由理论的核心，这种认识又同他对人民主权的认识联结在一起，成功地总结了领域分离背景下的权利分立，对近代西方政治思想产生了重要的影响。正是从这个意义上，贡斯当不但成为托克维尔的"思想先师"，甚至在当代西方亦有着经久不衰的深远影响。正是在贡斯当两种自由的基础上，伯林提出了"积极自由"与"消极自由"的理论体系；包括罗尔斯、哈耶克、德沃金、泰勒

---

[1] 〔法〕邦雅曼·贡斯当：《政治学原理》，F.霍夫曼编，第2卷，第58—61页。参见〔法〕邦雅曼·贡斯当：《古代人的自由与现代人的自由》，阎克文、刘满贵译，商务印书馆1999年版，第65页，尾注4。

在内的西方政治哲学大师均对贡斯当的分类保持着应有的敬意。

二、两种自由争论的延伸

法国大革命失败之后，整个西方政治思想界陷入了一片保守之中，甚至中断了积极自由的传统。然而，随着资本主义由自由竞争走向垄断，西方世界又开始了新一轮的反思：与前次反思哀叹个人自由太少相反，这次却是感叹个人自由太盛；与前次主张排除民主权利的过分渗透相反，这次却赞成民主的整合作用及其对社会生活的积极干预……正是在这样一场否定之否定的过程中，西方社会迎来了积极自由的"黄金盛世"，以积极自由为特征的新自由主义思潮席卷英美，并对德国、法国、意大利等西方国家构成了重大影响。

然而，在资本主义由自由放任转向垄断的过程中，两种自由的风向又开始出现调转。在这一次从"消极自由"向"积极自由"转变的过程中，英国思想界再一次充当了西方社会的思想先锋。如果说在约翰·密尔那里人们还只是看到这一转变的苗头的话，那么，以格林为代表的牛津唯心主义学派则通过借鉴康德以后的哲学、批判洛克的哲学而使这一苗头进一步清晰。19世纪70年代末80年代初，格林首先以道德学说为基础向自由放任政策发难，从积极自由的角度主张更大限度地发挥国家在社会政治生活中的作用。格林否定了消极自由的观念，鲜明地提倡积极自由的观念：

我们所珍视的自由是全体共有的，它是做有价值之事或享用有价值之物的一种积极的权力或能力，是一种通过相互帮助和保证而人人得以行使的权力。[①]

之后，以格林的学生和追随者为主体，包括牛津大学的教授、校友和学者将格林奉为思想领袖，进一步形成了阵容庞大、建树颇丰的新自由主义流派，除前文述及的几位外，还包括了博赞克特（Bosanquet）以及欧内斯特·巴克（Ernest Buck）等人在内的一批政治思想家。

霍布豪斯无疑是其中最有建树的集大成者。霍布豪斯明确地主张"积极的自由"，并在此基础上建立起囊括哲学、经济学、政治学等学科在内的新自由主义体系。霍布豪斯猛烈地抨击所谓的"自然权利"说，认为其论证方法的"致命之处在于抽象太过，反而容易在这一点忽略作为文明治理主体的人，而强调孤立的根本没有任何联系的个体。这样抽象的结果可能使个人拥有的至上权利超过了对共同善的追求，甚至是将权利同义务相分离，因为义务意味着社会的束缚"[②]。

从主观能动性出发，霍布豪斯区分了两种自由：一为积极地做某事的自由，这是主观能动性的结果，表现为"自决"；一为消极地排除限制的自由，这是主体能动性受阻的结果，表现为"解脱"[③]。在两种自由之间，霍布豪斯"寻求的是马克思的国家主义和自由企业制度的经济无政府状态之间的一个中途站"[④]，其所主张的自由明显具有积极倾向。就

① Thomas Hill Green, *Works of Thomas Hill Green*, R. L. Nettleship ed., London, New York: Longmans, Green, and co. Ltd., 1885-1888, p. 199.

② Leonard Hobhouse, *The Elements of Social Justice*, London: Routledge/Thoemmes Press, 1993, pp. 34-35.

③ Leonard Hobhouse, *The Elements of Social Justice*, p. 107.

④ 〔美〕爱·麦·伯恩斯：《当代世界政治理论》，曾炳钧译，商务印书馆 1983 年版，第 61 页。

权利的本性来看，霍布豪斯试图从社会、共同体、国家，而不是从个人出发来定义权利与自由。他指出："无论何种之自由，它必须尊重社会中所有成员共同承认的权利。"[1] 同时，霍布豪斯将在此处讲的"社会中所有成员共同承认的权利"同多数人的意志联系起来，也就是将积极自由的实现同民主的过程联系起来。

在欧洲大陆，拉吉罗成为新自由主义的代表。拉吉罗承认了贡斯当对"古代人的自由"与"现代人的自由"的划分，亦将自由区分为积极自由与消极自由。他指出："一个是保证主义的消极自由，是对个人活动在其适当的发展中不受干预的正式保证；另一个是积极自由，是自由个人建立自己国家有效权力的体现。"[2] 拉吉罗对两种自由的认识实际上抛弃了贡斯当的"历时性"分析，而从现实性上将人的两种自由行为（不行为）区分开来：就个体来讲，消极自由更注重选择，积极自由更重视行动；就国家来讲，消极自由更重视保护，积极自由则更重视建设。

在拉吉罗看来，不存在外在强制的选择性自由仅仅是自由的外在方面，自由的内在价值则在于集中主宰和控制精神生活中所有因素的个性力量。以选择的自由排除障碍的消极自由还远不是真正的自由，自由只有当其被行使时才是存在的，它是那种具有自主权的人的自由。拉吉罗指出："真正的自由，是生活在文明社会中的人，带着其所有的约束与负担，通过从中发现必要的手段来发展他自己的道德个性，使自己不断从这种奴役状态中解放出来。"[3] 像霍布豪斯一样，拉吉罗亦将这种自由

---

[1]　Leonard Hobhouse, *The Elements of Social Justice*, p. 60.

[2]　〔意〕圭多·德·拉吉罗：《欧洲自由主义史》，杨军译，吉林人民出版社 2001 年版，第 347 页。

[3]　〔意〕圭多·德·拉吉罗：《欧洲自由主义史》，第 332—333 页。

与民主制度联系在一起，即通过"民治政府"的形式实现积极自由。拉吉罗指出："与现代民主政体观念相符合的自由，从其积极的意义上说，便是民治政府。"[①]

就自由观念来看，美国无疑是消极自由的大本营，长期以来有效地推动了经济发展的自由放任政策使得消极自由的政治意识根深蒂固。"1800 年革命"、"杰克逊民主"等民主化进程固然成绩斐然，但主流社会的保守依然我行我素。甚至在 20 世纪初，美国政治思想家克罗利还抱怨："直到今天，传统的民主还赞成仅仅从消极和否定的目的上使用政府机制。"[②]

这种状况经过进步主义运动的涤荡在改革时代有所改变。以杜威为代表的新自由主义试图重新从积极意义上确立自由的概念。杜威的自由哲学抛开了霍布斯·洛克（Hobbes-Locke）的路线，而赋予斯宾诺莎·黑格尔（Spinoza-Hegel）的路线以格外的重要性，试图用欧洲自由主义中对社会、国家重要性的认同来或多或少地均衡英美自由主义过分重视个人的倾向。

杜威摆脱了传统自由主义孤立地认识个人的偏见，更多从共同生活的角度认识个人。他认为，个人"代表那些在共同生活影响下产生和固定的各种各样的个性的特殊反应、习惯、气质和能力"[③]。这样，杜威就在承认主体间性的同时，肯定了主体间交流的重要性。杜威否认所谓的个人权利独立地为个人所有的观点，他指出：

---

① 〔意〕圭多·德·拉吉罗：《欧洲自由主义史》，第 347 页。

② Herbert Croly, *The Promise of American Life*, New York: Macmillan Company, 1910, p. 449.

③ 〔美〕杜威：《哲学的改造》，许崇清译，商务印书馆 1958 年版，第 107 页。

　　个人所以能有权利，全赖个人是社会的一分子、国家的一分子。他的权利全赖社会和法律给他保障，否则便不能成立。这个观念是根本的观念。真讲权利的，不可不承认国家社会的组织。①

　　在积极自由与消极自由意义上的两分法当中，杜威将从选择本身寻求自由和从根据选择而行动的权利中寻求自由看作各自独立的哲学。在这两种哲学的基础上形成了两种自由观：一是选择的自由，一是行动的自由。杜威认为，"相互之间无阻的有效行为与选择之间的关系"问题是自由问题的本质②。为了畅通无阻地行动，法律、政府、制度、社会安排必须通过与整体秩序相对应的合理性而形成，这是真正的本性或是上帝③。

　　在杜威那里，自由的实现和民主是相辅相成、相得益彰的。与早些时候英国的新自由主义者格林、霍布豪斯一样，为了实现积极自由，杜威亦试图借助于民主的手段。杜威实际上并不否认消极自由，这些自由是通过废除那些压迫手段、残暴的法律和政府而得到保证的。然而，杜威眼中真正的自由又是同政治上平等联系在一起，正是政治上的民主使得个人享有事实上的而不是某种抽象的形而上学意义上的自由④。杜威亦认为，更值得追求的自由是那种"因自由而解放、拥有所有权、积极的表达权和行动上的自决权"⑤。也就是说，自由的实现不仅需要消极地反

---

① 〔美〕杜威：《社会哲学与政治哲学》，载沈益洪编：《杜威谈中国》，浙江文艺出版社 2001年版，第 64 页。

② John Dewey, *Philosophy and Civilization*, New York, Minton, Black & Company, 1931, p.286.

③ John Dewey, *Philosophy and Civilization*, p.284.

④ 〔美〕杜威：《新旧个人主义：杜威文选》，孙有中等译，上海社会科学院出版社 1997 年版，第 33 页。

⑤ John Dewey, *Philosophy and Civilization*, p.276.

抗暴政，同时还需要通过民主的途径参与到政治社会中，积极地实现个体真正的自由。另一方面，杜威又认为，自由是民主的重要条件，自由的实现是社会得以由一个"伟大社会"（the Great Society）转变为"伟大的民主共同体"（the Democratic Great Community）的重要保障。在这里，杜威十分强调协商在获得自由过程中的作用，杜威也因此而成为协商民主传统的开创者。杜威指出，当"自由的社会探索与充分而积极的交流之术不可分解地结合起来的时候就是这一转变来临的历史性时刻"[1]。

三、两种自由的当代后果

撇开谨慎的细节划分，仅就宏大叙事的逻辑来看，现代西方政治文明对两种权利的区分正好对应国家与社会的二元分离、人权与公民权的二重衍化，从而在价值层次上形成了积极自由与消极自由两大观念形态。这一两分法如此的引人注目且影响深远，即使是在已经完成了现代化进程的当代西方亦引起政治实践的躁动不安和政治理论的聚讼纷争，使与之并行的公域重建、私域自律同宪政民主打通了壁垒。在后现代话语的映衬下，相形见绌的现代化不得不重新温习权利的本质之辨与自由的古今之争。

就当代西方占主流地位的自由主义思潮来看，积极自由与消极自由的探讨成为其内部理论多样性的基本原因。以两种权利和两种自由为取

---

[1]　John Dewey, *The Public and Its Problems*, New York: H. Holt and Company, 1927, p. 184.

舍，自由主义在其形成的初期就表现了两种不同的面相，从最早的洛克传统与卢梭传统的分野，到 19 世纪新旧自由主义的互动与融合，直到当代积极自由与消极自由的争论，莫不与两种自由的主题联系在一起。在当代西方，围绕着两种权利与两种自由，自由主义明显分为两个阵线。由罗尔斯与诺齐克的争论，到传统自由主义与现代自由主义，如果再加上从外部批判自由主义的社群主义、共和主义等政治思潮，其卷入人数之多，讨论层次之深就更加可观，为人们勾画了一幅错综交杂的观念图式。

在这当中，自由主义与共和主义的争论格外显眼，为我们解析双生权利与两种自由提供了重要的思想个案。从政治制度的理性筹划来看，共和主义与自由主义以不同的提问方式切入了一个问题的两个侧面：

> 根据它们对自由的不同说明，这两个传统在评价政治制度时提出的问题也不同，自由主义以政府应该如何对待其公民发问，它寻求的正义原则将公民平等地看作追求各自不同利益和目的的个人；而共和主义则以公民如何能够实现自治发问，它寻求的政治形式与社会条件是那些能够促进其有意义之实践的形式和条件。①

正是由于不同的问题情境，两种思潮得出的结论亦存在着明显的差异：自由主义强调"现代人的"保护型的自由，而共和主义强调的则是"古代人的"发展型的自由。正如哈贝马斯所说："自由主义者强调'现

---

① Michael Sandel, *Democracy's Discontent: America in Search of a Public Philosophy*, Cambridge, Mass.: The Belknap Press of Harvard University Press, 1996, p. 27.

代自由'，主要就是信仰自由和信念自由，以及保护生命、个人自由和私有财产。相反，共和主义则捍卫'古代自由'也就是政治参与和政治交往的权利，这些权利使得公民能够履行自决实践。"[1]

就自由主义与共和主义两大传统之间的争论来看，其实质就在于："在论证次序上应当是'现代人的自由'还是'古代人的自由'享有优先？什么可以居先：是现代经济社会公民们的主体的自由权利，还是民主的国家公民们的政治参与权利？"[2]自由主义者，尤其是其中的激进派别，试图将个人权利之外的东西扫地出门；共和主义者则坚决地反对这种"贫乏状态"，将政治参与的自由视为唯一的替代方案。这样，霍布斯和哈林顿分别在当代找到了追随者。菲利克斯·奥本海姆（Felix Oppenheim）在其力作《政治概念——一个重构》一书中明确地指出，将自由视为"政治过程中的参与"纯粹是在制造混乱，所谓的参与自由"与任何意义上的自由都是不相干的"[3]；查尔斯·泰勒则坚持认为，霍布斯—边沁式的观点作为一种自由观是站不住脚的，极端的消极自由观是错误的，"自由"不仅是一个机会性的概念，而且还是一个操作性的概念，斯金纳亦认为这些消极自由的理论家们所提出的基本主张是错误的[4]。

事实上，共和主义与自由主义的分歧显然在于分别强调了二元权利

---

① 〔德〕尤尔根·哈贝马斯：《包容他者》，曹卫东译，上海人民出版社 2002 年版，第 81 页。

② Jürgen Habermas, "Constitutional Democracy: A Paradoxical Union of Contradictory Principles?" *Political Theory*, Dec 2001, pp. 766-782.

③ Felix Oppenheim, *Political Concepts: A Reconstruction*, Oxford: Basil Blackwell, 1981, pp. 92, 162.

④ 〔加〕查尔斯·泰勒：《消极自由有什么错？》，载达巍等编：《消极自由有什么错》，文化艺术出版社 2001 年版，第 73、90 页。 Quentin Skinner, "The Paradox of Political Liberty," in S. McMurrin ed., *The Tanner Lectures on Human Value*, vol. VII, Salt Lake City: University of Utah Press, 1986.

体系的一个方面。共和主义以一种全新的权利观认肯一种"公共利益的政治"，既扬弃了功利主义，同时亦与自由主义权利优先于善的主张形成竞争态势；自由主义虽然亦关注公共利益，但却更强调个人权利，始终对公共善的扩张倾向保持着戒备心理。

　　就古代人的自由与现代人的自由来讲，现代政治哲学的基本倾向还是比较清晰的。当贡斯当清楚地将"现代人的自由"置于"古代人的自由"之前时，他已经完成了自由主义的一个传统，伊赛亚·伯林则为这一传统作了一个宏大的总结，从而使自由主义者经历了一次高峰体验。然而，正是这种高峰体验造成了某种自由主义的傲慢，试图将自由主义完全拉向个人自由。然而，其结果却是进一步分裂了自由主义，以唯我独尊的自大沿着岔路越走越远，只是充当了理论的一极。

四、结论与讨论

　　自由，这是西方政治思想史上最为重要，也最为模糊的概念。就其争论的基本立场，我们可以看得比较清晰。对于古代人的自由与现代人的自由从不同角度的强调，基本上形成了"洛克传统"与"卢梭传统"的不同面相。

两种自由的理论倾向

两种自由	两种权利	两个主体	两个代表
古代人的自由	个人权利	个人	洛克
现代人的自由	公共利益	共同体	卢梭

"两种自由"的始作俑者，是贡斯当。然而，两种自由的持久影响力，得自两种传统的形成，即"洛克传统"与"卢梭传统"。实际上，正是这两种传统，穿透了时空，直接影响到后来的英国和美国，使得两种自由成为划分思想界的一条分水岭。

两种自由的理论派别

近代	现代	当代
洛克传统	消极自由	自由主义
卢梭传统	积极自由	共和主义

我们看到，沿着洛克传统，近代以来的自由放任主义甚嚣尘上，推动了西方社会的繁荣，然而，也带来了一系列的问题。在资本主义由自由放任走向垄断之际，英美等国均出现了一些重头的政治思想家。新自由主义的理论先是在英国形成了以托马斯·希尔·格林（Thomas Green）为先驱，以霍布豪斯（Leonard Hobhouse）、霍布森（John Hobson）、哈罗德·拉斯基（Harold Laski）等人为代表的新自由派，后又在美国找到了克罗利、沃尔特·韦尔（Walter Weyl）、威尔逊等新自由的倡导者，并在杜威那里形成了总结性的体系；在欧洲大陆，出现了拉吉罗等自由主义政治思想家。新自由主义逐渐发展成为西方社会的主流思潮，在"二战"前后形成了重要的影响。新自由主义在一定程度上校正了传统自由主义过分重视洛克传统而批判卢梭传统的缺点，强调民主与公民权，在一定程度上恢复了积极自由应有的地位。及至当代的自由主义与共和主义之争，两种自由的探讨就更加枝繁叶茂、蔚为壮观了。

在不同的时代，政治思想常常会有不同的主题。但是，在西方政治思想史上，有一些主题，似乎具备了永恒的意义，比如自由。将自由划分为积极自由和消极自由，表明了隐藏在自由背后的政治态度，使自由的观念变得具体。但是，我们也应该注意到，积极自由与消极自由的划分显然已经成为两个标签，从而使政治思想史的细节被善意地忽略，这可能会在一定程度上影响到对政治思想史进行更为准确的历史考证。

（原载《文史哲》2015 年第 3 期）

柏克保守主义思想的法学来源

冯克利

一、引言：中殿律师会馆

伦敦城里四所古老的律师会馆（Inns of Court）[①]，素有英国"第三所大学"之称[②]。自 17 世纪起，不但有志于从事律师业的人来此求学，很多显贵子弟亦将法学作为古典教育之外的另一项"礼仪教养"。以"现代保守主义之父"闻名的埃德蒙·柏克（Edmund Burke，1729—1797），于 1750 年衔父命入其中一所中殿会馆（Middle Temple）求学，但他在这里只待了两年，没毕业就离开了。他后来回忆说不喜欢那段生活，自况为一个"无精打采的漫游者"[③]。今天的柏克研究者，对他这段经历也只能找到一些只鳞片爪的材料。然而，透过这段求学经历，我们却可以看到他后来保守主义思想的一些源头。

[①] Wilfred Prest ed., *Lawyers in Early Modern Europe and America*, New York: Holmes and Meierd, 1981, pp. 34-35.

[②] 意为牛津和剑桥之外的又一名校。见 J. H. Baker, *The Third University of England, the Inns of Court and the Common Law Tradition*, London: Selden Society, 1990.

[③] F. P. Lock, *Edmund Burke*, Oxford University Press, 1998, Vol. 1, p. 73.

　　谈到伦敦律师会馆对柏克的影响，涉及政治思想史研究的一个方法问题。我们检讨一种政治学说，固然要记住它的基本原理和论证过程，但它诞生之初所处的知识氛围，对于理解它的形成是同样重要的。从今人介绍保守主义的文献中，我们一般只能看到概括出来的原理或教条，这很容易让人忘记为时人所熟知的时代话语源头。它有着我们今天或许已经体验不到，却弥漫于当时的知识生活之中的独特意味。在柏克时代，伦敦的律师会馆便是提供这种话语的重要势力之一，因此对他的保守主义便可以提出一个问题：它在多大程度上是英国法律传统的结果？它与所谓的"普通法精神"（the common-law mind）① 有何具体关系？

　　本文所要尝试的事情，便是在这两者之间建立起更加紧密的相关性。笔者力求说明，柏克并不像很多教科书中所说，是现代保守主义的始作俑者。这样说当然无意于贬低柏克的贡献。任何思想家的历史地位，都会因后人的新经验和新认识而不断受到重新评估。如果要给柏克重新定位，窃以为对他更恰当的评价是，他在观察和评论正在发生的政治事件、特别是法国大革命这一旷世巨变时，充分运用了自己在早年所受教育中打下坚实基础的普通法知识，尤其是其中的一种历史观，使保守主义在此后的政治话语中成为具有高度自觉性的意识形态。从思想史的角度说，这已经是一项了不起的成就。那么，柏克是如何运用普通法的思想资源，来表达其保守主义立场的？这里不妨先从他早年的一本著作讲起。

---

① J. G. Pocock, *The Ancient Constitution and the Feudal Law*, Cambridge University Press, 1987. "普通法精神"是此书用来组织其"历史编纂学"的一个核心概念，散见于全书各处。

二、"英国法律史片论"

　　柏克离开中殿后，在 1756 年写了一本颇受欢迎的著作——《关于我们崇高与美观念之根源的哲学研究》。出版商便请这位文坛新秀再写一本著作，于是柏克开始动笔写《英格兰简史》。虽然此书并未完成，只留下一部残稿①，却可以让我们窥见柏克后来的保守主义观点与普通法传统有着何种关系。

　　书中专辟一章（第九章）"英国法律史片论"，开篇便对英国法律做了一番赞美。梅因曾将最古老的法律与文学称为一体之两面，它常采用诗歌韵文的形式，"以使记忆力免除巨大的负担"。在柏克的家乡爱尔兰，以断讼息争为业的"布雷亨"（Brehon）留下的法律文献，便总是"贯穿着一根诗歌的线"，透露出"爱尔兰人的全部判断力和诗才"②。柏克亦是这一传统中人，"片论"以充满诗意的语言讲述了法律的成长过程，可使我们领略他对英国法律传统有着怎样的推崇：

　　　　今日浇灌滋养着整个民族的法学，其涓涓细流起于幽暗微末之间，终而汇成汹涌洪流。你可以看到，正义的原则最初如何涌出，混杂着迷信与暴力，流经漫长的岁月，在有利的环境下使自身变得清澈；法律有时受战火骚乱的蹂躏而消失，有时被强梁压倒，但

---

① Edmund Burke, "An Essay towards a Abridgment of the English History," in *The Works of the Right Hon. Edmund Burke*, London: Holdsworth, 1837, Vol. 2. 以下略为"Abridgment"。关于此书未出版的原因见 F. P. Lock, *Edmund Burke*, Vol. 1, p. 148。

② Henry S. Maine, *Lectures on the Early History of Institutions*, London: John Murray, 1914, p. 13。

它还是取得了对暴政的凯旋，变得更加强大而澄明。施害于它的暴力，反让它变得更加果决；可能致其彻底灭亡的外族征服者，使它益加丰富；和平与信仰使它日趋柔和而成熟，商业和社交使它得到改进和提升。最有教益的研究，可有过于这样一门开人心智、诚实无欺的大学问？①

柏克一向有着文体学大家的美誉，不过这段有些滥情的文字并不是出自一个文学青年的一时冲动，其中表露的对法学的爱好与推崇可以说伴随了柏克的一生。离开中殿之后柏克并没有放弃研习法律，在从政之前仍不时撰写一些有关法学著作的评论②。在 1774 年有关美洲税政的著名演说中，他又像当年写《简史》时一样，盛赞"法律堪称人类学问之翘楚，至为尊贵，强化与提升理解力比其他学问加在一起还要强"③。1780 年他向一位友人表白说，"我自年少时就喜欢阅读和思考我们的法律和宪法这个主题，对其他时代和国家同样如此"。几年之后他又在议会发言中自称"毕生经常研读各种法律典籍"，"我对法学大师的崇敬这里无人可及"④。诸如此类的言论表明，柏克在青年时代虽然不想把自己塑造成一个呆板乏味的法律人，但他非常看重自己在中殿学到的知识。

① Burke, *Abridgment*, p. 592.

② 柏克在 1758—1765 年为出版商 Dodsley 编《年鉴》（*Annual Register*）期间，为一些重要法学著作写过评论文章，如布莱克斯通《论法学研究》（Blackstone, *Discourses on the Study of Law*），华莱士《苏格兰法律原理》（George Wallace, *A System of the Principles of the Laws of Scotland*, 1760）等。

③ Edmund Burke, *Selected Works of Edmund Burke*, Indianapolis: Fund of Liberty, 1999, Vol. 1, p. 185. 除另有注明，本文引用柏克皆来自这一四卷本的柏克选集。

④ Peter J. Stanlis, *Edmund Burke: The Enlightenment and Revolution*, New Brunswick, NJ.: Transaction Publishers, pp. 8-9. 另参见 Arthur L. Woehl, *Burke's Reading*, Ph.D Thesis, Cornell University, 1928.

他所讨厌的仅仅是律师们"职业性的褊狭"[1]。他对英国普通法的一些基本理念，总是怀有深深的敬意。

"片论"中反复出现的一个主题是自由制度在英国的发展，其中最具象征性的事件便是1215年贵族迫使约翰国王签署的《大宪章》，"它剥夺了王室不受限制的权力，为英国的自由奠定基础"[2]。柏克将《大宪章》带来的自由秩序称为"神圣的"秩序，并赞扬法学研究具有与"至高统治者"联系在一起的高贵属性：

> 求知的合理对象，莫过于人类法律的起源、演进和种种变故。政治和军事关系大多记录人类的野心与暴力，这样的历史自有其道理。然而最令人愉悦的思考，是探寻人们效仿至高统治者的一种高贵属性，运用天赋特权投身于治理如此脆弱的生灵所取得的种种进展。诚然，这样的求索中时常可以见到人类脆弱的显例，然而我们看到，这种智慧与平衡的高贵努力，充分证明了……它总是以这样或那样的形式主宰着人类这种生灵，这堪称最有教益的研究。[3]

除了再次表达对法学的崇敬之外，这些文字也透露出强烈的宗教情怀，使后来一些论者强调基督教信仰对柏克的重要性[4]。然而，柏克从社

---

[1] Burke, *Abridgment*, p. 593. 另参见 T. O. McLoughlin, "Edmund Burke's 'Abridgment of English History'," *Eighteenth-Century Ireland*, vol. 5（1990）, pp. 15-59.

[2] Burke, *Abridgment*, p. 588.

[3] Burke, *Abridgment*, p. 592.

[4] 例见 James E. Mcgoldrick, "Edmund Burke as Christian Activist," *Modern Age*, Summer 1973, pp. 275-286. 此文提到了持类似观点的其他一些重要学者。

会秩序的演进中固然看到有某种神奇的力量在引导人类，但他所谓人类为这种力量而付出的"智慧与平衡的高贵努力"，主要是来自由普通法的法律人形构的一种历史解释。

　　一般而言，英国的法律人并不自称"保守主义者"，在柏克之前这就更无可能，因为彼时尚不存在"保守主义"一说，这大概也是今天人们在谈到柏克的保守主义时不太重视其法学背景的原因之一。然而挨诸柏克的很多言论，我们可以轻易将他的一些最典型的保守主义观点与普通法联系在一起，而现代人论述柏克的著作大多忽略了柏克思想的这一法学来源[①]。

　　研究人类的思想，我们常会注意到两个相互关联的现象：一是一种观念体系的形成和影响往往带有很大的偶然性；二是几乎没有可以真正称之为全新的东西，一些在今人看来极有意义的观念，可能起源于过去的另一种理论。有些观念当初或是潜伏于思想的深处，或是囿于一个狭小的专业领域，而且它无法预知对未来会发生何种影响。后来由于某些人在某种事件的刺激下做出的反应，它们才得以在更广阔的领域发挥重大作用，甚而衍生出一些过去未被人注意到的含义。

　　对于普通法和柏克的保守主义之间的关系，我们也可以作如是观。众所周知，普通法是一种前现代现象，它当初既不是为了促进英国资本主义的发生而形成，更不以对抗现代政治革命作为目标，甚至一度被视

[①]　最接近于在柏克的保守主义思想与英国普通法传统之间建立联系的学者是波考克，见 J. G. A. Pocock, *The Ancient Constitution and the Feudal Law*, pp. 242-243. 波氏的主题不是现代保守主义，而是英国思想史中有关"古代宪法"的历史虚构。学界对柏克思想的来源问题多有研究，例见 Reed Browning, "The Origins of Burke's Ideas Revisited," *Eighteenth-Century Studies*, Vol. 18, No. 1（Autumn 1984），p. 63. 此文主要讨论柏克与自然法传统的关系，也提到了另一些研究柏克思想来源的文献。

为十分落后的法律体系[①]。它对后世的全部意义，是在英国向现代社会的演进过程中逐渐显现出来的[②]。它对启蒙运动的抵制作用也只能说是播下了种子，通过像柏克这样思想敏锐而善辩的政治家才结出了意外的思想成果。

尽管不能说普通法就是一种现代保守主义思想体系，它的保守性格却是显而易见的。从根本上说，以习俗为基础形成的英国法体系是源于人类的守旧习性，但我们在任何社会都可以观察到习俗或基于习俗的法律，它们或可成为传统主义的思想资源，若伴有信仰的狂热，甚至能转化为原教旨主义。但它们未必都能变成现代保守主义思想。习俗能成为一种系统的历史解释模式，不是仅靠习俗本身就能完成的，而是必须依靠一种历史的想象力，从它既往的持续存在中提炼出某种高于经验世界的观念。从这个角度说，柏克虽然有着厌恶纯粹理论或思辨模式的特点，但他并不像拉斯基等人所说全然是出于一时的功利考虑[③]。在他有关如何看待社会稳定与变革的思想背后，有着普通法为他提供的一套历史解说体系。

现代保守主义是一个复杂的谱系，跻身其中的思想家未必全有法学知识的来源，但他们一定是信奉某种历史主义的。他们不以普适于人类的抽象原则作为思考政治的出发点，而是从具体的历史中寻找规范政治生活的可靠原则，这也是保守主义最不同于古典政治学的一面。

英国的普通法早就形成了一套独特的历史主义话语，这在学界大

---

① 参见 Maine, *Lectures on the Early History of Institutions*, p. 44.

② 参见 Pocock, *The Ancient Constitution and the Feudal Law*, pp. 266-268.

③ 参见 Harold J. Laski, *Political Thought in England*, Oxford University Press, 1920, 1961, pp. 155-156.

体己成公论①。它混杂着传统主义和高度技术化的特点，同时又对正义原则可透过时间加以发现持有坚定的信念。柏克的保守主义虽然也有一些形而上或神学的因素，但这并不是他特有的思想，甚至不是他的主要思想，而是为欧洲近代很多保守主义者所共同分享。普通法的历史观不但为柏克提供了一种具有历史纵深感的眼光，也使他与其他保守主义者有了鲜明的区别。

下面我们就来具体看一看，柏克的保守主义利用了英国普通法中的哪些思想资源。

三、英国法学的本土渊源

读过《法国革命论》的读者想必会注意到，柏克在此书一开始并没有直接讨论法国问题，而是就英国政体作了长篇大论的阐述。他反复提到"我们的宪法"，认为"世袭原则以它的不朽经历了一切轮回。……这就是我们的宪法精神，它不仅存在于它确定的过程中，也存在于一切更新之中"。就像写"片论"时一样，他认为这种在历史中形成的宪政，为英国人的自由提供了最可靠的保障：

> 从《大宪章》到《权利宣言》，我们的宪法的一贯政策是要申明，我们的自由是我们得自我们祖辈的一项遗产，而且要传给我们

---

① 参见 Harold Berman, "The Origins of Historical Jurisprudence: Coke, Selden, Hale," *The Yale Law Journal*, Vol. 103, No. 7（May 1994）, pp. 1654-1656.

的后代。……我们的宪法以这种方式保持了统一性。我们有世袭的王位，世袭的贵族制，有从漫长的祖先系列那儿继承了各项特权、公民权和自由权的下院和人民。[1]

这是柏克最典型的保守主义言论，其不吝溢美之词甚至被人讥为"有点儿肉麻"[2]。其实在柏克还没有变成"保守主义者"的1766年，他在一次议会演讲中就已经有过类似的说法了："我们的宪法是由因袭而来的宪法，它的权威性的唯一来源就是它自古便已存在。"[3]

像"世袭原则……是我们的宪法精神"、"因袭的宪法"和"〔宪法〕权威性的唯一来源就是它自古便已存在"等说法表明，柏克对法国革命的批判，是建立在他对英国宪政史一种一以贯之的理解之上。《法国革命论》首先回顾英国宪政成长史的用意，当然是要警告世人不可轻率否定自身的历史。然而这种有关英国宪政的观点并非柏克本人所提出，而是来自一种在英国普通法学家中间逐渐形成的历史观。更具体地说，它是"直接来自于伦敦的律师会馆"[4]。

研究英国法律史者大致有一共识，在12世纪之前英国法与欧洲并无显著不同，但是当13世纪英国率先进入了司法集权化过程时，欧陆的罗马法研究尚未发生广泛影响，英格兰人只能利用自身的传统资源，习俗作为法律的重要来源这一观念，亦成为英国普通法的核心信念之

---

[1] Edmund Burke, *Reflections on the Revolution* in *France,* in *Selected Works*, pp. 109, 120-121.

[2] 此说来自美国国家人文研究所主席 Joseph Baldachino, "The Value-Centered Historicism of Edmund Burke," *Modern Age*, Vol. 27, No. 2（Spring 1983）, p. 141.

[3] Edmund Burke, "Speech on Reform of the Representation of the Commons in Parliament," in *Selected Works*, Vol. 4, p. 20.

[4] J. G. Pocock, *The Ancient Constitution and the Feudal Law*, Cambridge University Press, 1987, p. 240.

一①。这种努力的结果是，到了文艺复兴时期，按梅特兰所说，"在一个传统信条土崩瓦解，对原有事物进行反叛，并且对这种反叛有充分自觉的时代，英国法这个规范体系"竟然"毫发未损"②。这使英格兰法律中保留了大量的本土色彩，妨碍或限制着英格兰人"在法学研究上的进步……使之没有与从《罗马法全书》这个伟大源泉流出的法律合流"③。尤可注意的一点是，梅特兰在谈到柏克曾就读的法律会馆时，将其视为英国得以成功抗拒罗马法影响最重要的制度性因素④。就像12世纪初欧洲大学开始将人文学科与神学并列应被视为一个比文艺复兴更重要的事件一样，伦敦的律师会馆在15世纪开始系统传授英国本土法，对于保存和培植普通法传统也起着同样重要的作用。

　　然而，就是这种在罗马法学家们看来"比异端好不了多少"的"盎格鲁法"⑤，对自身的历史形成了一种非常自觉而独特的理解，并且得到一代代法律人的维护和丰富。从整个西欧文明史的角度来看，这种现象可以说仅见于英格兰。它曾使韦伯在谈到这一现象时不禁感叹，在英国这个"经济理性化达到相当高程度的国家"，它的法律体系却十分落后，其原因便是罗马法受到了"英国法律社团强大力量"的抵制⑥。

---

① 参见R. C. van Caenegem, *The Birth of English Common Law*, Cambridge University Press, 1988, pp. 88-91.

② 〔英〕梅特兰、贝克：《英格兰法与文艺复兴》，易继明、杜颖译，北京大学出版社2012年版，第6—7页。

③ Henry S. Maine, *Lectures on the Early History of Institutions*, London: John Murray, 1914, p. 342.

④ 〔英〕梅特兰、贝克：《英格兰法与文艺复兴》，第64—70页。

⑤ Sir william Blackstone, *Commentaries on the Law of England*, Oxford, 1803, p. 21.

⑥ 〔德〕马克斯·韦伯：《新教伦理与资本主义精神》，于晓和等译，生活·读书·新知三联书店1987年版，第56页。另参见 Max Weber, *Economy and Society*, Berkeley: University of California Press, 1978, pp. 889-891.

　　关于这种独特的历史解释，让我们先从一本最早的文献说起。布莱克顿（Henry de Bracton，1210—1268）的《论英格兰的法律和习俗》写于英王亨利三世（1216—1272 年在位）时期、著名的《大宪章》（1215 年）诞生后不久，梅特兰誉之为"中世纪法学的皇冠与奇葩"，"直到布莱克斯通出现之前无人能够与之匹敌"[①]。布莱克顿表示，他在这本书中要"对普通法进行分类编排，写成文字以方便记忆"。他曾悉心研究罗马法，但我们听到这些话时莫以为他要从事一项和欧陆学者一样的法典化工作。他的主要意图是为法律实务提供一些方便，所以此书的主体部分是他搜集的大约两千个法院判例。他关注的重点是"英格兰境内日常发生的事实和案件，俾可获知诉讼形式和适当的令状形式"[②]。因此他特别强调了英国法不同于其他地方的特点："在其他几乎所有国家，都采用法条和写成文字的权利，唯独英格兰在其境内采用不成文的权利和习俗。"[③]

　　从这些表述可知，布莱克顿认为法律的有效性并非来自演绎推理，而是植根于社会共同体的生活之中。人对于行为之正当性的观念是形成于日常实践，它们是否以及能否得到有效保护，则取决于在持续的司法过程中积累的大量案例。正是基于这样的观点，昆廷·斯金纳在谈到布莱克顿时说，英国人对罗马法和教会法学家的"民族主义敌视"，"可以追溯到布莱克顿在 13 世纪为习俗所做的辩护"[④]。柏克曾在一次议会演

[①]　见 Frederic Maitland and Frederick Pollock, *The History of English Law Before the Time of Edward*, Indianapolis: Liberty Fund, 2001, Vol. 1, p. 218.

[②]　Henry de Bracton, *De Legibus et Consuetudinibus Angliae*, New York: Cambridge University Press, 2012, p. 5.

[③]　Henry de Bracton, *De Legibus et Consuetudinibus Angliae*, p. 3.

[④]　Quentin Skinner, *The Foundations of Modern Political Thought*, Cambridge University Press, 1978, Vol. 2, p. 54.

说中将布莱克顿称为"得到人人认可的杰出权威"①。我们下面还会看到，当柏克抨击法国的人权观时认为英国人的权利自有渊源，要比前者可靠和优越得多，其理由与布莱克顿不主张用罗马法取代英国法是一样的。

英国法律史上的另一份重要文献，是福特斯丘（1394—1480）写于15世纪的《英格兰法律颂》（De Laudibus Legum Angliae）。当时在整个西欧地区，亚里士多德主义的复兴已蔚为大观，从这本著作中也可以看到它对英国的影响。福特斯丘在书中宣称，法律研究的是"普遍真理"，其基础是作为不证自明的正义原理适用于每一个人的自然法。这属于和欧洲大陆法学家一样的语言。然而福特斯丘能被后人记住，并不是因为他这种亚里士多德主义观点。

福特斯丘虽不否认自然法的普适性或至上性，但他接下来指出，自然法的命令要想落到实处，必须用人的法律将其转换为一个特定民族的生活规范。因此法学的另一项重要任务是研究特定民族的"习惯或法规"②。在福特斯丘看来，就合乎自然法而论，英格兰与其他国家的法律是一样的，但只着眼于这种一致性则无从区分各国法律之优劣。而他研究英格兰法是为了证明它有着不同于其他法律体系的优点③，即自然正义原理在英格兰的具体表现形式。换言之，英格兰法之为英格兰法，是因为有普适性原理之外的某些地域因素发挥着作用。欧洲大陆的法学家对日尔曼法和罗马法中的习俗因素早已不放心。福特斯丘却认为，包含在

① Edmund Burke, *The Speeches of the Right Hon. Edmund Burke, in the House of Commons, and in Westminster Hall*, in 4 vols, London: Longman, 1816, Vol. 1, p. 61.

② Sir John Fortescue, *In Praise of the Laws of England, in the author, On the Laws of and Governance of England*, ed. by Shelley Lockwook, Cambridge University Press, 1997, p. 26.

③ Sir John Fortescue, *In Praise of the Laws of England, in the author, On the Laws of and Governance of England*, ed. by Shelley Lockwook, Chapter 25.

英格兰特殊习俗中的规范才是法律的精髓。

为说明英格兰法的优异之处，福特斯丘回顾了它的演进过程，尤其是它"那些习俗的特点"[1]。我们当还记得柏克在《英格兰简史》中讲述法律史的动听语言。从福特斯丘的著作中可以看到，它其实反映着英国法学一种甚为古老的历史主义和民族主义思维模式，这在 19 世纪的欧洲是司空见惯的现象，但是在 15 世纪的欧洲却是件很罕见的事。套用今天常见的说法，福特斯丘在这里表现出一种强烈的文化本位主义立场。

在回顾了英格兰先后被罗马人、丹麦人、诺曼人和撒克逊人入侵征服的历史之后，福特斯丘说：

> 该王国就像今天一样，不间断地受着同样的习俗支配，假如它们不是最好的，有些国王出于正义的目的，或是出于任性，本可对其进行修改或完全废止，尤其是罗马人，因为他们用自己的法律在世界的几乎所有其他地区进行裁决。同样，上述那些国王中的另一些人，是以刀剑占有了英格兰王国，他们本可以用权力毁灭它的法律。其实，无论是因为许多世代的习惯而有深厚根基的罗马民法，还是威尼斯人——以其古老而闻名于世，虽然在布立吞人起源时他们的岛上尚无人居住，罗马也未建立——的法律，或任何基督教王国的法律，都没有如此古老的起源。因此不可否认，亦无正当理由怀疑，英格兰人的习俗不但是好的，而且是最好的。[2]

---

[1] Sir John Fortescue, *In Praise of the Laws of England, in the author, On the Laws of and Governance of England*, ed. by Shelley Lockwook, Chapter 26.

[2] Sir John Fortescue, *In Praise of the Laws of England, in the author, On the Laws of and Governance of England*, ed. by Shelley Lockwook, Chapter 16-17.

福特斯丘把英格兰习俗说成"最好的"，就当时而言未免有吹嘘之嫌，但从中也可以看到他的自信达到了何等程度。他为此举出的主要理由，不是它符合抽象义理，而是它比当时最文明的罗马或威尼斯的法律还要古老，并且在漫长的时间中不断得到适用。相继到来的国王和征服者尽管有机会改弦更张，他们却皆乐于遵守当地的习俗。正是这种观点，使福特斯丘在英国历史法学的形成中占有举足轻重的地位。

福氏这里所表达的思想 —— 英格兰法律是"最好的"，它的古老性与连续性是其优越性的重要证据，正是后来以超出记忆的"古代宪法"（the ancient constitution）而闻名的英国法治史假说。对此，大概柏克在中殿时便熟记于心。他在"片论"中曾指出，英国的法律人有一种根深蒂固的信念，认为英国法自古至今并无根本的变化，它在本民族中形成和生长，即使罗马人或外国法律试图掺入其中，"它总有足够的力量将其抖掉，恢复其原始宪法的纯洁性"[1]。

生活在都铎时代的福特斯丘，当然不可能提出司法独立的主张，但其论证方式已经预示着我们下面就要讨论的爱德华·库克的思想，他以古老性为由对普通法传统的捍卫，明确表达了抵制君主肆意干预司法的倾向，而柏克后来抨击法国大革命对法律的践踏时，将年代之久远作为制度具有正当性基础的"因袭论"[2]，将"我们的宪法"视为祖宗留下的宝贵遗产，正可视为这种"古代宪法政治学"[3] 在 18 世纪的延续。

---

[1]　Burke, *Abridgment*, pp. 592-593.

[2]　参见 Paul Lucas, "On Edmund Burke's Doctrine of Prescription; or, an Appeal from the New to the Old Lawyer," *The Historical Journal*, Vol 11, No.1（1968）, pp. 35-63.

[3]　参见 Glenn Burgess, *The Politics of the Ancient Constitution: An Introduction to English Political Thought, 1603-1642*, London: Macmillan, 1992.

四、库克的历史法学

这里也许不必过多强调爱德华·库克（1552—1634）对于柏克的重要性，他在中殿求学时，那里便是以库克的著作作为基本教学内容[①]。柏克对此人也一向极为敬仰，在《法国革命论》中将他誉为"我们法律的伟大先知"。库克大概也是第一位明确阐述英国存在着一个"古代宪法"的人。从他的《法律总论》和《案例汇编》中，我们可以看到他为捍卫这种"宪法"做出的不懈努力。

库克拒绝承认 11 世纪的"诺曼征服"是英格兰法的源头，甚至置史实于不顾，认为英格兰法律未曾受益于征服者带来的惯例。他一再重复福特斯丘的说法：倘若不是英格兰法律优于其他地方，征服者本可对其加以废止或修改，可是他们并没有这样做[②]。对于英格兰法和诺曼人的习惯有诸多相同之处，库克也认为这是前者包容了后者而不是相反。英格兰体制是从邈远无可考的时代流传下来，所以《大宪章》并不是英格兰宪政的起源，而是它的结果。就像福特斯丘一样，库克认为英格兰自有"古老而优秀的法律"[③]，这使其能够在奉承詹姆士国王为"正义和恩惠之源"时，却不说他是"法律之源"。他列举英格兰法律由三部分 —— 普通法、习惯法和议会法 —— 组成时，也认为它们皆不因国王

---

① 参见 D. Ryder, *The Diary of Dudley Ryder*, ed. by William Matthews, London, 1939, pp. 49, 91, 114, 147, 181, 184。此书是中殿会馆一个学生的日记，记述了他在那里的日常生活和学习。另参见 F. P. Lock, *Edmund Burke*, Vol. 1, pp. 69-70.

② Sir Edward Coke, *The Selected Writings of Sir Edward Coke*, in 3 vols., Indianapolis: Liberty Fund, 2003, Vol, 1, pp. 40, 150.

③ Coke, *The Selected Writings*, Vol. 1, p. 252.

的命令而存在[1]。

这种对英国政体演进史的法学解释，成了捍卫传统制度、抵制王权扩张最有力的手段。库克以他对普通法之古老性的强烈信念，反复强调其先例和准则对后人的约束力。他极力让人相信英国有着约束王权的悠久的法律传统，使英格兰有一部"古代宪法"的观点成了根深蒂固的信仰。正如波考克所说："以这种话语进行的讨论构成了那个世纪政治辩论的主要模式之一。议会辩论和小册子论战涉及普通法或宪政时，几乎无一例外地要么全部、要么部分地以那种方式诉诸过去；著名的法学家被当成公认的政治智慧权威；几乎每一位对政治理论做出贡献的政治思想家……都会花费一定篇幅来讨论这种宪政的古老性。"[2]具体到柏克而言，他在《法国革命论》中为英国宪政传统辩护的一段话，可以让我们清楚地看到库克对其保守主义思想有着怎样的意义：

　　我们最古老的改革是《大宪章》的改革。你可以看到，从我们法律的伟大先知爱德华·库克爵士，当然还有他之后的所有伟人，下迄布莱克斯通，都孜孜于证明我们自由的谱系。他们力图证明约翰王的《大宪章》这份古老的宪法文件，是与出自亨利一世的另一份成文宪章联系在一起的，而这两份文件都不过是重申了这个王国更古老的现成法律而已。……它证明了我们全体法学家和立法者以及他们希望影响的全体人民心中，充满了对往古的强烈关怀。以及

---

[1]　Coke, *The Selected Writings*, Vol. 1, pp.xxv, 486.

[2]　J. G. Pocock, *The Ancient Constitution and the Feudal Law*, Chicago: Cambridge University Press, 1987, p.46.

本王国把他们最神圣的权利和公民权当作一项遗产的稳定政策。[①]

这段时常被人引用的话，是柏克保守主义思想的经典表述，采用的语言则清楚表明了他与上述普通法历史解释有着多么密切的关系。对于库克来说，他要与之对抗的蛮横外力是君权对普通法自治的干预，对柏克来说则是正在法国付诸实践的人权观和普遍意志论。身为法官的库克要以法律的古老权威去屏蔽君权的扩张；作为政治家的柏克则是用"我们的宪法"来对抗启蒙思想肆意破坏基于传统的立国原则。当他说法国人切断世代之间的链条，只生活在当下的兴奋之中，变得"不比夏天的苍蝇好多少"[②]时，显然有库克的普通法历史解释为他提供的支持；当他以大量篇幅抨击革命者对法国司法体制的践踏时[③]，他是以英国法治史的连续性作为参照。

库克对普通法历史学说最著名的贡献，是他为捍卫法律自治而对"自然理性"（natural reason）和"技艺理性"（artificial reason）的区分。库克赞成"理性是法律的生命，所以普通法无非就是理性"，但是他给这种自然法学说加上了一个特殊限制。法律中的理性并不是人的天赋理性，而是"通过漫长研究、深思与经验，经由技艺而达成的理性"，因此即使把分散在众多头脑中的全部理性集中到一人的头脑中，也不可能造出完美的法律："通过很多代人的实践，英国法才由无数伟大而博学的人予以完善和细化，借助于漫长的历史，才成长得对治理本王国而言如此完美，就像古老的规则可以公证证明的，没有人仅靠他自己会比普

---

① Burke, *Reflections,* in *Selected Works,* Vol. 2, pp. 119-120.

② Burke, *Reflections,* in *Selected Works,* Vol. 2, p. 55.

③ Burke, *Reflections,* in *Selected Works,* Vol. 2, pp. 316-321.

通法更有智慧。"① 较之福特斯丘静态的法律观，库克这种强调个人理性有限的观点，为法律注入了一个更具能动性的历史维度，它使正义要在司法实践中不断生长的概念成为可能。

　　库克的这种理性观，后来重现于柏克有关"裸体理性"（naked reason）和"个人愚蠢"② 的言论之中。库克的"技艺理性"是个包含着历史维度的法学概念，与之相对应的是未经训练的"自然理性"，它在柏克的笔下则脱胎为"野蛮哲学家"的"裸体理性"③，他有此不雅之说，并非全然出于论战的修辞需要。库克以"自然理性"的业余性质为由对抗国王对司法的干涉，柏克则以"裸体理性"的野蛮去驳斥原始契约论的张狂。对柏克来说，人的理性不是自然之产物，而是在文明生活中逐渐培养出来的。因此个人的理性，甚至一群人的理性，并不是一种可以用来证成政治原则正当性的可靠而稳定的能力，此事只能交给在时间中积累起来的"集体智慧"去完成。他在 1782 年一次议会演讲中对此已有清晰表达："个人是愚蠢的，群众未经审慎考虑而行事，一时也是愚蠢的；但人类是聪明的，倘能给他们以时日，人类作为一个物种一向是正确行事的。"④《法国革命论》中有关法理学的一段话，又以更加简洁的方式重复了这一说法，采用的措辞也与上引库克有着显而易见的相似性："令人类智力引以为傲的法理学，尽管有着种种缺陷、芜杂和错谬，乃是世世代代集体的智慧。"⑤

① Coke, *The Selected Writings*, Vol. 2, p. 701.
② Burke, *Reflections,* in *Selected Works*, Vol. 2, p. 182.
③ Burke, *Reflections,* in *Selected Works*, Vol. 2, p. 182.
④ Burke, "Speech on Reform of Representation of the Commons in Parliament," in *Selected Works*, Vol. 4, p. 21.
⑤ Burke, *Reflections,* in *Selected Works*, Vol. 2, p. 191. 中译本，第 127 页。

柏克虽然深受普通法濡染，但他并非完全是在跟着法学家学舌，而是将他的法学知识转化成了政治见识。在谈到政治的性质时他说："政府的学问本身具有高度的实践性，也是为了实践的目的，这是一件需要经验的事情，甚至比任何哪个人在其一生中获得的经验还要多，无论他多么聪明，眼光多么敏锐。"① 这跟库克同詹姆斯王有关"技艺理性"的著名对话如出一辙②，但场景已从法律转向了整个政治世界。柏克对库克的继承关系，用当代人对库克思想的一段总结，可以做出最好的说明，因为将它移用于柏克同样再合适不过："对于库克来说，从旧的原则得出新结论，并不需要他相信自己是在求变，或是在主张什么宏大的理论或法律革命。他只需坚持议会立法权和法庭适用传统原则的权利即可。在这样做时他可以'从老田地收获新谷物'，就像他之前一代又一代法律人所做的事情一群。"③

当然，把库克称为保守主义者未免时代错置，但他的一些话听起来确实与保守主义殊无二致。当他劝世人对改制保持警惕时说："英格兰法是政策的准绳，得到了经验的考验，改变其任何一部分都是极其危险的，因为它们是由过去历代最聪明的人精心完善而成，并且不断被经验证明有益于公共福祉，改弦更张不可能不引起大麻烦。"④ 这种主张与现代理性主义的信念——反复出现的事本身不能证明它是正确的，长期的经验可能是在不断重复错误——截然相反。我们将会看到，库克这种强调年代久远之重要性和司法权威性有其内生来源的顽固立场，也正

---

① Burke, *Reflections,* in *Selected Works*, Vol. 2, p. 153.
② Coke, *The Selected Writings*, Vol. 1, p. 481.
③ Coke, *The Selected Writings*, Vol. 2, p. xxv.
④ Coke, *The Selected Writings*, Vol. 1, p. 95.

是霍布斯对他极为反感的重要原因。

　　柏克系统地阐述其保守主义立场，便是始于在他看来正在"引起大麻烦"的法国革命这个大事件。他为此必须触及一些政治学的核心问题：人何以安全地生活在一个文明共同体之中？它得以存在的条件是什么？它如何稳定而健康地运行？这已超出了狭义的法学范围。尽管由于柏克对理论的天生厌恶，使《法国革命论》作为一个政治学文本看上去很不规范，法国革命却为他思考这些问题提供了一个重要案例，其作用恰如法官在疑难案件中从先例推导出新的司法解释的"拟制"（fiction）方法。尤其值得注意的一点是，柏克对法国人最严厉的批判之一，是它破坏了司法机构的平衡作用。合理的政体应尽可能使司法权威不依附于自身，让它成为"仿佛是某种外在于国家的东西"。当民主成为绝对权力时，这个机构的独立"就更是十倍地必要"，它可以使权力一时的命令不偏离某些普遍原则。法国人的做法却与此相反，他们以偶然的法令和决议进行统治，"很快就打断了法律的进程和一致性，减少了人们对它们的尊重，并且最终从整体上摧毁了它们"[1]。当柏克说出这些话时，他其实是把库克有关普通法之连续性和独立性的观点，很方便地转换成了政治批判的语言。

五、柏克和马修·黑尔

　　柏克在《英格兰简史》中还提到一个大人物，即被伯尔曼誉为"提

---

[1]　Burke, *Reflections,* in *Selected Works,* Vol. 2, pp. 318-319.

出历史法学一般理论第一人"[1] 的马修·黑尔（1609—1676）[2]："在这个领域，我们至今做出的努力甚少。我以为，大法官黑尔的《普通法史》不管是好是坏，是我们唯一拥有的东西。尽管我们对他怀有极大的敬意，还是不得不说，此书虽有其长处，与作者的名望却不太般配。"[3] 这段文字表明柏克早年细读过黑尔的《普通法史》[4]，其中表露的不满，一是因为此书篇幅甚小（仅 6 万余言），实不足以让后学深入了解普通法史，还因为在柏克看来黑尔有着将普通法神秘化的倾向，抹杀了普通法此后改进的历史。他想"说服世人相信蒙昧时代的制度便已臻于完美"，以此"谄媚于国民的虚荣和法律专业的狭小心胸"[5]。不过就柏克的保守主义而言，我们却可以在他两人之间建立起十分直接的联系。黑尔更为明确地表达了一种历史主义意识，从而为柏克关于英国宪政乃是由"因袭而来"（prescriptive）[6] 的说法提供了法理学依据。黑尔晚年对霍布斯的驳斥，则在理论上预演了后来柏克与潘恩之争。

　　黑尔说，法律需要适用大量特别案件，做出具体解释，而在这件事上没有哪个人能单靠自己的能力去决定法律的真实含义，所以他"宁愿

---

① 〔美〕伯尔曼：《法律与革命》第 2 卷，袁瑜珍、苗文龙译，法律出版社 2008 年版，第 261 页；Harold Berman, "The Origins of Historical Jurisprudence: Coke, Selden, Hale," *The Yale Law Journal*, Vol. 103, No. 7（May 1994），p. 1654.

② 黑尔与库克的关系因担任过库克助手的法学家塞尔登（John Selden，1584—1654）而变得十分紧密，他后来成了黑尔的师友。

③ An Essay Towards *An Abridgement of the English History in Three Books, in The Works of the Right Hon. Edmund Burke*, London: Samuel Holdsworth, 1837, Vol. 2, p. 592.

④ Matthew Hale, *The History of the Common Law of England*（1713），Chicago: Chicago University Press, 2002.

⑤ Burke, *Abridgement*, p. 593.

⑥ Edmund Burke, "Speech on the Reform of the Representation of the Commons in Parliament," in *Selected Works*, vol. 4, p. 20.

选择一部一个王国幸福地利用已经统治了四百年的法律，而不是根据我自己的什么新理论拿一个王国的幸福和和平来冒险”①。同样是出于对个人理性的不信任，黑尔反复强调普通法“不是任何一个时代的哪一个人或哪一群人的智慧的产物，而是世世代代聪明而敏于观察的人的智慧、协商和经验的产物”②。

这些话显然是在重复库克的观点，我们把其中的“法律”一词换成“国家”，它恰恰也是柏克在1782年给“国家”所下的著名定义。语言上的相似性使我们不断推断，当柏克落笔于下面这段话时，他心中一定回响着黑尔的教诲：

> 国家这个概念，不仅是指地域和个人的一时聚合，而且是一个在时间、人数和空间上延伸的概念。它不是一天或一群人的选择，不是忙乱轻率中做出的选择，而是出自世世代代的慎重选择。它是比选择优越千百倍的东西造就的政体，它是由独特的环境、时机、脾气和性情，以及只在长时间内才会显露出来的道德习惯、政治习惯和社会习惯所造就的。③

这些言论再次表明柏克有着将法学语言移用于政治领域的习惯。就像黑尔理解的普通法一样，他为国家所下的定义中包含着诸多与时间连

---

① Matthew Hale, "Reflections by the Lord. Chief Justice Hale on Mr. Hobbes His Dialogue of the Law," printed as appendix 3, in Holdsworth, *History of English Law*, London: Little Brown, 1924, Vol. 5, p. 504.
② Matthew Hale, "Preface to Rolle's Abridgment," in *Collectanea Juridica*, London, 1791, p. 266.
③ Burke, "Speech on the Reform of the Representation of the Commons in Parliament," in *The Selected Works*, Vol. 4, p. 21.

续性有关的概念，如"世世代代"、"时间的延伸"和"习惯"等，它们对规范社会和政治行为发挥着重要作用。几年后他猛烈抨击法国大革命，便是因为这一事件对他所理解的这种经过长期演化而形成的"国家"造成了严重破坏，从而提出了他本人对国家作为一种契约关系的独特理解："不应当认为国家仅仅是像买卖胡椒、咖啡、白布、烟叶或其他小生意中合伙人的契约，只为获得一时的蝇头小利，当事人可随兴致所至予以取消。国家……不仅是活着的人之间的相互关系，同时也是活着的人与故人和将要出生的人之间的相互关系。"[1] 柏克这种国家观当然是一种历史主义的解释，但它并不是迈斯特那种具有神学色彩的历史主义，更不是黑格尔具有决定论意味的历史哲学，而是一种法学历史主义，它来源于黑尔等人所代表的英国普通法传统。

霍布斯曾在晚年写了一本小册子《一位哲学家与英格兰普通法学者的对话》（1660 年）[2]，旨在重申他的主权理论，批判库克用法律约束王权的主张。库克本人虽无缘一睹此书，但他的隔代门生黑尔不仅读过，而且特意撰文予以驳斥[3]。生活在 17 世纪的黑尔当然不可能见证法国大革命，霍布斯却为他提供了一个用普通法思想去对抗一种典型的思辨政治学的机会。

两人的论战，反映着两种截然不同的思维模式。由其中涉及的问

---

① Burke, *Reflections,* in *Selected Works*, Vol. 2, p. 193.

② Thomas Hobbes, *A Dialogue between a Philosophy and a Student of the Common Laws of England*, Chicago: University of Chicago Press, 1971. 中译本见〔英〕托马斯·霍布斯：《一位哲学家与英格兰普通法学者的对话》，毛晓秋译，上海人民出版社 2006 年版。

③ 霍布斯此书出版于黑尔去世后的 1681 年，黑尔读到的是在伦敦法律界传阅的手稿。见 J. B. Williams, *Memoir of Life, Character and Writings of Sir Matthew Hale*, London: Jackson and Walford, 1835, p. 257.

题所决定，黑尔处处表露出与柏克十分相似的观点，使我们几乎可以将其视为后来潘恩与柏克相互对抗的预演。对比这两场相隔百年的思想交锋可以看到，潘恩的学说是一种启蒙时代的激进主义不必多说。霍布斯貌似保守的君权至上论，也含有理性主义的激进种子。事实上早有论者注意到黑尔与霍布斯这场交锋在现代政治思想史上的意义，认为黑尔乃"第一个自觉地采纳一种历史认知模式去对抗另一种自觉地以现代自然科学为基础的思维模式"[1]。

霍布斯引起黑尔的注意，是因为其矛头直指法律人，将他们视为煽动不服从的"蛊惑者"。他认为要像管住鼓吹末日审判的牧师一样，管住这些出于私心维护法律自治的"法学牧师"[2]。黑尔为了驳斥霍布斯的理性主义主权观，必须为这种法律自治找到充足的理由。一般来说，对付理性最有力的武器便是诉诸生活的世界，其中无数相互关联的细节和模糊地带会让追求简洁清晰的理性难有用武之地。黑尔的反击正是循此入手。在他看来，霍布斯将政治学视同几何学，实在是一种幼稚的自欺欺人，因为单凭理性是无从就具体事件做出正确判断的：

> 伟大的理性，从决疑家、学究和道德哲学那儿学来的学问，极为思辨而抽象的是非观，掌握这些东西的大多数人，在遇到具体的运用时分歧是极大的。他们是无出其右的最糟糕的法官，因为他们抽象的理论使他们脱离了寻常的是非标准，将他们过于精细的思辨

---

[1]　Jack Hexter, "Thomas Hobbes and the Law," *Cornell Law Review* 65（1980）, p. 471.

[2]　Joseph Cropsey, "Introduction," in Thomas Hobbes, *A Dialogue Between a Philosophy and a Student of the Common Laws of England*, Chicago: University of Chicago Press, 1971, p. 26.

学说和区分置于人类交往的共同习惯之上。①

在黑尔看来，霍布斯的"抽象理论"的危险性尚不在于它学理上有误，而是它摒弃社会"寻常的是非标准"，提出了"自然状态"这种"野蛮预设"（wild proposition），从而为绝对权力的任意立法大开方便之门。黑尔针对这种思维模式之所言，很容易让我们想到柏克称潘恩的人民主权论为"毒害国民心灵"②的观点："某些思辨家自以为能够纠正世上的所有政府，用他们自己的观念和幻想加以统治，认为一切国家、王国和政府都必须与之相符，并被这种信念搞得欣喜若狂。"③拜他的论敌霍布斯之赐，法律人黑尔在这里已接近于操着政治学的语言说话了。他认为霍布斯的主权建构理论或可适用于因内战或入侵而导致的野蛮状态，可是人类在大多数时候是生活在"事物正常发生的环境里"，因此"按这种十分罕见的情况去构造法律或政府的模式，是一种疯狂的表现，恰如将猛药当成了食品"④。

无独有偶，柏克虽然很少提到霍布斯，在仅有的一例中，他也表现出和黑尔一样的厌恶。从政早年他曾就英国议会的爱尔兰宗教政策发表评论，不但涉及的主题与黑尔对霍布斯的反驳相同，而且同样采用了法

---

① Matthew Hale, "Reflections by the Lord. Chief Justice Hale on Mr. Hobbes His Dialogue of the Law," printed as appendix 3 in Holdsworth, *History of English Law*, London: Little Brown, 1924, Vol. 5, pp. 502-503.

② Edmund Burke, *An Appeal from the New to the Old Whigs, in the Works of the Right Hon.Edmund Burke*, London: Holdsworth, 1836, Vol. 1, p.535. 以下略为"Appeal"。

③ Edmund Burke, *An Appeal from the New to the Old Whigs, in the Works of the Right Hon.Edmund Burke*, Vol. 1, p.509.

④ Edmund Burke, *An Appeal from the New to the Old Whigs, in the Works of the Right Hon.Edmund Burke*, Vol. 1, p.512.

律语言，表达的是一个法律人对哲人的厌恶，从中已然可以听到他后来对法国革命者的批评：

> 有一种立场认为，任何人的群体都有权按照自己的意愿制定法律，或认为法律的权威仅从他们的立法程序便可获得，而与所涉及问题的性质无关。很难找出比这种立场对人类社会的一切秩序和美好事物、对一切和平与幸福更具破坏性的错误了。……看来这实际上是霍布斯在 20 世纪所提倡的原则，认为法律的权威来自人民的成文法、君主的敕令或法官的判决，实在是最荒唐可笑的事。要承认制定法律并非靠白纸黑字和国王的权力，我们得从其他地方寻找法律的基础。①

由于柏克认为法律的权威来自一个社会的传统习惯和长期司法实践所积累的经验，一向更为推崇古典政治哲学的施特劳斯，认为他这种立场是回到了亚里士多德的经验传统②。鉴于柏克几乎从不引用希腊哲学家的著述③，以施特劳斯阅读文本的精细功夫，倒不如说他是在有意回避柏克与普通法传统的关系。处在这一传统中的柏克坚持认为，"法律极少包含着新的规定，它们的意图只是要肯定、保持和确立古老的习惯"④。

---

① Burke, *Fragments of a Tract Relative to the Laws Against Popery in Ireland, Works*, VI, p. 325.
② 参见〔美〕施特劳斯：《自然权利与历史》，彭刚译，生活·读书·新知三联书店 2003 年版，第 309—310 页。
③ 柏克在《法国革命论》中唯一提到亚里士多德是援用了后者"民主制与专制有诸多惊人的相似之处"的观点，并承认这来自他多年前阅读的记忆。见 *Reflections*, in *Selected Works*, Vol. 2, p. 225.
④ Burke, *Abridgment*, p. 594.

这表明柏克不但是经验主义者，而且有着与普通法学家一样的历史主义观点。

六、柏克与普通法的权利观

国家的性质和法律权威如何形成的问题，关系到人享有何种权利及其来源的问题，它对于现代社会的重要性是如何强调也不过分的。在柏克对法国革命的抨击中，这也是他保守主义思想表达最为充分的一个领域。《法国革命论》每每涉及法国的人权观，柏克便时常语多不逊，这是一个易于让他动情的话题①。从上述柏克与库克和黑尔的思想继承关系中，我们已经可以推知，当他面对法国革命者所提倡的人权学说时，会如何利用普通法的知识。

与库克区分出"自然理性"和"技艺理性"类似，柏克区分了"文明状态下的权利和非文明状态下的权利"（the rights of an uncivil and of a civil state）②，这里所谓的"非文明状态下的权利"，显然是霍布斯和卢梭等人的"自然权利"的另一种表达方式，而"文明状态下的权利"则是指历史中形成的权利。它们属于两个背景完全不同的范畴，因此不言而喻，人不可能同时享有这两种权利③。就像"自然理性"不需要历史，而"技艺理性"是一个历史过程的产物一样，自然权利乃是一种前历史的权利，而文明社会的权利必有其产生与进化的历史，用柏克本人

---

① 参见 Burke, *Reflections,* in *Selected Works*, Vol. 2, pp. 153-155.
② Burke, *Reflections,* in *Selected Works*, Vol. 2, p. 151.
③ Burke, *Reflections,* in *Selected Works*, Vol. 2, p. 151.

的话说，它有自己的"一部家谱和显赫的祖先"[1]。

柏克生活在一个先验论的权利学说在欧洲大行其道的时代，包括普赖斯和潘恩在内的许多人都认为，这种新的权利观将有助于建立一个更加公正的社会。而在柏克看来，它却有着反社会的性质。为了与此对抗，柏克需要一种区分两种权利之优劣的标准。他在《法国革命论》中的一段话，可以作为对这个问题具体而详的表述：

> 塞尔登和其他学识渊博的人在起草《权利请愿书》（1628）时，至少像我们的布道坛或你们论坛上的任何人一样，熟知有关"人权"的普遍理论，一如普赖斯博士和西哀士神父一样充分。然而他们具有取代了理论知识的实践智慧，出于与此相称的理由，他们宁要这种实在的、记录在案的世袭资格，也不要那些对人类和公民很动听的东西，不要含糊的、思辨的权利，以免使他们可靠的遗产任由一切野蛮善辩的精神你争我夺，将其撕成碎片。[2]

这段话尤可注意三点。第一，柏克讨论这个问题时使用的是法学家的语言，而不是政治哲学语言。第二，它不是欧洲法理学的语言，而是英国历史法学的语言；在这种语言中，权利即或有自然法的来源，仍需要由时间/历史因素来证成。第三，柏克认为这两种权利语言的对立不仅是理论上的分歧，而且它在法国人的实践中导致了既有权利遭到严重破坏。

---

[1]　Burke, *Reflections,* in *Selected Works*, Vol. 2, p. 123.

[2]　Burke, *Reflections,* in *Selected Works*, Vol. 2, p. 120.

关于第一和第二点，柏克的用词本身已经做出了解释，不必再做更多的讨论。关于既有权利与抽象"人权"之间的对立，如前文所述，那本是英国普通法抗拒罗马法这一漫长历史故事的一部分。在普通法的传统中，权利既不因理论推演而成立，也不是立法的产物，而是从习俗中产生，通过在漫长司法实践中的筛选与肯定过程而逐步得到落实的。我们姑且仍以黑尔反驳霍布斯的一段话为例，其中涉及一种英国人的特殊权利：

> 在没有特别的习惯改变它的情况下，全部土地传给长子，这是英格兰法律的一部分，……现在如果天底下最精确的大脑准备通过思索，或通过阅读柏拉图或亚里士多德，或研究犹太教法，或其他的观念的探寻，去发现土地在英格兰如何继承，或不动产在这里如何转移，或如何在我们中间流转，他将白费工夫，他的观念徒劳无益，直到他使自己熟悉英格兰的法律为止，原因在于这些事情是模糊地根据习惯和惯例，或者模糊地根据成文法或者议会的法律，由其他人的合意和愿望引入的制度。[1]

黑尔在这里表现出了对抽象权利的明显不信任。生活在习俗中的人所营造的权利义务关系可能十分稳定，但他无法以现代理性意义的方式告诉你习俗何以便是最好的。其实，整个普通法体系在理论上的"混乱"都可以由此得到说明。这也可以解释柏克在《法国革命论》中为何

---

[1] Matthew Hale, "Reflections by the Lord. Chief Justic Hale on Mr. Hobbes His Dialogue of the Law," printed as appendix 3 in Holdsworth, *History of English Law*, Vol. 5, p. 515.

采用看似十分含混的语言来说明权利的来源："我们选择了我们的天性而不是我们的思辨，我们的胸襟而不是我们的发明，来作为我们的权利和特权的伟大培养室和贮存库。"①

这样的说法也易于引起误读。柏克并不完全是以反理性主义方式看待抽象的权利观②。对于他来说，自然权利之光投射到人间，会失去其形而上学的完美状态，折射为十分具体的生活相貌，它落实为制度只能是一个复杂的平衡过程的产物：善与善之间的平衡，善与恶之间的平衡，有时甚至是恶与恶之间的权衡③。换言之，人们所享有的权利，是在对财产、契约和人身侵害的具体案件的司法判决中形成的，其中必然包含大量技术性成分，而英国法律人一般认为，这种从分散的大量民事和刑法判决中形成的权利保护，要优于欧陆以法条主义规定权利的做法④。

由此又可引申出另一种与普通法传统密切相关的信念，对于现代社会来说，它比权利以习俗作为基础的观点有着更为重要的意义，即权利必须是能够得到司法救济的权利，无司法救济手段的权利只能是空谈。正是基于这一法治的基本原则，柏克对法国国民议会肆意践踏财产权发出了严厉抨击：

> 在我们的议会里，对一块菜园的租赁权，对一间茅舍一年的利润，对小酒馆或面包店的信用，对侵犯所有权的最微不足道的迹

---

① Burke, *Reflections,* in *Selected Works*, Vol. 2, p. 123.

② 例见 Burke, *Speech on Fox's East India Bill,* in *Selected Works*, p. 99. 这种误解的一个著名例子是卡尔·波普尔，见其《猜测与反驳：科学知识的增长》中《关于理性的传统理论》一文（傅季重等译，上海译文出版社 1986 年版，第 169—170 页）。

③ Burke, *Reflections,* in *Selected Works*, Vol. 2, pp. 153-154.

④ 参见 Frederick Pollock, *Genius of the Common Law*, New Columbia University Press, 1912, p. 119.

象，都比你们那里对属于那些最可敬的人物的最古老、最有价值的地产，或对你们国家整个商业金融界的处理要更郑重得多。我们确实对立法权的权威怀有高度的尊重，但我们从未梦想过议会可以有任何权利去侵犯财产权，去压倒惯例法。[1]

柏克在这里讨论权利的起点，不是无法进入司法实践的"人类"，而是作为法律主体的具体个人。被他列入英国宪政传统伟大谱系的布莱克斯通[2]，在其《英国法释义》论证权利时，便习惯性地排斥了启蒙运动的人权观，他只说"人们的权利"（rights of persons）[3] 而不说"人权"（rights of human），因为"人"（human）这个抽象名称与司法实践相距遥远，而普通法中的"人"（persons），是每天都会同我们擦肩而过的一个又一个普通人。正如戴雪所说，他们所享有的个人自由或公共集会之类的权利，"不像许多外国那样是由宪法的一般原则所规定"，而是"通过具体个人的呈堂个案的司法裁决而来"[4]。柏克虽然不是法律人，他对英国的这一传统一点也不陌生。在一次议会演说中，柏克说：

众所周知，法学的基本论著，英国法理学原理的论著，无论名称为总论、汇编还是释义。皆不像罗马法中的总论、汇编和法典那样依靠君主的最高权威，而是以来自法庭对案件的裁定和案由作为支撑。这见于库克的《总论》、柯敏斯的《汇编》以及所有同类著

---

① Burke, *Reflections,* in *Selected Works*, Vol. 2, p. 256.

② 见 Burke, *Reflections,* in *Selected Works*, p. 119.

③ 见 Blackstone, *Commentaries of English Law*, Book 1, Chapter 1.

④ A. D. Dicey, *Introduction to the Study of the Law of the Constitution*, London: Macmillan, 1915, p. 115.

作之中。①

同样的权利观，也可以使我们把柏克对两场大革命截然不同的态度联系在一起。在抨击英国议会对殖民地的政策时，他认为要区分两种情况：一是个别人的行为扰乱国家的秩序；二是国民在重大问题上与政府分歧。对于前者可以用刑事手段处置，而对后者，将"刑法的观念用于这场重大的政争，未免狭隘而迂阔。针对全体人民的起诉书，我不知如何写，我不能羞辱和嘲笑我数百万同胞的感情"②。这些话易于让人以为柏克是洛克式人民主权论的支持者，从而认为他为美洲辩护时采用了"自由的语言"，后来抨击法国革命时却一反过去的立场，采用了"保守的语言"。然而从法学的角度看，却可以在这两种语言之间找到一致之处。

柏克在美洲危机期间始终将其视为大英帝国的一部分，并不支持它的独立要求。他在这个前提之下以库克式的语调说，每当念及美洲，他便"对我们祖先的智慧深怀敬意，是他们传给了我们一个完美的宪政，一个兴盛的帝国"。美洲殖民者与英国人分享着共同的祖先和宪政，同样不喜欢抽象权利，他们"不仅深爱自由，而且是按英国人的观念和原则深爱自由"③。换言之，柏克认为殖民地的人民不是在争取尚不存在的"人权"，而是在维护柏克所谓"因袭的权利"。按这一原则，一切权利"只能属于个人，人只能是个人，仅此而已"④。所以权利只能是个人的和

---

① Edmund Burke, *The Speeches of the Right Hon. Edmund Burke, in the House of Commons, and in Westminster Hall*, London, 1816, Vol. 4, p. 202.

② Burke, *Reflections,* in *Selected Works*, Vol. 2, pp. 250-251.

③ Burke, *Reflections,* in *Selected Works*, Vol. 2, pp. 259, 237.

④ Burke, "Speech on Reform of Representation of the Commons in Parliament," in *Selected Works*, Vol. 4, p. 19.

具体的，只有当它与个人有关时才是可以被伤害，可以提出控告和得到救济的。像英国议会那样把殖民地全体人民作为犯罪主体，找不到任何法理学上的依据。同样，柏克认为法国革命者绕开司法保护高谈人权，其实是置个人权利于不顾，这完全违背了他的权利观：

> 我远不是在理论上否定人们真正的权利，我内心中同样远不是要在实践中压制这种权利，即使我拥有赋予或压制的权力。我否定他们虚假的权利主张，不是为了损害真正的权利，即他们所声称的权利将全盘摧毁的权利。假如文明社会是为有益于人而形成，那么由此而造成的所有益处就变成了他的权利。这是一种慈爱的制度，而法律本身是唯一按规矩实行的慈爱。[1]

七、结语：柏克式的保守主义

以上所述表明，柏克不仅与英格兰普通法同属于一种历史法学的解释传统，甚至他使用的很多言辞也与法律人十分相似。但是作为活跃在政治舞台上的政治家，他总是要面对一些复杂的现实问题。他固然会遵循着一些基本原则，但临事做出的判断，变通与原则之间的权衡，对议题之轻重缓急的斟酌，也许比他的保守主义"理论"更重要。即以柏克《法国革命论》为例，此书被公认为保守主义最具代表性的文献，然而时常被人忽略的一点是，早在法国大革命之前，法国启蒙思想家的学说

---

[1]　Burke, *Reflections*, in *Selected Works*, Vol. 2, p. 150.

在英国便已广为人知。但是在书本上的理论没有演变为大规模的社会运动之前，我们从柏克的言论中很少看到他对法国启蒙思想进行系统而直接的批判。是法国大革命的发生，尤其是普赖斯受此鼓舞而在"革命学会"的布道，大概还有法国国王和王后出逃被捉的遭遇，才使柏克愤然投身于同法国启蒙哲学"短兵相接的肉搏战"①。由于这一重大事件的缘故，便有了现代保守主义因柏克而诞生的说法，而很大程度上忽略了他为这场战斗所调动的知识储备中，英国的普通法传统是其中的一项重要内容。

对"保守的"的柏克可以这样理解，对"自由的"柏克也可作如是观。作为一个一生经历了两场大革命的人，他的自由思想得到淋漓尽致的发挥，同样是缘于最终导致美国诞生的那场革命。自 1770 年代危机爆发始，柏克开始大量讨论这个问题，而美洲独立之后，美洲问题便几乎从他的言论中消失了。从柏克在议会中的发言和书信来看，基于英国宪政传统的思考同样在其中起着重要的作用。殖民地并没有对英国既有体制提出意识形态挑战，而是在帝国内部造成了一场宪法危机。柏克批评英政府置殖民地人民的权利于不顾，以空洞的主权观念威逼美洲殖民地②，这与他后来痛斥法国革命者基于抽象人权原则铲除旧制度的做法是一样的。他甚至认为挑起叛乱的不是殖民地人民，而是乔治三世和他的托利党大臣。这个"爱国者国王"（Patriot King）追求对美洲的"个人统治"，威胁到了"光荣革命"确立的宪政平衡原则③。从这个角度来看，柏克在美洲危机期间显然也不是启蒙意义上的自由派，而仍然是一

① Carl B. Cone, *Burke and the Nature of Politics: the Age of the French Revolution*, Lexington: The University of Kentucky Press, 1964, p. 302.

② 参见 Edmund Burke, "Speech on American Taxation," in *Selected Works*, Vol. 1, pp. 206, 215-216.

③ 参见 Burke, "Speech on American Taxation," in *Selected Works*, pp. 211-219. 另参见 Peter J. Stanlis, *Edmund Burke and the Natural Law*, New Brunswick, NJ: Transaction Publishers, 2009, pp. 237-238.

个旧体制的维护者。我们从这两场革命期间都可以清楚地看到，普通法法律人所建立的历史宪法学传统，对他有着多么大的影响。普通法的一些基本原则：历史先例对后人有约束作用；规则不是立法者意志的产物，而是在历史悠久的习俗中逐渐形成；法律不制造权利而只认可既有权利；以及一种制度是世世代代的人合作的结晶，都是柏克思想的基本特点。甚至普通法疏于法理学建构，将原则与先例在日常案件中的适用视同法律的生命，也是柏克思想的显著特征。

从更大的视角来看，柏克对法国革命的抵制，是一种大体始自 17 世纪的政治过程的一部分，即更加世俗化的权力对以神学为基础的政治体制的取代。这一过程尽管依然混杂着许多教派纷争，但是宗教改革已经使依靠单一信仰整合社会不再可能，人们必须到神学之外寻找权威的基础或来源。就此而论，以传统和习俗为基础的普通法历史法学和高扬理性精神的启蒙运动虽有相互对抗的一面，但为它们分别贴上"落后"和"进步"的标签未必合适，因为这一世俗化过程中，它们都发挥着为现代政治转型提供新的正当性基础的作用。

早有法学家注意到，最早与绝对主权观念对抗的力量，并不是 18 世纪的启蒙思想家，而是英国普通法传统中的人物。庞德就曾指出："在 17 世纪，坚持维护君主特权属于进步思想，有些人认为国王是社会利益的守护者，希望赋予他专断的权力，他可以为普通利益而仁慈地运用这种权力。可是这些人愤怒地看到，国王被法律人在《大宪章》那样陈旧而污秽的羊皮纸中发现的法律捆住了手脚。"[1] 英国的法律人与霍布

---

[1]　Roscoe Pound, *Spirit of the Common Law*, Francestown, NH: Marshall Jones Company, 1921, p. 63.

斯和博丹等理性主义者所支持的君主专制政体的对抗，就像是一场中世纪古董与现代先进政体的对决。但是他们守住了自己的阵地，并将英国最终改造成了一个穿着君主制旧衣的现代宪政国家。

从这个角度来看柏克与法国革命的对抗，他的"保守主义"便可以视为这场斗争在18世纪的继续。法国革命期间滥用权力的现象，比专制君主有过之而无不及。柏克看到法国人对此毫无自觉，却用权利的先验正当性这种形而上学问题混淆视听[1]。反之，柏克所维护的是以"普通法精神"作为中坚力量塑造出来的有限君主制政体，他以此为据批判法国雅各宾党人的专横，使我们有充分理由将他视为那些法律人的嫡系后裔。我们可以看到，库克为抵制国王插手司法而提出的"古代宪法"说，黑尔驳斥霍布斯时对先验推理的厌恶，以及普通法的个人权利观和对肆意立法——无论它来自国王还是议会——的抵制，在柏克的保守主义思想中也一应俱全。正是因为自布莱克顿以降法律人对英国政体的历史法学解释，使柏克能够将制度视为一个历史过程的产物，使他在理解政治时将历史看得比哲学更重要，极力要把对手从理论领域拉回到历史中进行辩论。从这些思想中，我们都可以清晰地听到英国普通法传统的声音。

近代保守主义并非一个内涵清晰的概念，而是一个复杂的谱系。笼统地说，所有的保守主义思想都源于现代社会转型引起的焦虑，不同的传统社会对这一极具革命性的过程做出的保守主义回应，深刻反映着它们各自所继承的传统价值体系。这种情况曾使亨廷顿无奈地说，保守主义的含义殊难判定，是因为它往往根据变革威胁到的对象做出很具体的

---

[1] 参见 Burke, *Reflections,* in *Selected Works*, Vol. 2, p. 150.

反应①。由此造成的结果是，在这个谱系内可以放入很多思想源流截然不同的人。柏克在这个谱系中地位显赫，但如果他地下有知，后人将他与法国的迈斯特、德·博纳尔、夏多布吕昂和德国的黑格尔归为同类，他未必能够认可。那些法国保守主义者诚然要维护"旧制度"，他们思想中的神学或浪漫主义色彩却远远多于柏克。黑格尔是为普鲁士秩序辩护的保守派，但他也是无法为柏克所接受的历史决定论者。今天被不少人阅读的列奥·施特劳斯、卡尔·施米特和奥克肖特同样被称为保守主义者，但前者推崇古希腊政治学而极为厌恶历史主义，后两人虽然思想风格大异其趣，却都与霍布斯一脉相承。由这种现象可知，不同思想谱系中的不同成分，都可以在"保守主义"这个概念中重叠交汇在一起，笼统地将它们都称为"保守主义"，会让这个概念完全失去意义。

就像把 18 世纪之前英国的法律人称为"保守主义者"有时代错置之嫌一样，把柏克称为"法律人"当然也不妥。他所处理的毕竟不是法律人所面对的案件或判例，而是有着世界史意义的重大政治事件。1791年 8 月，《法国革命论》出版大约一年后，为回应辉格党内的争议，柏克写下著名的小册子《新辉格党致老辉格党的呼吁书》，再次强调他无意于创立新的学说，而只是在重申"已经由宪法确立的原则"。他告诉对手，如果他陈述的事实无误，那么那些人并不是在与他辩论，而是在跟"他们自己国家的宪法争吵"。他说：

> 英国的宪政中总是延续着一种长久的协定和妥协，它有时是公开的，有时则不易察觉。对于思考英国宪法的人来说，就像思考它

---

① Samuel P. Huntington, "Conservatism as an Ideology," *The American Political Science Review*, Vol. 51, No. 2（June 1957），pp. 454-473.

所隶属的物质世界的人一样，发现这种相互制约的秘密，一向是件需要进行极为细致的研究的事情。它是世世代代许多头脑思考的结果。……不借助于享有聪明和博学美名的人以往的研究，我们就永远是新入门者。人必须学有所宗，而新的老师就其所成就的事情而言，不过是造成了这样一种后果：剥夺人们获得人类集体智慧的好处，使之成为自己特有的狂妄自大的信徒。[①]

借用一位美国宪法学家的话说，柏克这里是用"辉格宪政主义"（Whig constitutionalist）[②] 语言重新表述了库克和黑尔等人对普通法的观点。如果我们接受亨廷顿的解释，那么柏克之有别于其他许多保守主义者的地方，便是本文所述他与普通法传统有着特殊而密切关系。柏克接下来又说：

明事理有经验的人，或许明白如何区分真自由和假自由，何为真诚服膺真理，何为谎称相信真理。但是除非有深入研究，谁也无法理解这样一个精细而复杂的设计，它将私人及公民自由同暴力，同秩序、和平及正义结合在一起，尤其是同赋予这个珍贵整体以长治久安的各种制度结合在了一起。[③]

从这里我们可清楚地看到，柏克虽然利用了普通法的思维模式，但

[①]　Burke, *Appeal*, pp.534-535.

[②]　参见 David N. Mayer, "The English Radical Whig Origins of American Constitutionalism," *Washington University Law Review*, Vol.70, Issue 1（1992）, pp.174-178.

[③]　Burke, *Appeal*, p.535.

只能说他继承了波考克所谓的"普通法精神"。他突破了法律人的狭隘眼界，关心的不仅是法律本身的可靠性及其权威如何形成的问题，而是享有自由的现代公民社会如何能够长久生存的问题。由于柏克直到晚年一直认为，人世间的善恶从来不是什么抽象问题，所以他在"根据任何抽象命题作出判断之前，必须使这个问题在具体情况中具体化"[①]。这使他的著作很难说构成了一个具有内恰性的完整体系，然而，假如没有深受普通法知识，特别是其历史法学的影响，柏克也许仍是一个保守主义者，但他的思想可能会像卡莱尔或迪斯雷利那样有更多文学色彩，他的保守主义想必会呈现出另一种十分不同的面貌。

（原载《文史哲》2015 年第 1 期）

---

① Edmund Burke, *The Speeches of the Right Hon. Edmund Burke, in the House of Commons, and in Westminster Hall*, Vol. 4, p. 66. 这篇演讲发表于 1792 年 5 月。

论新保守主义政治思想的
渊源、发展与影响

施雪华

一、保守主义之主张

关于保守主义的话题可谓仁者见仁、智者见智。的确，保守主义在不同的历史阶段，抑或在不同的语境中都存在不同的解读，从而使得学界及政治家对保守主义的理解莫衷一是。保守主义从本质上讲是一种强调既有价值的政治哲学。大多数学者认为，保守主义与激进主义相对，与进步则无必然的冲突。保守主义并不反对进步，只是反对激进的进步，因而，宁愿采取比较稳妥的方式。休·塞西尔的《保守主义》一书在一定意义上可看作一部保守主义思想史。书中描述了保守主义的发展历程，详细论述了英国近代保守主义的三个主要来源，即人类天生的守旧倾向、王党主义和帝国主义[1]。然而，塞西尔远非最早阐述保守主义的理论家。许多学者认为，保守主义思想起源于古希腊的政治学家亚里士多德。

---

[1] 〔英〕休·塞西尔：《保守主义》，杜汝楫译，马清槐校，商务印书馆1986年版，"译者的话"。

亚氏的理论观点带有明显的"右倾主义"倾向，即他对当时希腊的暴民政体持明确的否定态度；把立宪国家视为常态国家，把专制国家看作变态国家，并极力为秩序、传统、家庭和社群进行辩护[1]。古罗马时期，保守主义得以延续，最著名的代表性学者是西塞罗，他主张自然法理念，坚持罗马共和体制传统，并反对罗马帝国皇帝奥古斯都的专制体制。中世纪的阿奎那作为基督教自由传统的奠基人，也为保守主义的发展做出了重要的贡献，他强调因为人性的不完善，不可能创造出完美的政府，任何来自凡人的使人间变成天堂的努力，都是对上帝的冒犯[2]。

虽然，亚里士多德、西塞罗及阿奎那为保守主义的产生与发展做出了重要贡献，但他们的保守主义思想与观点较为零散，并且相互矛盾，对政治领域没有起到应有的作用，因而，保守主义在当时并没有成为一种系统的意识形态。到了启蒙时代，尤其是 1789 年法国大革命之后，保守主义才以一种政治态度或思想的面貌崭露头角。埃德蒙·柏克无疑是保守主义思想的集大成者，他于 1790 年及 1791 年分别写下了《法国大革命反思录》和《新辉格党人对老辉格党人的呼吁》两本代表性著作，使保守主义成为系统性的意识形态。柏克担心启蒙运动将会带来巨大的社会动荡，他抨击法国大革命动摇了社会秩序和自由等传统价值的基础，主张保持传统的价值[3]。柏克所倡导的保守主义思想对英国的政治传统、英国的各种思潮，美国的政治传统、美国的政治制度以及主流意识形态一直产生着重大的影响。如果说柏克代表着英国式的温和的保守主义，那么，法国的梅斯特则代表着拉丁式的保守主义。这两种保守主

---

[1]　〔古希腊〕亚里士多德：《政治学》，吴寿彭译，商务印书馆 1965 年版。

[2]　《阿奎那政治著作选》，马清槐译，商务印书馆 1991 年版。

[3]　〔英〕柏克：《法国革命论》，何兆武等译，商务印书馆 1999 年版，"译者序言"，第 3—13 页。

义的共同之处在于它们都维护传统，反对法国大革命；差异在于各自所维护的传统在性质上的不同。柏克的英国保守主义是要维护英国传统的自由，梅斯特的法国保守主义则是要维护旧制度和王朝政治的权威①。

从上述对保守主义的梳理我们可以看出，保守主义认为人性天生是有缺陷的，因而，社会弊端只能减缓而难以根除；保守主义强调地位和财产不平等是自然形成的，社会的领导权应属于素质优秀的贤人而非群众领袖；保守主义反对一切激进的革命，而主张渐进式或费边式的改革，以维持制度运转；保守主义强调国家是一个有机体，局部不能离开整体而独立存在；保守主义强调连续性和稳定性的法律和秩序，从而，维护传统社会纽带诸如家庭、伦理、宗教等。

二、从保守主义到新保守主义

保守主义与自由主义的联系相当紧密，要理解保守主义，自由主义是一个不可规避的话题。

"自由主义"一词最早产生于 18 世纪末 19 世纪初的英国，其主要内容是英国哲学家约翰·洛克阐发的自然权利学说及经济学家亚当·斯密（Adam Smith）和大卫·李嘉图（David Richardo）论述的自由市场经济学说。这两种理论在经济上主张自由放任，在政治上强调宽容异己，尊重个人权利，限制政府权力。这些思想家阐述的自由主义就是后来人们常常提到的古典自由主义。美国自建国伊始一直奉行古典自由主

---

① 刘军宁：《保守主义》，中国社会科学出版社 1998 年版，第 7—8 页。

义的原则，即在经济上信奉自由放任的市场经济；政治上实行三权分立，相互制约；文化和社会生活上坚守把维护个人利益和个人自由视为高于一切的神圣使命。在这样一个国家里，人们习惯于自由和民主的价值观念，自由主义作为一种深厚的传统，已经成为美国价值的精髓并转化为美国人共同的生活方式。随着社会的发展，自由主义观念经过社会民主主义、凯恩斯主义等发展阶段之后，获得了新的意义。与此相对应，那些真正坚持古典自由主义原则的自由主义者却被冠之以"保守主义"的称号。因此，与欧洲相比，自由主义和保守主义在美国互易其义。从这个意义上来说，美国虽以自由主义立国，但也存在着保守主义的传统。美国传统保守主义有两个思想渊源，一方面，如前所述，它以古典自由主义为理论基础；另一方面，它又深受18世纪英国政治思想家埃德蒙·柏克的影响。柏克式保守主义所关注的重点不是个人，而是社会共同体，它不主张个人通过追逐私利的各种活动来获得自我满足，相反，它强调社会整体性，注重于社会文明程度的全面提高。基于这种以共同体利益为出发点的观念，这类保守主义认为，国家领袖的主要责任不是帮助人们寻求个人利益或由少数人临时形成的团体利益，而是根据传统观念和自然法则及公共利益去引领社会，带领民众追求崇高的共同体利益。这种保守主义被称作"有机保守主义"，即关注整个社会有机体的保守主义。有机保守主义者认为，正是道德价值和宗教伦理才使社会得以维护其秩序，并使得人们的生活具有意义。

19世纪末20世纪初，资本主义由自由竞争阶段逐渐过渡到垄断阶段。这一时期，生产社会化和资本主义私有制之间的矛盾空前激烈，表现为频繁地爆发经济危机。1929—1933年的经济大危机，是资本主义世界发生的历史上最严重、最深刻的经济危机，这场大危机席卷了整个资本主义世界，给社会生产力造成巨大的破坏。在这次危机中，美国工业生产锐减了一半左右，倒退到 1905—1906 年的水平。而且，危机的后果不仅仅体现在经济方面，由于这场大危机的空前严重性和持久性，也宣告了古典自由主义理论的破产。因此，这次大危机不仅在资本主义的经济发展史，特别是在经济危机发展史上是一个重大的转折点，而且在资产阶级政治学说发展史上也是一个重大的转折点。

面对经济危机的巨大挑战，大多数资产阶级经济学家开始放弃自由放任这一古典自由主义的传统，转向主张政府对经济和社会生活进行干预。在这种情况下，国家垄断资本主义的产物——凯恩斯主义应运而生。英国资产阶级经济学家凯恩斯，早在 1926 年就发表了《自由放任主义的终结》一书，表明自己开始摒弃自由放任原则。20 世纪 30 年代大危机以后，凯恩斯以罗斯福"新政"为先导，于 1936 年发表了他的代表作《就业、利息和货币通论》，提出了系统的就业理论和国家干预经济的一系列政策主张，同传统的经济自由主义彻底决裂，这场在经济思想史上的变革被称为"凯恩斯革命"。这样，大萧条、罗斯福"新政"和凯恩斯主义三者结合的结果是，凯恩斯所倡导的政府干预论成为西方经济学界和思想界的主流思潮，同时也标志着新自由主义的全面勃兴。

然而，到了 20 世纪 60 年代之后，欧美几个主要的资本主义国家在经济、政治、军事、外交各个领域遭遇一系列挫折，面临着巨大的挑战。具体到美国，以下这些主要因素加速了新保守主义思潮的兴起。首先，经济危机不断发生，以凯恩斯的经济理论为核心的新自由主义政策已经失灵。其次，由于侵朝、侵越战争，与苏联的军备竞赛，庞大的社会福利计划以及政府机构的不断扩大，使得政府支出大大超过收入。政府的财政危机加重了人民的负担，也减缓了国民经济的增长。再次，经济危机促发了思想文化危机。广大人民对政府及其上层统治集团失去了原有的信任，对现有的社会经济制度、政策提出了怀疑，尤其是一些西方马克思主义者对西方发达的工业社会所存在的异化现象进行了深刻的揭露和批判，为20世纪60年代下半期出现的"新左派"运动提供了一定的理论武器。一些持保守主义观点的学者把"新左派"运动和"敌对文化"的出现也归咎于自由主义政策。最后，联邦政府与州政府的矛盾日益尖锐，联邦政府的权限过于膨胀，干预了一向属于州政府管辖的事务，从而引起地方保守势力的极度不满。在这种情况下，保守势力抬头，新保守主义逐渐取得优势。

新保守派在许多方面都继承了传统保守主义的立场，首先，新保守主义继承了传统保守主义中的悲观主义成分。悲观主义是传统保守主义的基本思想之一，它以西方基督教文化中的原罪说为哲学基础。据此，传统保守主义认为，人生来是有罪的，人性是恶的，有缺陷的，并且人性的缺陷无法通过后天的努力来弥补。根据这种悲观主义思想，普通民众因变化无常而难以令人信任，因此，政府有责任根据公共利益制定政策，确保社会在与时俱进的同时仍保持其基本价值观和优秀传统。与传统保守主义一样，新保守主义也具有悲观主义色彩。由于新保守主义者大多出身犹太移民家庭，犹太民族所经历的深重的历史灾难和流亡世界各地的苦难历程，造就了他们悲天悯人的情怀。特别是"二战"期间，纳粹德国对犹太人的残酷迫害更使他们相信人性的缺陷。因此，新保守主义与传统保守主义在悲观主义这一点上达成了共识①。

其次，新保守主义继承了传统保守主义的怀疑主义。怀疑主义是

---

① 李强：《美国新自由主义与新保守主义比较研究》，兰州大学出版社2008年版，第5页。

传统保守主义看待社会和新生事物所具有的普遍态度。保守主义不相信"未来"，他们只看重"过去"和"现在"，因为他们认为"世界上的问题没有一劳永逸的解决办法，任何进步都是不完美的，有缺陷的，有代价的，人世间永远不可能达到至善的境界"①。因此，他们对社会进步和改革持有审慎的怀疑态度。新保守主义也是如此，在20世纪六七十年代自由主义激进社会改革面前，他们所持的正是怀疑主义的态度。在黑人问题上，他们的怀疑不是旨在反对改善黑人社会地位和消除导致黑人贫困的政策。而是表现在怀疑这类政策不是"太昂贵"就是"过于雄心勃勃"，以至于无法达到改革社会的目的；相反，它们引发了通货膨胀，加深了种族矛盾，滋生了种种其他问题②。

再次，新保守主义继承了传统保守主义的社会有机体说，强调通过维护传统、历史连续性和稳定性来解决当代社会面临的问题。传统保守主义者认为社会是一个由人、传统价值、道德观念和宗教团体等构成的有机的整体，它"不仅仅是相互之间构成契约关系的个人的结合，而且是忠诚和情感连接起来的社群……稳定的有组织的社会是漫长积累的产物，是各种制度、习惯的有机结合和历史延续"，它"在构成上是有机的，是在自然演进过程中自发形成的"。新保守主义者所一再强调的诸多观点，如敬重权威、社会秩序、遵循传统方式和尊重道德、宗教、精神价值观等，都与"有机保守主义"思想观念如出一辙。他们否认社会是由追求自我利益的个人所组成的，认为生活在社会共同体的所有成员都应该关心社会秩序、关注社会的连续性发展、关爱共同体的福祉。

---

① 刘军宁：《保守主义》，第201页。

② Robert Muccigrosso, *Basic History of American Conservatism*, Florida: Krieger Publishing Company, 2001, p.105.

基于这一认识，新保守主义者看待问题始终倾向于强调事物的连贯性和有机整体性。在经济发展问题上，新保守主义强调，经济发展离不开文化价值观的支撑，任何缺少伦理道德观念基础的经济体制都将注定失败，因为前者一旦失去后者的精神支持就难以维系。事实上，对任何有可能改变现状的措施，新保守主义者都主张采取有助于维持现状、尊重传统的办法，而不是像20世纪60年代反正统文化、新左派和女权运动等那样采取颠覆乃至破坏性的手段。当然，新保守主义并非简单地继承了传统保守主义的一些基本思想，而是在此基础上有其创新之处。

新保守主义在继承传统保守主义基本思想的同时，在内政与外交两个方面与之还有重要区别。

从内政角度来说，第一，新保守主义与传统保守主义的区别在于，传统保守主义反对一切政府对经济的管理，强调要让市场在经济运行中发挥充分的作用。新保守主义虽然不支持政府对经济生活的过多干预，但并不是盲目地反对任何形式的政府管理行为，而是认为这种干预应该是有限度的，不能不加区别地对所有的市场行为进行干预。在新保守主义看来，"新政"进行的国家干预和社会福利体制是必要的、适当的，而西欧的国有化和福利国家政策则是过度的，不符合人的本性，因而是错误的。他们之所以反对美国的"伟大社会计划"，就是因为他们认为美国正在朝着西欧式的错误方向前进。第二，新保守主义不像传统保守主义那样反对劳工运动和民权运动。新保守主义分子大多出身于中下层，其中的犹太知识分子还饱受种族歧视之苦，因此，对劳工运动和民权运动有着先天的同情，再有就是美国劳工的强烈反对共产主义的立场与新保守派的观点是相一致的。第三，新保守派与传统保守派对待共产主义的态度是不同的。二者的反共立场是一致的，但传统保守派认为共产主义威胁主要来自美国国内，而对于共产主义国家，则应该考虑到美国具体的国家利益，如商业利益，与其进行交易，在必要的时候可以进行妥协。新保守派则与之不同。他们认为，世界上主要的共产主义威胁来自国外，而不是国内，因此，他们坚决反对与共产主义国家进行妥协和发展贸易关系。

在外交方面，新保守派与传统保守派的最大的区别就在于新保守派强调意识形态的重要性，传统保守派则看重具体的国家利益。新保守派认为，国家利益的界定不应该只看到现实的具体利益，如商业利益等，更应该注重意识形态，也就是说应该用更宽泛的字眼来定义国家利益。正是在这样的思想指导下，新保守主义者反对一切形式的与共产主义国家的妥协和共处：从冷战时期与苏联的缓和与裁军，到后来美国奉行的与中国进行接触的政策。他们认为，"共产主义的意识形态决定了这类国家不可能像正常国家那样处理国家关系"[1]。传统保守派却认为，只要是有利于美国的，没有什么不可以谈，这充分体现了美国意识形态中的"实用主义色彩"。新保守派支持美国在海外进行军事干预的目的也是出于意识形态原因，如民主与人道主义。正如克里斯托尔所说："如果可能的话，美国有义务保卫一个民主国家不受一个非民主国家的武力进攻。在这种场合，进行地缘政治方面的国家利益评估是没有必要的。"[2]传统保守派则认为，为了民主与人道目的出兵，是过度扩张，有损美国国家利益[3]。

---

① 任晓、沈丁立：《保守主义理念与美国外交政策》，生活·读书·新知三联书店 2003 年版，第 19 页。

② Doyle McManus, "Bush Pulls Neocons' Out of the Shadows," *Los Angeles Times*, January 22, 2005.

③ 杨子辉：《美国新保守主义与布什外交战略》，中共中央党校出版社 2007 年版，第 40 页。

　　除了具体政策上的区别，新保守主义与传统保守主义在"政治哲学和政治风格"上也是有区别的。首先，新保守主义对作为自己的理论指导和正当性的意识形态十分重视，传统保守主义则对抽象的概念不感兴趣；新保守主义对宣传自己的理念倾尽全力，传统保守主义则认为宣传是只有自由派才需要的蛊惑人心的手段，保守主义的真谛是只可意会不可言传的自明之理，若将其逻辑化、意识形态化而大加宣传，就会破坏其玄妙精神，使它等同于它所反对的理性主义。其次，新保守主义者是世界社会向善论者，因此，与传统保守主义者相比，他们更乐观、更积极，更倾向于向前看，而不是向后看，更乐意创新而不是守旧；他们不像传统保守主义者那样总爱对看不惯的事物说"不"，而是提倡该对什么说"是"，体现在具体政策当中，他们不像传统保守主义者那样总是否定他人的政策提案，而是积极地拿出自己的提案并促使其通过。新保守主义的政治风格是积极进取型，而不同于传统保守主义的被动防守型[1]。

三、新保守主义之发展及其观点

　　新保守主义自产生后几经沉浮，在近半个世纪的岁月中，与新自由主义一起，周期性地影响着美国政治决策。新保守主义的发展过程大致可分为两个阶段：第一阶段是从"二战"前后到 20 世纪 70 年代初，为新保守主义的初创期。这一时期，也是新自由主义的盛行时期。与此相

---

[1]　杨子辉：《美国新保守主义与布什外交战略》，第 41 页。

应，正是新保守主义潜心研究、酝酿和提出对新自由主义的批判，构建理论体系的时期。当代许多新保守主义者都是在这一时期形成观点、崭露头角的。由于部分欧洲保守分子曾同情、支持甚至参加法西斯运动，保守派在战后声名狼藉，以至于除英国之外的其他欧洲保守主义党派均被迫改换了招牌。与此同时，"福利国家"运动横扫西方世界，保守派为大势所趋，在福利建设方面与左翼进行竞争，在理论上主要表现为哈罗德·麦克米伦的"中间道路"。这种思想现实可行并有所建树，但作为一种意识形态却丧失了独立价值。在此期间，美国涌现出一批以欧文·克里斯托尔和丹尼尔·贝尔为代表的"新保守主义者"，预示着保守主义的复苏。然而，其思想并未完全越出"中间道路"的轨道，因而，尚不具备改变政局的力量。

第二阶段为 20 世纪 70 年代中期以后。随着新自由主义理论和政策遭受严峻挑战以及西方国家面临的社会困境，从 20 世纪 70 年代后期开始，保守派接连赢得选举，新保守主义思潮也迅速蔓延，成为 80 年代占主流地位的意识形态。这既是对福利国家的挑战，也是对保守主义中间道路的反省，但已不是传统或古典的保守主义，而是吸收部分自由主义成分的保守主义，即把古典自由主义同保守主义结合在一起，反对新自由主义的基本理论和政策。因此，研究西方政治思潮的人们通常把他们称之为自由保守主义者，西方经济学界则多把他们称为新自由主义者。这一时期出现了一种独特的现象，即作为自由主义传统的美国正式取代英国而成为西方保守主义的中心。其主要代表人物有哈耶克、弗里德曼、诺齐克及布坎南等。

新保守主义并不是一个严格意义上的思想流派，也不是一种精心构造的意识形态，而是对现实的政治和社会生活所做出的反应。因而，不同时期的新保守主义者甚至同一时期的新保守主义者之间，在对很多问题的看法上存在着一定的差异。但这并不意味着他们之间没有共同的地方，相反，他们对于国内外很多重大问题的看法存在一致性，正是这种一致性，使得他们共享着"新保守主义"这一称号。归纳起来，新保守主义主要有以下基本观点：

（一）依靠市场调节，减少国家干预，实行有限的社会福利政策

新保守派认为，"过去 40 年的经验表明，自由主义解决问题的标准办法 —— 扩大政府干预、加强管制、增加外支 —— 所产生的问题，通常比其已经解决的问题更多"[1]。他们指责"伟大社会"浪费惊人，收效甚微，非但没有消除社会弊端，反而激化了社会矛盾。因此，新保守派主张尽量减少政府干预，更多地依靠市场调节。市场既能保证个人自由，又能有效地分配资源，是民主制度的先决条件。即使有必要干预市场活动，新保守主义也"宁愿通过'操纵'市场、甚至创造市场来实现这些目标，而不愿依靠官僚机构的直接控制"[2]。为了更好地维持市场的良性循环，新保守派赞成供应学派的经济政策，主张保护自由企业，降低纳税标准，减少福利开支。不过，新保守派并非毫无保留地拥护市场机制。他们反对政府过多地干预经济，但也认识到自由放任主义的弱点和弊端，认为适度的政府调节是必要的，也是有益的。他们不赞成社会

---

[1] Irving L. Horowitz and Seymour Martin Lip set, *Dialogues on American Politics*, New York: Oxford University Press, 1978, p. 46.

[2] Irving Kristol, "What Is a Neoconservative?" *News Week*, January 19, 1976, p. 87.

主义式的社会福利政策，但提倡建立"保守的福利国家"或"最低限度的社会保障"。事实上，绝大多数新保守派仍然"忠于罗斯福新政的精神"，只是在如何实行福利政策方面变得比较保守。从 60 年代开始，新保守派对联邦政府在实行福利政策过程中的具体做法提出了强烈的质疑。他们呼吁改革社会福利制度，原因在于，美国的许多福利政策造成了严重的消极后果，尤其是助长了人们对社会和政府的依赖，使很多人失去了艰苦奋斗、积极进取的精神。因此，新保守派告诫政府在制订社会政策时应谨慎小心，对问题的复杂性要有足够的认识。新保守主义重申了资本主义的个人主义原则，认为每个人都应为自己的处境负完全的责任。发展社会福利事业必须以不损害个人主义为前提，否则就会在客观上奖懒罚勤[1]。

（二）提倡机会均等，拒斥结果平等

20 世纪 60 年代，美国联邦政府和公众都在以不同的方式追求"平等主义"。1965 年 6 月，约翰逊总统在哈佛大学毕业典礼上宣布，"我们追求的不仅是自由，而且是机会，不仅是法律上的平等，而且是人的能力（的平等），不仅是权利和理论的平等，而且是事实和结果的公平"[2]。新保守派对平等主义在美国社会的发展深感不安。他们认为，自由和平等是美国民主制度的两个理想，二者既相互适应又相互矛盾。平等意味着机会平等，即人人都有机会施展自己的天赋，追求个人幸福。

---

① 　王联合：《美国新保守主义及其对布什外交政策的影响》，复旦大学博士学位论文 2004 年版，第 26 页。

② 　华涛：《约翰逊总统与美国"肯定性行动"的确立》，《世界历史》1999 年第 4 期。

由于机会不一定能产生平等，竞争又难免要分胜负，所以，机会平等通常意味着结果不平等。"历史上任何社会都未曾在个人或阶级之间实行过严格的平等。才能、抱负和勤奋程度上的实际差别必然会造成人与人之间的差别。由于人类生活的多样性和自由性，没有一个公正和自由的制度能够保证结果平等。"[①] 因此，"在自由资本主义社会中，一切不平等现象必定都是不可缺少的，……不平等必然是正当的"[②]。基于这种理解，新保守派反对追求结果平等、彻底改造社会的任何企图，声称"没有止境的平等革命"势必构成对"个人自由和社会创造力的最大威胁"，最终必将导致"新专制"。他们一再强调，机会平等原则是唯一现实可行且对社会有益的原则。人为地实行事实平等、结果平等只会损害个人自由和能者统治，使社会失去进步的动力。

（三）排斥"新左派"的文化革命，主张维护传统道德观念和价值观念

20 世纪 60 年代后期，以古德曼、马尔库塞和弗洛姆等为代表的美国"新左派"对资本主义制度及其传统进行了猛烈的抨击和批判，认为资本主义的道德和文化在本质上是压抑人性的，应该在社会上倡导一种以个人主义为导向、以追求快乐为目的的新文化运动。"新左派"的这种文化观受到了广大青年学生的欢迎，追求个性解放和感官快乐，崇尚标新立异和离经叛道的生活方式，成为青年人的一种时尚。新保守主义认

---

① Michael Novak, *The Spirit of Democratic Capitalism*, New York: Simon and Schuster, 1982, p.15.

② Irving Kristol, *Two Cheers for Capitalism*, New York: Basic Books, 1978, p.65.

为，这种所谓的"文化革命"实际上是一种反文化的革命，它所倡导的自私自利的个人主义和蔑视社会权威的无政府主义，一旦在社会上蔓延开来，就会对美国社会的传统道德观念和价值观念造成毁灭性的破坏，危及社会的稳定。新保守主义积极捍卫美国的基本道德和文化，捍卫美国的基本制度和价值观，强调权威的重要性及对传统的高度认同，尊重道德、宗教和精神的价值，要求人们重建对传统道德观和价值观的信仰，承担起自己的道德责任和社会义务，以增强社会的凝聚力。同时，它还要求家庭、社区、学校、教会等社会组织，发挥在维护传统道德观念和价值观念方面的积极作用，共同抵制"新左派"的"文化革命"。

（四）坚持西方价值观念，反对共产主义

新保守主义早在 20 世纪 50 年代就积极支持冷战，鼓吹美国的强大力量是抵制共产主义扩张的天然屏障。然而，60 年代末期后，苏联却在与美国争霸的战略态势上日益占据上风。面对这种严峻形势，新保守主义者指出，苏联和共产主义扩张是美国面临的最大威胁。波多雷兹谴责苏联扩张成性，认定"苏联是一个极权国家，与纳粹德国一样有一种十分邪恶的特性，这种特性是不可能改变的，只能变得更坏。……苏联顽固地进行世界革命事业，必要时还以军事手段推动世界革命。而且只要一有可能，就利用莫斯科指挥的内部颠覆活动来达到这一目的"[1]。此外，克里斯托尔也断言，对美国的主要威胁是意识形态方面的，美苏之争不是传统上的大国角力，而是意识形态上的斗争。

---

① Norman Podhoretz, *Making It*, New York: Random House, 1967, pp. 281-290.

四、新保守主义理论对西方政府改革实践的影响

新保守主义对当代资本主义的发展产生了重要影响。20 世纪 60 年代末至 70 年代初，西方主要国家的"福利国家"政策陷入困境，经济出现滞胀甚至萧条，同时，政府机构膨胀，引发了大量社会问题。这表明资本主义基本矛盾的表现方式发生了新变化。新保守主义的出现对英国、美国等主要资本主义国家的政策产生了重大影响，这些国家纷纷采取新保守主义的政策，大力推行以私有化、改革社会福利政策为主的一系列新政策。

（一）英国的政府改革

20 世纪 70 年代末撒切尔夫人上台之初，立即对英国基础设施产业的政府管制体制进行了初步改革，主要是采取了一些自由化政策。

1. 逐渐控制财政资助，实现国有企业自主经营

撒切尔政府对亏损或低利润国有企业的财政资助进行严格控制，计划到 1984 年完全停止对国有企业的财政补助，迫使其实现财政自给。但由于受到国内外经济衰退的影响，撒切尔政府的预定目标没有实现。1985 年，包括借款和赠予在内，政府对国有企业实际资助额仍高达 21.9 亿英镑。政府在大量削减国有企业借款限额的同时，还迫使企业减产裁员，这遭到工人和工会的强烈反对。如 1980 年初，钢铁工人就因反对政府要求英国钢铁公司缩减三分之一的职工和产量而爆发了有 15 万工人参加的大罢工。

2. 打破国有企业垄断，允许私营企业参与竞争

1981 年，在基斯·约瑟夫的倡议下，英国颁布"英国电信法"（British Telecommunication Act）。根据这一法律，英国电信公司从英国邮政局分离出来，成为一个独立法人企业，并废除英国电信公司的垄断地位，允许"信使"电信公司参与长途电话服务业务[1]。1982 年，颁布"石油和煤气法"（Oil and Gas Act），明确宣布放松对煤气产业的集中管制，允许其他企业使用英国煤气公司的管道系统。1983 年，政府颁布"能源法"（Energy Act），取消中央电力生产局以前所拥有的法定垄断权，欢迎其他企业进入电力行业参与竞争。但是，由于相应的配套政策不完善，这些自由化措施在促进基础设施产业加强竞争方面效果并不明显。如英国煤气公司可以通过提高煤气运输管道使用费来阻碍其他企业进入市场；英国电信公司利用自己的垄断地位，采取内部价格交叉补贴、故意降低长途通讯费用而抬高国内固定电话费用的办法，排挤竞争对手在长途通讯服务方面的竞争。

对国有企业放松管制的效果不理想，使撒切尔政府把希望放在私有化政策上，即出售国有资产。既然原有的管制体制存在如此多的缺陷，又是如此难以纠正，要解决这些问题，就需要从根本上改变政府和企业的关系，而私有化被认为是实现这种改变的最直接的办法[2]，私有化于是成为改革政府管制体制的前提。推行私有化政策的一个中心目标是培育市场竞争，以提高经济效率。但在撒切尔夫人的第一个任期里，私有化的企业基本上是处于竞争性领域的小型企业，市场竞争问题还很少引起

[1] *Financial Time*, August 23, 1987.
[2] 王俊豪：《英国政府管制体制改革研究》，生活·读书·新知三联书店1998 年版，第73 页。

人们注意。直到 1984 年，英国电信公司私有化之后，私有化扩展到具有自然垄断性质的基础设施产业时，政府才开始相应地制定了企业改制后政府管制体制的总体框架①。

（二）美国的政府改革

1. 里根时期的政府改革

里根时期政府改革的一个重要的举措是推出了"振兴经济计划"。这一计划以供应学派的经济理论为基础。该理论的代表人物阿瑟·拉弗指出，税率过高会使人们不去努力工作和储蓄，还使一些人设法逃税，因此，反而会使税收减少。如果降低税率，达到"最佳税率点"，便可以刺激储蓄和投资，促进生产，政府的收入就会增加。里根据此颁布了《经济复兴税法》，开始了美国历史上规模空前的大减税。按照税法规定，从 1981 年至 1984 年，前后三次减少个人所得税共计 23%，税率由 14%—70% 降为 11%—50%。1986 年通过了税制改革方案，把税率降到了历年以来的最低水平，并且简化了税种。个人所得税从 15 种减至 2 种，税率从 11%—50% 减到 15%—28%，公司税的最高边际税率从 45% 下降到 34%。

除了减税之外。里根政府还对社会福利制度进行了改革。1981 年至 1982 年，政府共削减了 486 亿美元不必要支出，其中主要是社会福利开支。1983 年，里根政府又抛出了一些改革方案，在不彻底改变原社会保障制度的基础上，削减了一些保障项目。联邦政府还减少了对州

---

① 　毛锐：《私有化与撒切尔时期的政府管制体制改革》，《山东师范大学学报》2005 年第 6 期。

的医疗补贴，1982 年及 1984 年分别减少了 3% 和 4.5%。同时还把原来联邦政府承担的某些责任转移给州和地方政府，推行新联邦主义，并且促进私营福利事业的发展。在缩减福利开支的同时，里根政府大幅度地增加军事开支。以 1983 年为例，国防开支占总开支的 26.4%，大大高于发动侵朝和侵越战争时期的比重。

此外，里根的振兴经济计划还采用了米尔顿·弗里德曼的货币学派的理论。该理论强调，通货膨胀是货币供应增加过速的结果，主张控制货币发行量，减少政府干预，实行"自由放任"和自由竞争的市场经济，提倡自由效率，反对福利主义。据此，里根在《经济复兴计划》中提出："制定一项全国性的货币政策，不允许货币量的增长速度持续地超过商品和劳务的增长速度。为了抑制通货膨胀，我们需要减慢我国货币供应量的增长。"在里根开始执政的 1981—1982 年，联邦储备委员会严格控制货币供应的增长量，预定年增长 3.6%，而实际上只增长了 2.1%。同时，商业银行实行优惠利率，1981 年最高达 18.875%。通过这些措施以紧缩货币的流通，抑制通货膨胀①。

2. 克林顿时期的政府改革

1993 年 3 月，克林顿决定对现行政府进行重新设计与再造，组织"再造小组"，启动对联邦政府的绩效评估计划。1998 年，美国"国家绩效评估"改称"国家再造政府伙伴关系（National Partnership for Reinventing Government）"，简称 NPR。NPR 的目的在于转换传统行政模式，逐步确立企业型政府的新模式，而且强调摆脱先前行政改革进程中只说不落实的缺陷。从 1993 年 3 月开始实施到 1998 年 3 月止，美国

① 韩捷：《评里根的经济政策》，《黑龙江教育学院学报》2005 年第 2 期。

政府围绕 NPR 提出了至少 10 份绩效评估报告（即所谓《戈尔报告》）。此外，美国国会和政府还就政府采购、信息运用、电子合同体系、奖励等事务做了具体规定。美国国会通过克林顿签署的有关 NPR 的政策法规前后共计 83 项。克林顿时期的政府改革具体内容有如下五个方面：

（1）顾客导向，民众优先。从 1993—1998 年的五年间，联邦机构为 570 多个组织和服务项目发布了至少 4000 项服务民众的标准。这是美国 NPR 计划与以往改革所明显不同的新举措，为政府改革创造了一种新的典范。

（2）放松规制，简化程序。到 1998 年 3 月，美国各联邦机构删除了大约 64 万页的内部规则，删除了大量联邦规制，简化了许多行政许可审批程序。规制放松的重点在于过时规制的废除以及预算体制、采购体制和人事体制的改革。

（3）授权员工，注重结果。放手促进员工自主管理，成立了 850 个以上的"劳工管理委员会"和 340 个"再造实验室"，以此引领疏离传统官僚体制、倡导企业家精神的政府改革风尚。

（4）多方互动，合作竞争。政府一般公共服务引入市场竞争机制，企业成为政府提供某些公共物品的现实或潜在竞争实体。在平等竞争的前提下，实现政府与企业的合作发展，共同推进政府事务。譬如，联邦政府的"环保署"、"食品药物管理局"和"职业安全健康管理局"都与企业界形成合作伙伴关系。政府与社区之间也逐步形成合作伙伴关系，提高基层领域的参与度和积极性。

（5）降低成本，提高绩效。美国 NPR 计划强调"创造更高成效更低成本的政府"，在降低政府成本方面取得了非常显著的成效。截至 1998 年 3 月，美国各联邦机构相对节省政府开支约 1370 亿美元；精简联邦政府雇员超过 35 万人，约占联邦政府雇员总数的 16.7%；裁并了大约 250 个机构或项目组织。同时，联邦政府部门提供的公共服务，能够使更多的民众感到满意[①]。

上述两个较为典型的西方国家的政府改革的实例足以说明，新保守主义在思想上和理论上对政府改革有着巨大的影响。它主张限制过分膨胀的政府权力，尤其是反对国家对社会经济事务的过分干预。然而，实践中政府对于社会经济事务的严重干预已成为不可逆转的现象，对此，新保守主义者不得不加以正视。他们并不一概反对国家干预，而是认为，适当的国家干预是必要的，但是国家干预本身有着很大的局限性。正是针对国家干预的机制缺陷，新保守主义提出了许多补救措施，如抑制通货膨胀，降低失业率，克服无政府状态等。这些对策曾有助于发达国家渡过许多危机。

五、结　语

西方保守主义政治思潮起源于古希腊，并在 17—18 世纪英法资产阶级革命之后成为一种系统性的意识形态，是对法国大革命的反动，是封建土地贵族反对资产阶级自由主义的理论武器。至 19 世纪工人运动兴起，保守主义开始与自由主义合流，共同反对社会主义运动，20 世纪 70 年代西方资本主义国家爆发了严重的经济滞胀危机，20 世纪 80—90 年代资本主义世界的经济结构、政治结构和社会结构均发生了新变

---

① 　王世雄：《克林顿治下美国联邦政府改革述评》，《广东行政学院学报》2003 年第 5 期。

化，对西方资本主义国家的政治气候和主流意识形态的动向产生了深刻的影响，新保守主义成为经济全球化时代和后工业化时代资本主义国家的主流意识形态，对西方政治思想和政治实践的走势产生了重要的影响，整个西方政局在新保守主义的统治下向右调整。

新保守主义学说虽然起源于西方国家，仍不乏可资发展中国家借鉴的合理成分，主要表现为以下几个方面：一是市场能够进行资源优化配置的观点符合市场经济发展的内在规律，对于我国建立社会主义市场经济体制有重大的借鉴意义；二是现代货币主义学派主张减少政府干预，压缩政府开支，对于我国深化经济体制和政治制度改革，提高政府效率具有重要的启示作用；三是采取积极财政政策和货币政策以及通过宏观调控实现国民经济稳定增长的理论，对我国确立合理的经济政策具有重要参考价值；四是尊重人权与人的自由发展的观点，对于我国更好地保障人权与自由具有重要的意义。

然而，在充分借鉴新保守主义的合理成分的同时，我们也应清楚地认识到新保守主义的局限性。新保守主义作为国际垄断资本的思想理论体系，从本质上说，是维护私有制和资本主义制度，反对公有制和社会主义的。因此，其理论体系中至少有以下五个方面的内容，我们应持批判态度：1. 政治化扩张。新保守主义不是一般地鼓吹经济全球化，而是着力强调要推行以超级大国为主导的全球经济、政治、文化一体化，即全球资本主义化。2. 绝对自由化。新保守主义所主张的自由化，主要是指金融、贸易、投资自由化等，这实际上是对经济弱势国家的经济主权的弱化。对此，我们既要遵守 WTO 的规则和我国的有关承诺，积极参与国际竞争与合作；同时，又要最大限度地防范风险，特别是对金融自由化持谨慎态度，保留国家对金融强有力的监管和调控能力，以维护国家的经济独立和安全。3. 全面私有化。这一点，即使在资本主义社会，也是无法实现的，它不符合生产力发展的内在要求。公共物品的生产和流通，不可能建立在纯粹的私有制基础上，有些必须建立在公有制（国有制）基础上。建设中国特色社会主义，更不可能全盘私有化，必须在坚持公有制主体地位的前提下大力发展私营经济。4. 全面市场化，反对政府干预。实践证明，即使资本主义经济运作，也不可能全面市场化，不要政府干预。搞社会主义市场经济，政府必须利用财政、金融等经济手段以及指导性发展规划等措施，对市场进行宏观调控。5. 全球一体化。新保守主义的全球一体化，是国际垄断资本统一全球的制度安排。我们参与经济全球化，要高度警惕"全盘西化"，以免落入"全球一体化"陷阱[1]。

（原载《文史哲》2016 年第 2 期）

---

[1]　孟大志：《试论保守的自由主义》，《天府新论》2006 年第 6 期。

寻求自由与民主的内在和谐

——贡斯当自由思想剖析

王彩波　张胜玉

邦雅曼·贡斯当（Benjamin Constant，1767—1830）是法国杰出的政治理论家。他对自由的理解、阐释与辩护对后世影响深远。自由是贡斯当的最高信仰，他毕生为自由的理想而战，其自由思想受到自由主义大师哈耶克（Friedrich A. Von Hayek）和伯林（Isaiah Berlin）的援引和继承。在 20 世纪 50 年代以前，贡斯当在英语世界和汉语世界一直鲜为人知。二战后，随着思想界对极权主义的批判，贡斯当才逐渐在西方自由主义经典大师中赢得一席之地。在西方思想家中，贡斯当最早提出"古代人的自由和现代人的自由"的自由类型的划分，揭示出了法国大革命中"古代民主"的实践与个人自由的冲突。他对卢梭的人民主权学说进行了批判，指出宪政民主可以更好地维护个人权利，以实现自由与民主的和谐。本文试图以贡斯当所处的历史时代和社会生活场景为背景解读贡斯当的自由思想，同时将其思想放在西方自由思想传统和其逻辑发展脉络之中来理解，力求揭示贡斯当自由思想的独特性和历史连续性。

一、自由与民主的张力：贡斯当对法国大革命的反思

自由与民主是政治哲学中的两个基本概念，同时它们也是代表西方政治思想发展逻辑线索的两个核心理念，在内涵上相互联系。从政治学角度分析，民主表明了政治权力的来源和归属，体现为人民主权和多数原则，自由则更多地涉及政治权力的限度，体现为对政治权力进行限制的宪政制度。在西方近代自由主义产生之初，自由主义和民主在理念上是分立的，实践上也表现出了相互冲突的特性。可以说，法国大革命将自由与民主之间的冲突暴露无遗。

贡斯当作为后革命时代的思想家，一直对法国大革命进行着反思。法国大革命反对建立在国王的绝对权力和教会的准政治权力之上的专制制度，大革命的领导者视卢梭为其精神导师，卢梭的人民主权学说和城邦式的直接民主 —— 贡斯当把其称为"古代人的自由" —— 在法国大革命中得到了淋漓尽致的贯彻施行。法国的底层民众历史上第一次以"主权者—人民"的形象登上了政治舞台，第三等级参与了国家的治理，底层民众实现了广泛的政治参与，革命期间许多群众组织和政治团体得以建立，各种类型的报刊、宣传册大量出现，民众显示出了极为高涨的政治参与热情。虽然卢梭的人民主权学说在反对封建专制王权上起到了积极的作用，但是卢梭式的绝对化、抽象化的人民主权的实践也导致了另外一种后果，即假借"民主"的旗号实行多数对少数的专政，多数借民主的名义强迫少数服从多数的决定。法国大革命期间虽然举行了公职选举，但是预先指定人选，而且要保证他们不能落选；虽然也鼓励公众的公开辩论，但辩论一旦发展到对政府进行质疑即被视为敌视政

府。以致不少人因言论被秘密逮捕、监禁甚至送上了断头台。法国大革命后期 1793—1794 年的雅各宾派恐怖专政，更是肆意践踏人权，对人民实行强权统治，最终使"自由、平等、博爱"的革命口号归于流产。法国大革命使得许多原本相信卢梭的"平等地享受自由"信条的人变得惧怕民主。它证明了"民主的理想，其最初的目的是要阻止一切专断的权力（arbitrary power），却因其自身不可限制及没有限制而变成了一种证明新的专断权力为正当的理由"①。

　　法国大革命的负面结果促使贡斯当深入思考民主与自由的关系，贡斯当深刻地指出，绝对的人民主权之下只有"古代民主"，即"政治自由"的形式，权力的集中和腐败导致"民主"对个人权利和自由的侵犯。他认为，法国大革命的失误在于，将民主这一实现自由的手段当成了最终目的。霍尔姆斯（Stephen Holmes）曾评价贡斯当道："细心的读者都能发现贡斯当的作品可以使人们对自由主义和民主之间难以解决的冲突这样的神话产生怀疑。"②贡斯当对此的贡献，本文将一一进行分析。

　　有了法国大革命的前车之鉴，后革命时代的思想家可以说无一例外地关注民主与自由之间的冲突问题。文森特（K. Steven Vincent）指出："18 世纪 90 年代，许多关键的争论：人民主权和个人自由、公民宗教和道德自由，在政治危机时的严格立法和非法行为，仍然是自由主义的中心。"③贡斯当最早从自由主义的角度对卢梭的人民主权学说予以批判

---

① 〔英〕弗里德里希·冯·哈耶克：《自由秩序原理》（上），邓正来译，生活·读书·新知三联书店 1997 年版，第 130 页。

② Stephen Holmes, *Benjamin Constant and the Making of Modern Liberalism*, Yale University Press, 1984, p. 2.

③ Steven Vincent, "Benjamin Constant, the French Revolution, and the Origins of French Romantic Liberalism, "*French Historical Studies*, Vol. 23, No. 4（fall 2000）, p. 609.

和质疑，并提出了自己的人民主权学说。他认为人民主权与个人自由是两个相互关联但又不相同的概念，人民主权仅仅涉及政治权力的归属，虽然它以人民的权力代替了专制君主的权力，但它并不必然保证个人的自由，如果政府打着民主的旗号无限制地行使权力，权力毫不受到约束和限制，那么多数统治会变成"多数的暴政"，结果人民主权反而威胁了个人自由。他认为政治权力的合法性必须来源于人民，这是无可置疑的。但是为了保障公民权利，维护个人自由，必须对人民主权加以限制，首先是对其范围加以规定，并祛除对人民主权的绝对抽象化理解。根据贡斯当的理解，绝对的主权是对个人权利和自由的最大威胁，主权不应该是绝对的而应该是有限的、相对的。而在卢梭那里，主权是不受限制的，是一种理想化的抽象权力。卢梭理论的缺陷最终导致他无法解决实现人民主权的途径这一核心问题，以至于为了不使他的道德理想国覆灭，他宣布主权不可转让、不可分割、不能被代表。

贡斯当清醒地指出了卢梭的建立在极致化理性逻辑基础上的主权有导致专制的可能，它可能使个人权利通过社会契约转化成为无限的、绝对的国家权力。因为抽象的主权者是无法行使实际权力的，要把这种抽象的权力转化成实际的权力，就必须把权力委托出去，交由具体的个人来行使，而绝对的权力一旦转到"多数"人手中，又极有可能落入"少数"人、甚至一个人手中，这时公意就极有可能变成一个人的意志，就出现了以人民主权的民主旗号导致专制统治的情况。"如果你确信人民主权不受限制，你等于是随意创造并向人类社会抛出了一个本身过度庞大的权力，不管它落到什么人手里，它必定构成一项罪恶。把它委托给一个人，委托给几个人，委托给所有人，你仍将发现它同样都是罪恶。"[1]

在深刻分析了卢梭的人民主权学说的缺陷之后，贡斯当论述了自己对人民主权的认识，他认为为了给个人保留生存的空间和真正保障个人权利，人民主权必须是有限的，个人自由必须优先于人民主权。贡斯当指出："世上没有不受限制的权力，不管是人民的权力，还是那些自称人民代表的人的权力，不管是拥有什么称号的国王的权力，还是 —— 最后 —— 根据统治方式不同而表达着人民意志或君主意志的法律的权力，都要受到权力得以产生的同一范围的约束。"他认为，"公民拥有独立于任何社会政治权力之外的个人权利"。主权的行使不能超越公民享有的基本权利的限度，这些权利"就是个人自由、宗教自由和言论自由，包括公开表达的自由、享有财产及免受一切专横权力侵害的保障"[2]，他指出这些权利是对主权也即政治权力的最重要、最根本的限制。同时，贡斯当还强调，抽象的人民主权必须转化为具体的、可以代表的政治权力，让高高在上的"人民"，下落为"公民"和"选民"[3]。贡斯当通过理论上对人民主权的限定，提出了其对自由的独树一帜的理论诠释和分类。

二、贡斯当对自由的诠释和分类

自由是贡斯当的最高追求。贡斯当从社会历史条件出发，以时代

---

[1]　〔法〕邦雅曼·贡斯当：《古代人的自由与现代人的自由》，阎克文、刘满贵译，上海人民出版社 2003 年版，第 78 页。

[2]　〔法〕邦雅曼·贡斯当：《古代人的自由与现代人的自由》，阎克文、刘满贵译，第 83—84 页。

[3]　参考任剑涛：《中国现代思想脉络中的自由主义》，北京大学出版社 2004 年版，第 247—248 页。

区分为基础对自由进行了分类，把自由区分为"古代人的自由"和"现代人的自由"，他认为两种自由之间不是非此即彼而是互相包容的关系，应该尽量寻求两种自由之间的适当平衡。

（一）古代人的自由与现代人的自由

贡斯当在 1819 年所做的《古代人的自由与现代人的自由之比较》的著名演讲，是西方世界探讨自由理念的经典之作。以赛亚·伯林指出，"19 世纪上半叶的自由主义者，很正确地看出，这种意义下的'积极'自由，很容易会摧毁许多他们认为神圣不可侵犯的'消极'自由。他们指出：全民的主权，可以很轻易地摧毁个人的主权。……没有人比贡斯当将两种类型的自由之间的冲突，看得更加透彻，或表达得更加清楚"[①]。这是对贡斯当自由思想极高的赞誉。

贡斯当对自由的界定已经不像西方近代契约论者那样依靠一个不证自明的前提性假设，他不是从自然法、先验理性或绝对理念的逻辑推理等普遍主义的方式入手，而是更重视对社会发展的不同阶段进行深入的历史考察。亚里士多德对古代政治参与的合理性从人性论角度进行了假设，从而提出了其著名的"人是天生的政治动物"的论断，这一论断被认为具有真知灼见并影响深远。而贡斯当却不同意这种认识，他认为在古代的城邦，政治参与的广度和深度是由当时的社会历史条件决定的，而不是人性决定的。贡斯当从社会历史条件出发对自由进行划分，对自

---

① 〔英〕以赛亚·伯林：《两种自由概念》，陈晓林译，载刘军宁等编：《市场逻辑与国家观念》，生活·读书·新知三联书店 1995 年版，第 205—220 页。

由采取了历史主义的阐述，因而更具洞见，以至于萨托利称贡斯当对自由的划分为自由主义的"最精妙的阐述方式之一"[1]。

贡斯当将自由划分为"古代人的自由"与"现代人的自由"，这种划分主要基于以下原因。第一，古代国家（城邦）的范围狭小，个人对于政治生活的影响或重要性比较大，因而公民乐于积极、持续地参与政治生活，把参与政治生活看作是公民的基本标志。而现代国家疆域扩大，公民只能通过代表来表达意见、参与公共生活，因此个人分享政治生活的重要性相应降低。第二，受地域狭小的影响，古代城邦战事频繁，参与战争与公民的荣誉、财富紧密相关，公民必须而且能不断地参与政治生活，在决定战事、选举和监督执政官、政治集会等活动中，都可以体现公民的美德和荣誉。而随着现代国家范围的扩大，商业已经取代战争成为人们获取财富的主要手段，商业经济的发展也使得人们更加追求个人的独立性和个人权利的发展，实现私人领域里的价值。同时，商业的发展使得人们时间有限，只能专注于自己的事业。第三，古代社会奴隶的存在，为公民提供了大量的闲暇时光，他们可以直接参与政治生活；而在现代社会，人们较少有时间持续地参与政治生活，公民乐于把时间用于追求个人财富和享受私人生活。

贡斯当进一步指出，古代人的自由是一种"政治自由"。古代城邦中的自由主要是一种公民资格，也就是对政治生活的参与及决策权利。在古代人那里，没有明确的公私领域划分，公民只重视公共生活，公民处于政治权力和整个社会共同体的控制之下，强调个体对共同体的绝对服从。虽然古代公民在公共事务中几乎人人都是主权者，但是他们在私

---

[1] 〔美〕乔·萨托利：《民主新论》，冯克利、阎克文译，东方出版社1998年版，第419页。

人关系中却毫无独立性和自主权。他认为这种古代人的自由类似于伯林所定义的"积极自由"。而现代人的自由是一种个人自由。随着商业经济的发展，现代人愈来愈重视私人生活领域，或者说，强调维持一个在法治之下、不受政治权力干涉的私人领域，强调个人权利的不可侵犯性和个人独立性。"个人独立是现代人的第一需要：因此，任何人绝不能要求现代人做出任何牺牲，以实现政治自由。"[①] 贡斯当指出，法国大革命中现代人颠倒时空企图重现古代的德性共和国，通过不断动员和严苛监督将政治自由极致化的追求，最终付出了惨痛的代价。他认为现代人的自由类似于伯林所定义的"消极自由"，也即"免于强制的自由"。

（二）两种自由的关系

我们应当注意的是，贡斯当对个人自由并不持完全肯定的态度，而对古代式自由即政治自由，也不持完全否定的态度。他认为过分强调个人自由容易忽视人民作为主权者应有的政治参与权利，而过分强调政治自由则会扼杀个人权利和个人的活动空间。虽然贡斯当对政治自由批判较多并认为不宜将其移植到现代社会，但他还是认为政治自由是不可或缺的。他强调说："我们并不希望放弃政治自由，而是要求在得到其他形式的政治自由的同时得到公民自由。"[②] 他认为应该把两种自由结合起来，维持它们之间的适当平衡，从中反映出他对自由问题深刻而精辟的洞见能力。贡斯当认为，个人自由是真正的自由，政治自由则是个人

---

① 〔法〕邦雅曼·贡斯当：《古代人的自由与现代人的自由》，阎克文、刘满贵译，第 59 页。
② 〔法〕邦雅曼·贡斯当：《古代人的自由与现代人的自由》，阎克文、刘满贵译，第 63 页。

自由的保障，是个人自由发展的工具和手段。政治自由可以提升公民精神，是有效的自我发展的手段。倘若公民个人不关心政治，政治未必能保障个人的利益要求，而政治参与本身就可以作为一种保障公民自由不受侵犯的工具，只有这样，公民的权利才能发展。同时，通过政治参与，公民可以形成对国家的认同和"纯洁、深邃、真诚的爱国情操"，这些将成为国民重要的精神支柱。有学者指出，贡斯当从起初的通过对法国大革命的反思对政治自由基本持反对态度，转变为后来的对政治自由尤其是公民政治参与的肯定，似乎显得前后矛盾。其实，贡斯当思想转变和前后矛盾的根本原因，在于时代的变迁和政局的转换①。这种认识有其合理性，一个对社会问题表现出深切关注的思想家，他的思想必然会适应社会和政治发展的要求而发生变化。

三、主张维护个人自由的宪政民主制度

在对民主与自由冲突的体察、对主权和自由的诠释的基础上，贡斯当深刻认识到必须对法国现行政治模式进行改造。他认为避免不断的革命动员、互相猜疑和血腥暴力，保持政治稳定的关键，在于形成一种适应法国商业经济与多样文化的政治制度。他指出，法国社会各阶层迫切需要一种既维护公民对政治生活的参与权，同时政治权力又能受到有效制约的宪政制度，以此来解决人民主权和个人自由的冲突，实现自由与

---

① Stephen Holmes, *Benjamin Constant and the Making of Modern Liberalism*, Yale University Press, 1984, pp. 36-43. 贡斯当反对法国大革命时期的不断的政治动员和参与，但面对复辟政府的行为，贡斯当号召民众不能只顾个人私利，应积极参与到政治改革当中去。

民主在现实中的和谐。

贡斯当主张代议制民主和实行权力分立与制衡的宪政民主制度。在民主的实现形式上，贡斯当反对卢梭式的直接民主，主张代议制民主。他认为代议制可以把政治自由和个人自由有效地结合起来。他提倡"以权力制约权力"的权力分立与制衡制度，对民主加以规制，以维护公民不可侵犯的个人自由，保障公民权利不受公共权力的侵犯。萨尔沃·马斯泰罗内称贡斯当是"立宪制自由主义最敏锐的理论家"[①]。

（一）贡斯当的代议制民主

在民主的实现形式上，贡斯当主张间接民主和代议制。贡斯当认为，随着商业经济的发展，现代人已经不可能过多地关注、也难以有时间较多地参与公共生活，如果说古代公民可以是"专职的公民"，而现代的公民只能是"兼职的公民"。贡斯当认为，"代议制就是，大众希望维护自己的利益，但没有时间去亲自保护自己的利益，于是委托一定数量的人做他们的代表"[②]。他认为代议制是现代社会比较好的政治参与方式，它既可以通过人民的代表表达个人权利的诉求，人民也可以通过直接参与更好地保障个人权利，它能够代表大多数人的利益。是确保个人自由的最可靠手段。

在议会代表的选择上，贡斯当反对传统的世袭制，主张选举制。他认为只有平等的选举权才能保持议会的活力，提出对议员代表要实

[①] 〔意〕萨尔沃·马斯泰罗内：《欧洲政治思想史——从十五世纪到二十世纪》，黄华光译，社会科学文献出版社1998年版，第284页。

[②] 〔法〕邦雅曼·贡斯当：《古代人的自由与现代人的自由》，阎克文、刘满贵译，第65页。

行定期改选，并吸纳精英参政；主张扩大选举权，实行直接选举制。虽然贡斯当主张扩大选举权，但又认为必须对选民加以适当的财产（土地财产、收入等）限制，在他看来，拥有一定的财产与政治事务的判断能力相关，他坚持政府应尊重私人财产权，反对政府对商业的干预。

贡斯当对代议制民主的诉求顺应了国家—社会分离的近现代社会模式和政治发展潮流，对现代自由主义的发展产生了积极的影响。

（二）贡斯当的权力分立与制衡制度

贡斯当受孟德斯鸠的影响，主张对政治权力的制约和平衡。他考察了英国的宪政体制，在孟德斯鸠的立法权、行政权和司法权"三权分立"的基础上又加进了王权，并主张对立法权进行划分，将立法权分为长期代议权和舆论代议权。由此看来，贡斯当将政治权力划分为王权、行政权、长期代议权、舆论代议权和司法权，并提出五种权力由不同的部门掌管。王权属于国家元首，行政权由大臣行使，长期代议权属于世袭制议院，舆论代议权属于选举制议院，司法权属于法庭。五种权力之间相互制约与平衡，并且任何权力都不得超越个人权利的限制。

1. 王权是一种中立性的权力。在贡斯当看来，王权是最重要的一种权力。贡斯当认为，按照孟德斯鸠的划分，立法权、行政权和司法权在实际运行中难以达到真正的平衡，因为常常会有一种权力居于其他权力之上，以至于权力与权力之间、部门与部门之间经常出现竞争。而王权恰恰可以解决这一问题，可以平衡、协调几种权力。王权的性质是一种中立的权力，它处于几种权力中间且高于其他权力。如果其他四种权力有不当行为，王权有权罢免行政大臣、对世袭贵族重新册封、解散选举制议院、用赦免权淡化司法过失。由此可见，在贡斯当这里，王权可以限制其他四种权力。此外，他认为王权的中立性质可以避免其与任何一种权力相结合而导致的权力扩张。贡斯当对王权的强调受英国君主立宪制的影响，体现出其人民主权学说的不彻底性。

2.把立法权分为"长期代议权"和"舆论代议权"。贡斯当认为，宪法是确认公民自由、赋予政权以合法性的根本规范，因此宪法等立法工作十分重要。他把立法权分为"长期代议权"和"舆论代议权"。"长期代议权"属于世袭制议院，"舆论代议权"属于选举制议院。世袭制议院的成员由国王册封任命，但它的人数必须不受限制。世袭制议院和选举制议院之间互相节制、互相平衡。需要注意的是，贡斯当主张内阁制，不赞同大臣与议会代表完全分离，认为大臣可以拥有立法创制权。从这里可以看出贡斯当分权学说的不彻底性。贡斯当对议会权力的扩张非常担忧。他提出"法律的扩张"（proliferation of laws）的概念，意指法律可以对生活过于控制、无处不在。另外，他反对恶法，即没有很好地制定的法律，认为这样的法律只能造成对个人权利的侵害，因此，必须对具有立法权的议会权力加以限制，人民有否决权和解散议会的权力。

3.对大臣责任的强调。行政权力是具体的实施环节，大臣易于乱用权力谋私。贡斯当在《适用于所有代议制政府的政治原则》的"论大臣的责任"一节中明确指出："大臣们能在三个不同的方面受到控告，并受到起诉：（1）由于滥用或误用他们的合法权力；（2）由于他们的非法行为损害了与特定个人并与之直接关系的公共利益；（3）由于侵犯个人的自由、安全与财产。"① 在这里，贡斯当明确地指出了行政权力应有的界限。贡斯当认为人民拥有权利，可以通过议会这一民意代表机构对行政权力进行监督，并可以遵循一定的程序对行政权力的不公进行申诉。

4. 重视司法程序。贡斯当认为，为了保护公民自由，司法体系必须独立，并特别强调了司法程序的重要性。他认为，独立的司法体系必须要有君主任命法官、法官常任制、陪审团制度、提高法官的薪俸等措施才能得以保障。司法独立可以防止专横权力的肆意扩张。他强调必须坚持并尊重司法程序，"程序构成了一道安全屏障，省略程序就是削弱或撤除这道安全屏障，因此本身也是一种刑罚。如果我们对被告处以这种刑罚，那就等于提前证实了他的罪行"②。贡斯当对法国大革命中秩序与程序的混乱深有体会，所以他非常强调程序的公开化。贡斯当还支持出版自由和言论自由，认为这样可以使国民保持活力，用行动来维护宪法制度，形成一定的国民精神和品格。除此之外，他还重视宗教的力量，认为宗教可以作为社会中的积极因素来限制国家的权力。他十分重视文化氛围、国民精神的力量对维持宪政制度的稳定作用。

总之，贡斯当始终如一地站在自由主义的立场上，对自由问题进行了独具特色的阐述。从某种意义上说，自由主义原本对民主就有敌视，加之法国大革命的负面结果，使得民主的暴政的一面暴露无遗。但是从根本上看，自由主义包含的人人平等的理念，预示了自由主义与民主的结合是不可抗拒的历史潮流。历史实践也强有力地证明了，自由主义和民主的结合并没有因为法国大革命的负面影响而终结，恰恰相反，在后

① 〔法〕邦雅曼·贡斯当：《古代人的自由与现代人的自由》，阎克文、刘满贵译，第147页。
② 〔法〕邦雅曼·贡斯当：《古代人的自由和现代人的自由》，阎克文、刘满贵译，第246页。

来的西方社会政治实践中，两者的结合日趋紧密。正如拉吉罗指出的：
"如果注意自由主义的两种典型形式 —— 法国式与英国式，在十八世纪
末时仿佛呈现着不共戴天的矛盾与排斥，而在十九世纪的进程中，作为
两种运动融会贯通的结果，两者的区别趋于消失。"[1] 萨托利也对自由主
义和民主的结合表明了看法，他认为，在 19 世纪"自由主义是在汲取
了最先的雅各宾民主的教训之后才被欧洲大陆所接受并显示出最佳效果
的"[2]。贡斯当主张用自由主义规制民主，也即用宪政民主来保障个人自
由，这无疑对西方自由主义的走向产生了深远影响，为"自由主义民
主"范式的产生做出了巨大贡献。在西方的后革命时代，贡斯当是从理
论上阐述自由主义民主原则的第一人。贡斯当作为 19 世纪法国自由主
义重要的代表人物，促进了自由主义民主理论和实践的发展，使得 19
世纪上半叶的法国成为自由主义的中心，他的自由思想在西方古典自由
主义思想宝库中独树一帜，显现出智慧的光芒。

（原载《文史哲》2010 年第 5 期）

---

[1] 〔意〕圭多·德·拉吉罗：《欧洲自由主义史》，杨军译，吉林人民出版社 2001 年版，第
325 页。
[2] 〔美〕乔·萨托利：《民主新论》，冯克利、阎克文译，第 433 页。

《十二表法》

——罗马共和宪政的基石

陈可风

公元前 5 世纪中期产生的《十二表法》不仅是罗马"诸公法、私法之源"（fons omnis publici privatique iuris），成就了"援礼入法"，即把习惯法（或不成文法）用文字记录下来公之于众；同时它还是平民和世族贵族政治斗争所达成的妥协，即从法律上限定了国内政治斗争和政治冲突的程度和范围，使其在法律所允许的范围内进行。因此，《十二表法》不仅是罗马法治社会的开端，并且还奠定了罗马共和宪政的基石。

对罗马共和宪政而言，《十二表法》中相关的法律规定十分简约，主要体现在第九表，共六项条款。具体有以下四个方面的内容：一是保障立法公正，即法勿因私而立（第九表第一款）；二是保护公民生命、自由和公民籍（第九表第二、四、六款）；三是保障司法相对公正（第九表第三款）；四是保障国家安全（第九表第五款）。这些看上去简约的条款实际上奠定了罗马共和宪政的基石，是极为重要的宪法原则性条款，它能否被切实有效地执行，是判断罗马共和宪政兴衰的标尺。在共和昌盛时期，由于这些法律规定符合罗马城邦社会政治生活的实际，因而也能被很有效地执行①。而自罗马从城邦发展为疆域庞大的帝国后，罗马社会的经济和政治生活发生巨变，罗马共和宪政的社会基础不复存在；因此自格拉古兄弟改革伊始，《十二表法》有关公法的规定屡遭破坏，并最终导致大规模内战和共和制度的灭亡。

一、确保立法公平的法律——"法勿因私而立"
（Privilegia ne irroganto）

这是《十二表法》第九表第一款的内容。关于这一款拉丁原文 privilegia ne irroganto，有些英译者（包括笔者所参照的洛布英译本②）将其中的 privilegia 翻译为 "laws of personal exception"，而依此英文翻译转译的中文便是"个人例外的法律"。这样的翻译含义不明确，容易产生歧义，未能准确表达拉丁原文的意思。周枏先生无疑理解了这一款拉丁原文的意思，将其翻译为"不得为任何个人的利益，制定特别的法律"③。不过周先生的中译文表述仍不够简练、精准。其实，privilegia 是拉丁词 privilegium 的复数形式，而 privilegium 是由 privus（单个的、个别人的、私人的）加 lex（法律）所组成的合成词，即针对任何个人的

---

① 笔者比较赞同意大利学者朱佩塞·泽基尼的观点，尽管《十二表法》的起草可能参照了雅典的法律，但它却是"纯粹罗马式的"（genuinamente Romani）。也就是说，《十二表法》完全是内生性法律，是出于罗马城邦政治社会生活的实际需要而产生的，具有很强的生命力。参见 Giuseppe Zecchini, *Il Pensiero Politico Romano*, Roma: La Nuova Italia Scientifica, 1997, p.12.

② E. H. Warmington, *Remains of Old Latin*, Vol. III, Cambridge, Massachusetts: Harvard University Press, London: William Heinemann Ltd., 1979, pp.424-515.

③ 周枏：《罗马法原论》下册，商务印书馆 2001 年版，第 1016 页。

立法。因此，无论是为了个别人的利益还是旨在反对个别人所制定的法律，均属 privilegium。如在拉意词典 ① 中所举的例子就属后者："反对个别人的法律即 privilegium"（拉丁文：in privatos homines leges，id est privilegium；意大利文翻译为：leggi contro singoli cittadini，questo è privilegium）②。当然，对于《十二表法》的这一条款，我们不能作机械的理解。这里的"个人"或"个别人"也可以理解为"个别组织或集团"。实际上 privilegium 中的 privus 既有"个人"、"个别人"的意思，也有"私人"的意思，而且后者才是它最基本的意思。也就是说，该条款旨在反对因私立法，法为公器，不得因私而设。西塞罗对该条款极其重视，认为没有比 privilegium 更不公正的法律了，因为"法者，强力也，人皆遵循之法令和命令"（legis haec vis sit，scitum et iussum in omnis）。因此，严格说来 privilegium 违背了法（lex）的基本精神，根本就不成其为法 ③。

这一条款对传统世族贵族来说可有效防范个人专权；对平民而言则是防止世族贵族集团在立法上搞特权，避免他们将自己的特权法律化。实际上平民与世族贵族的斗争无非是前者为在政治和经济上谋求平等所进行的斗争。因此，这样一场斗争势必给罗马人在法律上带来平等观念，而法律上的平等则首先就表现在立法上的公平。当然，法律上的平等必然是建立在社会现实基础之上的。对罗马共和国家来说，平民和世族贵族两种势力长期存在并在一定程度上相互依存才是罗马共和宪政得

---

① Luigi Castiglioni & Scevola Mariotti, *Vocabolario della Lingua Latina*, Locscher Editore, 1996, p. 827. privilegium 词条。

② 意大利文的翻译与拉丁原文略有出入，意大利文 singoli cittadini，中文意思是"个别公民"。

③ 〔古罗马〕西塞罗：《论法律》（Cicero, *De Legibus*），Ⅲ，19，44。

以产生和存在的条件。身处共和末年的撒鲁斯提乌斯对此有相当透彻的理解，他在《朱古达战争》一书中写道："昔者迦太基未亡之时，罗马民众和元老院相待以诚，相处以睦，共事其国；国人亦不因功名和权势而相争。惧外敌而国存懿德。"（Nam ante Carthaginem delectam populus et senatus Romanus placide modesteque inter se rem publicam tractabant, neque gloriae neque dominatiorlis certamen inter civis erat: metus hostilis in bonis artibus civitatem retinebat.）[①]

当然，布匿战争结束前的罗马共和历史并非像撒鲁斯提乌斯所美化的那样，不存在争夺荣誉和权力的斗争。事实上，平民和世族贵族的斗争一直都存在，只不过由于面临强大的外敌，斗争的双方表现得比较有节制罢了。另外，为了国家的保存和发展强盛所激发出来的爱国热情在一定程度上也消弭了内部纷争。在此形势下，以国家大局为重，法为公器，不得以法徇私的观念无疑能为各方接受而深入人心。因此，"法勿因私而立"（privilegia ne irroganto）作为罗马共和国家的一项基本原则得以出台并能得到有效的遵循。

二、保护公民人身基本权利的法律

这主要体现在《十二表法》第九表第二款的规定中。该法规定：绝罚于民之狱，微至高民会与［监察官］之擢之于民者，不为也（De capite civis nisi per maximum comitiatum ollosque quos ［censores］ in

---

① 〔古罗马〕撒鲁斯提乌斯：《朱古达战争》（Sallustius, *Bellum lugurthinum*），41。

partibus populi locassint ne ferunto）。这里所提及的"至高民会"，即最高级别的人民大会，指的是百人团大会，亦即拉丁文之 comitia centuriata。以往也有人采取音译，把 comitia centuriata 翻译为"森都里亚大会"，周枏先生将其翻译为"军伍大会"，理由是百人团名不副实，实际不足百人[①]。笔者觉得还是照字面直译，翻译为"百人团大会"为宜。主要理由是百人团大会最初出现时很可能就是以百人为一个单位。另外，如果说经过后来的发展演变，百人团因不足百人、名不副实；那么将其翻译为"军伍大会"亦不贴切。自公元前 5 世纪起，随着军事技术的发展，百人团组织实际上成为一种纯粹的政治组织。大概在公元前 3 世纪后百人团会议组织还与部落组织有机地联系到一起[②]。

　　至于该法律中的 de capite civis，则有点复杂。因为拉丁文 caput 含义甚多。不过其基本意思是指"头"（即脑袋），在指示人时人头即指人本身、人的生命。由此引申，在指示公民时指的是公民身份，如 capitis deminutio，即指丧失公民身份，也就是指丧失自由、公民籍、家庭权利等。另外，由于它可以指人身、人的生命，因此 poena capitis（性命之罚）即指剥夺生命，也就是死刑。当然，caput 还有其他含义，这里就不讨论了。周枏先生将 de capite civis 翻译为"对剥夺一人的生命、自由和国籍"[③]，显然是经过仔细考究的。不过，还是应把 civis（"公民的"）翻译出来，即翻译为"对剥夺公民人身、自由和公民籍"。考虑到这一条款含义甚多且为对公民最严厉之罚，故将 de capite 翻译为"绝罚"。

　　正如周枏先生所理解的那样，这是一项保障罗马公民人身、自由

[①]　周枏：《罗马法原论》上册，第 30 页注释②。
[②]　参阅陈可风：《罗马共和宪政研究》，法律出版社 2004 年版，第 122—125 页。
[③]　周枏：《罗马法原论》下册，第 1016 页。

和公民基本权利的极其重要的法律。西塞罗对该条款和以上第九表第一款极为重视，认为是“《十二表法》殊胜之法”（leges praeclarissimae de duodecim tabulis）①，并由衷感叹先人何等英明，为保护后代颁布了如此重要的法律。西氏尤其欣赏该法中确定的只能由最高级别的人民大会进行审理的规定，因“民决事以赀、尊与齿之别，贤于其杂处部落也”（descriptus enim populus censu, ordinibus, aetatibus plus adhibet ad suffragium sonsilii quam fuse in tribus convocatus）②。然而，这一条法律显然并非像西氏所设想的那样，是罗马祖先为保护后代所实施的英明举措。它的出台实际上只是早期平民与世族贵族斗争的结果，主要是平民的意愿在立法上的体现。在这场斗争中，由于国家机器为世族贵族所垄断，平民相对处于弱势地位。最初他们所要求的还仅仅是保护其领袖的生命安全，即所谓“神圣约法”（sacratae leges）。当然，“神圣约法”并非严格意义上的法律，它仅仅是平民团体内部以盟誓（sacramentum）的方式宣布作为其代言人和保护人的保民官具有“神圣”（sacrosancti）不可侵犯的特性，并得到了世族贵族的认可③。现在斗争双方则通过立法的方式确保每位公民的人身、自由和公民身份不受侵犯。对平民而言该法律可防止世族贵族官吏对自身的加害，对世族贵族而言则可以防范平民的革命行为。另外，在世族贵族内部该法律也可以阻止极少数豪门大族对普通世族贵族成员的欺凌。

与该法律立法精神和内容基本一致的还有《十二表法》第九表第四款和第九表第六款。《十二表法》第九表第四款，根据彭波利乌斯的叙

① 〔古罗马〕西塞罗：《论法律》（Cicero, De Legibus），Ⅲ，19，44。
② 〔古罗马〕西塞罗：《论法律》（Cicero, De Legibus），Ⅲ，19，44。
③ 〔古罗马〕李维：《建城以来史》，Ⅱ，33，1。

述，是关于设立死刑审判官（quaestores）的法律，即在人民大会上从人民中间推举出来，称之为"凶杀罪审判官"（quaestores parricidii）[1]。彭氏所说显然不是《十二表法》的原文转述，当时罗马最高长官很可能还不称"执政"（consul）。另外，quaestores parricidii 本是王政时期辅佐王、负责司法审讯的长官。当然，共和时期也完全有可能沿用旧时官名。第九表第六款亦规定："凡未断狱定罪者，禁杀。"（Interf ici indemnatum quemcumque hominem vetuerunt.）

　　总体来说，上述三项法律都旨在保障公民基本权利，消弭国内纷争，把国内政治斗争纳入合法轨道。这三项法律对保障国内政治稳定、构建平衡的罗马政治具有十分重要的意义，是代表罗马共和国家基本原则的宪法性质的法律条款。

三、确保司法相对公正的法律

　　这体现在《十二表法》第九表第三款的规定："授权之狱官或仲裁者，经查决狱讼而取赂，当诛。"（iudicem arbitrumve iure datum, qui ob

---

[1]　彭波利乌斯有关这一条款叙述的原文是"盖因无人民之命令，执政官不得审理'绝罚'之诉，由是设立自人民选出之审判官审理之，曰凶杀罪审判官。《十二表法》亦言是也"（Quia ut diximus de capite civis Romani iniussu populi non erat lege permissum consulibus ius dicere, propterea quaestores constituebantur e populo，qui de capitalibus rebus praeessent; hi appellabantur quaestores parricidii quorum etiam meminit Lex XII Tabularum）。见优士丁尼：《法学汇编》（Digesta），I，2，2，23。我国已故学者周枏所翻译的这一条款内容与彭波利乌斯所述（也是笔者所参照洛布丛书有关《十二表法》这一款的去处）有较大出入，不知他是根据何版本所译。周枏先生对这一条款的翻译是："执行死刑时由刑事助审官监场。对刑事判决不服的，有权申诉。"（见《罗马法原论》，第 1016 页）

rem decendam pecuniam accepisse convictus est, capite poenitur.）在谈到该法律的严酷时，格利乌斯曾把它与第八表第十二款有关盗窃的条款类比。《十二表法》第八表第十二款规定："适逢夜盗，杀之无罪。"（Si nox furtum factum sit, si im occisit, iure caesus esto.）因为，狱官（承审员）或仲裁人收受贿赂、不秉公办案，便背弃了自己的誓言和法律（人法和神法），实际上是一种明目张胆的行窃。既然夜间行窃，行窃者被杀视为合法；那么狱官或仲裁人收受贿赂处以死刑就并不为过[1]。

从现今诉讼法（当然，罗马并无诉讼法和实体法的区分）的角度来看，罗马诉讼制度大体经过了法定诉讼（legis actiones）、程式诉讼（formula）和非常程序（cognitio extraordinaria）三个阶段，当然有时也存在重叠的现象。我们讨论的共和时期只存在前两种。无论是法定诉讼还是程式诉讼[2]，其主要特点就是诉讼案件分为法律审理（in iure）和事实审理（in iudicio）两个阶段，表现出私力救济和公力救济相结合的特点，在事实审理阶段的审理员和仲裁人很大程度上扮演了现今法官的角色。审理员和仲裁人在罗马法律上并无严格区分，现在一般认为前者审理相对单纯、简单的案件，审理时为一人；后者审理相对复杂、重要的案件，如确定地界（finium regundorum）和家产分割（familiae erciscundae）之诉，审理时为多人。如《十二表法》第七表第五款就规定地界纷争须三名仲裁人裁定。

然而，无论是审理员还是仲裁人，在格拉古以前只有元老才有资格

---

[1] 〔古罗马〕格利乌斯：《阿提卡之夜》（A. Gellius, *Noctes Atticae*），XX, 1, 7-8。
[2] 关于法定诉讼和程式诉讼的区分可参阅周枬：《罗马法原论》下册，第950—951页；关于法定诉讼到程式诉讼的演变及其相关争论，可参阅 H. F. Jolowiz & Barry Nicholas, *Historical Introduction to the Study of Roman Law*, Cambridge · London · New York · Melbourne: Cambridge University Press, 1972, pp.218-232。

充任，进入审案花名册（album iudicium）。诉讼当事人也只能在花名册上挑选双方合意的审理员和仲裁人。从现在的眼光看，司法权实际把持在贵族手中[①]。《十二表法》第九表的该项法律显然是防范审理员和仲裁人徇私舞弊，其立法精神是确保司法公正，尽管在立法形式上表现出严酷刑罚的特点。在罗马国内平民与世族贵族两股政治力量对垒、对外长期遭受强敌威逼的情势下，再加上崇尚荣誉的古朴风俗，在典型共和时期罗马应该说还是可以基本上做到司法公正，至少要比罗马共和晚期来得公正。盖乌斯·格拉古提议通过的《审判法》（lex iudiciara）尽管把审判权给予了骑士，但这并没有给罗马带来司法公正。从罗马行省管理角度看，无论是《审判法》还是由盖乌斯·格拉古提议通过的另一项法律《亚细亚行省法》（lex de provincia Asia），实际上都助长了罗马行省官员的腐败和骑士对行省居民的疯狂掠夺[②]。

四、保障国家和公民安全的法律

《十二表法》第九表第五款规定："凡煽敌或付民于敌者，当诛。"（［Lex XII Tabularum iubet］eum qui hostem concitaverit quive civem hosti tradiderat capite puniri.）该条款中"煽动敌人"（hostem concitaverit），实际上是指煽动外敌反对祖国，具体来说就是反对罗马共和国家。所以

---

① 司法解释也是如此，长期由只有世族贵族才能担任的大祭司（pontifices）负责。公元前300年实施的一项欧古尔尼亚法（lex Ogulnia）才允许平民担任。另外，主要负责司法的长官（pretor urbanus）职位在公元前337年前也为世族贵族把持。

② 参阅陈可风：《罗马共和宪政研究》，第189—190、222—224页。

周枏先生将其翻译为"反对自己的国家"①。这里的"敌人"指的是外国人。在共和昌盛时期，罗马国内并无所谓敌人。"公敌宣告"、"人民公敌"是伴随着罗马共和晚期的党争而出现的，是共和宪政衰微的象征。

另外，我们还应注意的是，该项法律把将公民交付敌人与叛国罪等量齐观。因为在罗马人的观念中，所谓国家即由公民组成的共同体。把公民交付敌人，也实际上等同于把国家交付敌人。当然，在涉及国家声誉的某些特殊情况下，必须将公民交付给敌人，并不违反该项法律。如公元前321年第二次萨谟奈战争中，罗马执政官所率军队身陷重围，与敌人盟誓签署了和约。但元老院不同意该和约，宣布和约无效。因为依照罗马共和惯例，只有元老院和人民（Senatus Populusque Romani）才有权批准签署和约。在此情况下，元老院只能将签约的执政官以及参加盟誓的其他罗马军人交付给萨谟奈人，由对方处置。因为这些人虽不代表国家，但必须受他们与敌国所签署条约的约束②。

综上所述不难看出，作为共和早期罗马平民与世族贵族斗争妥协产物的《十二表法》，其中第九表有关公法的条款，尽管十分简约，却奠定了罗马共和宪政的基石，属于原则性宪法条款。其立法精神是国家共同利益至上，国家利益要高于某一特定阶级或集团的利益。当然，这里的国家是指城邦共和国家即"公共财产"（res publica）或"人民的财产"（res populi）。其立法目的是保障作为组成国家的人民即公民的基本权利，同时把国内政治斗争纳入合法的轨道。

然而，《十二表法》所确定的公法原则的产生和存在，是以平民与

① 周枏：《罗马法原论》下册，第1016页。
② 参见〔古罗马〕李维：《建城以来史》，IX，5。

世族贵族两大政治力量长期对垒并相互依存为条件的。一旦罗马成为地中海霸主，外部威胁彻底解除，与平民上层合流所形成的新的贵族集团即日益保守，逐渐演变成一封闭组织，很少再有"新人"（homines novi）能有幸进入这一集团[1]。当然，正如布伦特所注意到的，保守的贵族集团也不可能完全控制罗马政权。随着第二次布匿战争结束后罗马—意大利经济社会结构发生巨大变化[2]以及新的战争的爆发，总有一些传统世族贵族消亡，而会有一些富裕平民家族取代他们的位置。因此，尽管严格意义上的"新人"很少出现，却不乏担任较低官职的富裕平民[3]。这似乎又回到了公元前367年前的罗马共和时代，贵族集团死死抓住不放的只是他们最后也是最重要的堡垒——执政官职位。对于罗马共和晚期的这一政治状况，撒鲁斯提乌斯曾有过形象的描述："平民虽亦入仕，然执政一职传于世族之手。无有借声望和功业而为'新人'者，无'新人'堪此殊荣，其为之，若污也。"（etiam tum alios magistratus plebes, consulatum nobilitas inter se per manus tradebat. Novos nemo tam clarus neque tam egregiis factis erat, quin indignus illo honore et quasi pollutus haberetur.）[4] 新兴的以包税商和高利贷者为主体的骑士，虽然也与贵族集团存在矛盾和斗争，然而这一唯利是图的阶级并不能有效节制

---

[1]　根据泰勒的统计，罗马共和的最后150年出现的"新人"不会超过十位。参见 Lily Ross Taylor, *Party Politics in the Age of Caesar*, Berkeley and Los Angeles: University of California Press 1961, p. 186, note 8.

[2]　关于这一变化，可参阅阿庇安：《罗马史》，XIII，1，7；弗兰克：《古代罗马经济概览》（Tenny Frank, *An Economic Survey of Ancient Rome*, Paterson & New Jersey: Pageant Books, INC. , 1959, V. 1, p. 141）；陈可风：《罗马共和宪政研究》，第212—213页。

[3]　P. A. Brunt, *Social Conflicts in the Roman Republic*, London: Chatto & Windus, 1978, pp. 67-68.

[4]　〔古罗马〕撒鲁斯提乌斯：《朱古达战争》，LXIII，6。

前者的权力。相反，它所能做的只是加速贵族集团的腐败①。另外，作为建立在城邦基础上的共和制度与罗马庞大疆域存在深刻矛盾，罗马实际上不可能再仅仅是罗马人的罗马，其统治基础扩大的需要势必使公民权在意大利和行省延伸，而这却是罗马平民和贵族都不愿接受的现实。

　　总之，业已改变的社会现实必将改变与其不相适应的政治法律制度，而不是反过来，由陈旧的政治法律制度来改变社会现实。格拉古兄弟试图恢复共和宪政的改革本身就是一件不可能完成的任务，它势必会以破坏共和宪制惯例作为其改革的开端，其土地法案的推行也不可能通过合法斗争得以实现。尽管围绕土地改革斗争的双方主观上无意破坏传统共和宪制，然而共和宪制却注定要被破坏。如果说格拉古兄弟仅仅是破坏罗马共和宪制惯例的话，那么以元老院为代表的反对派则以国家处于危亡之际为由，发布紧急状态令（senatus consultum ultimum）②，大开杀戒。《十二表法》所规定的那些保障公民基本权利的条款荡然无存。更有甚者，另一位试图恢复共和宪政的苏拉破天荒率领罗马军队攻陷罗马城，大规模实行公敌宣告（proscriptio），将政敌列入黑名单，大肆捕杀。而所有这些被杀的公民，按照《十二表法》的规定，本来必须由公民大会进行审判定罪才能处死。然而，贵族派的杀戮却并不能解决罗马的社会矛盾。因为上层与贵族的合流，失去领导者的平民大众对贵族的

①　参见陈可风：《罗马共和宪政研究》，第 189—190、223—224 页。

②　*senatus consultum ultimum*，拉丁文字面意思是"元老院最高决议"，最初出现于第二次布匿战争，是国家处于危机时的紧急措施。它用来平息国内纷争首次出现于公元前 133 年，随后又多次使用，成为元老贵族派对付平民派以及党争各派彼此斗争的工具。具体可参阅：Chen ke Feng, "A Perspective of the Senatus Consultum Ultimum in the Late Roman Republic from the Constitutional Point of View," *Journal of Ancient Civilizations*, Vol. 19, 2004, pp. 125-132.

仇恨和反抗更加激烈，他们在贵族阵营内部寻找到了自己的新领袖，即那些手握行省兵权的权势人物。这些被西塞罗、撒鲁斯提乌斯等古典作家称之为 populares[1] 的权势人物，一方面既反对元老贵族，另一方面又为掌控罗马政权而彼此争夺。由保民官召集的平民会议（共和后期的立法机构）也为党争提供了方便，通过一项项旨在针对个人的立法，试图以"人民的命令"（iussus populi）的形式给党争披上合法的外衣。然而，这合法的外衣本身也是不合法的，因为它们是《十二表法》所禁止的 privilegia。最终，罗马共和的命运还是由战争和武力来表决，其结果是宣告共和的灭亡和元首制的诞生。

（原载《文史哲》2011 年第 2 期）

---

[1]   该拉丁词有两种含义，一是指"大众"、"民众"；其二是指有个人野心，走大众路线的贵族权势人物。在第二种含义上，撒鲁斯提乌斯把它定义为"寻求个人权力者"（pro sua quisque potentia certabant），见《喀提林阴谋》（C. Sallustius, *Bellum Catilinae*），38。

中古基督教选举的宪政意蕴

张殿清

中古基督教①选举是指教众、修士或教区代表，根据自己的意志，遵循相关原则、程序，选出主教、修道院长和教皇等教会管理者的行为。在选举过程中，职位所涉及之人的同意是候选人当选至关重要的条件。这蕴含着民主参与和权力制约的宪政基本原则。教会选举是研究中古教会宪政的重要途径，理应得到宪政史研究的重视，然而国内学界对此仅略有涉及②，尚需系统分析和探讨。鉴于此，本文拟从史实出发，讨论教会选举理论之传承、选举制度之演变及其宪政之意蕴。

一、选举理论之传承

基督教会选举理论源于早期民主管理实践，发展于主教制度形成时

---

① 本文所涉及基督教是指早期基督教和早期基督教裂变而成的天主教。

② 据笔者所见，国内涉及教会选举的研究成果包括彭小瑜《教会法研究》（商务印书馆 2003 年版）第三章第二节，第 178—187 页；丛日云《在上帝与凯撒之间——基督教二元政治观与近代自由主义》（生活·读书·新知三联书店 2003 年版）第三章第三节，第 225—226 页。

期，于教皇革命后臻于成熟。

基督教草创时期，艰难的生存环境，要求执行民主管理来团结教众和扩大教会影响，所以在基督教会内部，凡是遇到重大事件，就需要教众一起协商，决策。这样的商议屡次出现后，便在基督教会中形成了凡涉及教会整体利益的决策，须经诸教徒"共同同意"的惯例。教会管理者的遴选涉及教众利益，因此必须遵守"共同同意"循例，并通过大家"选择"的形式表达。这样选举就应运而生，"共同同意"也顺理成章地成为指导教会选举的理念。该理念源于教会生活，教众对此习以为常，也潜移默化地影响着他们，形成集体无意识。此时期的选举观念是教会公共生活的规范和准则，并非针对选举一端，也尚未"概念化"，选举案例是传递这种观念的载体[1]，该时期的选举理论尚处于萌芽状态。

任何社会组织在发展之初，大都实行民主管理方式，但随后，集权趋势通常会逐渐加强，要求成员"共同同意"后再决策的民主成分就会随之减弱，甚至销声匿迹。然而在基督教的发展过程中，教众"共同同意"的选举理念不但没有随着集权发展而削弱，反而在集权过程中得到逐步发展和完善。

教会的第一次集权发生在主教制形成与发展时期。在此阶段，主教逐渐揽取了教区内的诸多权力。同时，选举理论也走出混沌状态，有了清晰明确的表述。一般，"众多的人聚集在一起，往往会发展出一种几乎无可抗拒的专制主义倾向，不管这是一个人的专制还是多数人统治的专制"[2]。基督教会的发展也不例外。随着教会的壮大，为了应对险

---

① 《使徒传记》第 1 章第 5 节中记载，由 120 名教众共同选举马提亚为替补犹大的使徒。

② 〔美〕汉娜·阿伦特：《公共领域与私人领域》，刘锋译，载汪晖、陈燕谷主编：《文化与公共性》，生活·读书·新知三联书店 1998 年版，第 75 页。

恶的外部环境和多发的内部争端，基督教会不自觉地求助于集权，"专制"的主教替代了民主的集体领导。与之相适应，宣扬主教集权的理论也应运而生。其中，最具代表性的是早期教父——迦太基主教奚普里安（Cyprian）的论述。他从神学的角度论证了主教管理权威的正统性。奚普里安宣称，由于主教的灵性来自使徒，而使徒的灵性又来自基督，并且这一传递是不间断的，因此可以说，主教的灵性就来自上帝。这就将主教与上帝直接联系起来，主教的信仰权威直接来自于基督，世间难有望其项背者。接下来，奚普里安将主教信仰权威转化为管理教会的权威。他宣称，只有主教是教会的支柱，才能有效保护教会的圣洁。因此，主教应集教会权力于一身。为了强调主教的地位，他认为主教本人就是教会，主教在哪里，教会就在哪里；任何人不与主教在一起，他就不在教会里[①]。奚普里安的理论是教会集权需要的产物，也适时地推动了教会集权的发展。显然，按照奚普里安的理论，教会的管理权来自基督，而不是来自教众的"同意"。

然而，虽然从常理上讲，教会追求集权，必然会侵蚀原有的民主观念，但由于基督教集权的初衷是为了教会发展，也就是为了教众的共同利益，因而教众的"共同同意"就成为集权发展过程中的必要环节。而且，集权的受益者——当选主教也接受并倡导该理念。罗马的克莱门特一世（91—100）就明确地提出，只有全体教众同意的选举才有效[②]。罗马主教西莱斯廷一世（422—432年在位）曾经说过，教会所不愿意接受的人不易成为他们的主教，所以教会在任命主教的时候必须考虑教

---

① Philip Schaff, *History of the Christian Church*, Vol. 2, Peabody: Hendrickson Publishers, 1996, pp. 150-151.

② Philip Schaff, *History of the Christian Church*, Vol 2, p. 129.

士、贵族和人民的意见和愿望。即便是奉行"教皇绝对主义"的利奥一世（440—461 年在位）也承认，"如果你要主持管理大家，就要被大家选举"①。西莱斯廷一世和利奥一世的言论被后世选入具有法律功能的《教令集》，教令的影响深远而悠长，成为指导教会选举的理论。这个时期的选举理论，已经从教会公共生活的一般准则中剥离出来，专门表述选举中教众的同意和主教当选的因果关系：统治权威来自被统治者的同意。而且尤为重要的是，"共同同意"理念外化为文本，有形的理论出现了。

教会的第二次集权是教会革命时期（11—13 世纪），选举理论亦随之逐渐完善。在教会革命之前，地方世俗势力染指基督教，干预主教和修道院长选任，统一的基督教组织也遭到严重破坏。这种局面引起了捍卫教会独立之士的强烈不满。他们为恢复教会的统一和独立，努力提高教皇权威以对抗世俗统治者，将各项权力集中于教皇手中，使其成为享有至高无上权力的宗教领袖。

教皇的崇高地位，令其选举成为教会集权的焦点。围绕教皇选举，教会法学家、天主教神学家和教会至上主义者展开激烈的讨论，厘清了诸如选举的地位、间接选举、多数同意原则及废黜教皇的依据等一系列有关选举的基本问题，至此形成了完整的教会选举理论体系。

鉴于先前经常发生不符合教会法的选举事例，讨论者从《圣经》和早期教令中寻找证据，论证选举的法律地位。明谷的伯纳德（Bernard of Clairvaux）根据《圣经》中有关选举的文本，主张选举所影响到的每个人都应该参与主教选举。托马斯·阿奎纳（Thomas Aquinas，约

---

① Philip Schaff, *History of the Christian Church*, Vol 3, p.240.

1225—1274）也援引《圣经》《申命记》中"你们要按各支派，选举有智慧有见识的人"、《埃及记》中"要从百姓中遴选有才能的人"等文本，来证明其"统治者应从全体人民中产生以及由人民选举这些人"观点的正确性①。阿奎那的思想对中世纪后期广有影响。巴黎的约翰（John of Paris，1255—1306）秉承阿奎那的衣钵，提出了教会高级教士需"通过人民的选举和赞同获得权力"②的观点。他们的言论再次在基督教界确认了选举的法律地位，进一步巩固了通过选举产生教会管理者的传统。

　　教会法学家除了援引早期文献法令，论证选举的重要性，还结合现实，在传承教会早期选举原则的基础上有所创新。面临世俗势力对教会选举尤其是对教皇选举的破坏，他们将教会"共同同意"选举理念与刚刚复兴的罗马法相结合，再次强调教会团体做出决策前须征得所有成员的同意，主教、其他教会管理者甚至教皇的产生都必须经由团体成员的同意和选举。帕多瓦的马西里奥（Marsilius of Padua），根据"凡涉及众人之事，应得到所有人赞同"的罗马法法则，提出教皇也需通过选举产生。他认为应由包括平教徒在内的大公会议来选举教皇并规定其权力③。此外，教会法学家还将"共同同意"原则与统治的合法性联系起来，指出教会的各级管理者只有经过选举，才有资格被授予职位，才能享有管辖教会的权力。并且他们还关注了选举者的意愿，主张当选者必须经自由选举选出，绝对不能由一群不情愿的人选出。简言之，教会法学家认为教会内的各级职位都须获得下级教士的认可，选举是管理者合法地位

---

① 〔意〕阿奎那：《阿奎那政治著作选》，马清槐译，商务印书馆1997年版，第129页。
② Paul E. Sigmund, *Nicholas of Cusa and Medieval Political Thought*, Cambridge, Massachusetts: Harvard University Press, 1963, p. 830.
③ Walter Ullmann, *Medieval Political Thought*, Harmondsworth, Penguin Books Ltd., 1979, p. 213.

的唯一来源。

　　随看基督教的发展，教众、教区的增加，选举范围的不断扩大，适合小群体、公开选举的"共同同意"原则，已经不能适应教会的选举，尤其是不适应西部教皇的选举。为了满足教会选举之需，也为了排除世俗势力的干预，在"共同同意"基础上，衍生出了"代表"的观念。教会法学家提出了"更重要和更有力的部分"（major et sanior pars）这一新的概念，他们认为教会中更重要和更有力的部分可以代表教会全体选举主教和教皇。为此，1059 年颁布的《教皇选举条例》规定，罗马教区是教会中地位最高的教区，罗马枢机主教团是教会最重要的部分，代表了整个天主教会。该条例字里行间渗透着代表的信息、代议的观念。由于代表是在"共同同意"基础上选出来的，"代表"观念的出现并不意味着对"共同同意"原则的否定，而是"共同同意"原则适应教会发展的一种创新。从"共同同意"的直接选举到"代表"的间接选举的演变也符合选举制度发展的一般规律。

　　在选举中，经常出现意见不一致的僵持局面，造成选举效率低下。为应对现实困境，教会选举须确定多数票通过原则。关于多数票的界定问题，教会法学家先后提出了一些具有近代宪政内涵的观点。法学家休古西奥（Huguccip,？—1210 年）认为，计算选票应该考虑"数量"、"热诚"及"权威"三个因素，如果其中的两条达成一致时，选民的意志就取得胜利[1]。这种计算标准有一定的缺陷，它不仅保留着等级差距，违背民主原则，也很难操作，不易计算。因而到了 13 世纪早期，约翰

---

[1]　J. H. Burns, *The Cambridge History of Medieval Political Thought C.350-C.1450*, New York: Cambridge University Press, 1988, p. 451.

尼斯·巴西亚努思（Johannes Teutonicus）对此观点进行了修正，他认为"数量永远高于热诚与权威，除非在数量只有细微的差距时，那么我们会将热诚或者权威与数量结合起来"①。约翰奈斯将"多数"定义为选举人中的最大数量。13世纪的教会法学家大都赞同这一观点。与"共同同意"原则相比，多数票通过更具有现实意义，是对选举团体多数人意愿的尊重，是一种进步的表现。

　　教皇选举中，经常出现枢机主教团成员分头选举教皇，或者枢机主教团先后多次选举教皇，造成两位甚至三位教皇鼎立的局面。为应对这一困境，论者们在肯定教皇管辖权来自选举的同时，还提出了废黜教皇的法律依据，最终完善了选举理论。教会法学家将教皇的权力区分为"圣职权"（potest ordinis）和"统治权"（potestate jurisdiction），在理论上，厘清了教皇权力的性质与来源。圣职权是指教皇主持各种教职任命及圣礼仪式的权力。例如，教皇有权主持洗礼、弥撒和圣餐，有听取忏悔的权力。该项权力来自使徒传承下来的神恩。统治权则是指教皇按教会管理体系，行使的立法、行政和司法权力，是作为教团性法律实体的教会所授予的一项权力，它是依照法律而统治。后一种权力来自教会全体成员的赋予，教皇行使这项权力要向教会负责。对教皇的"圣职权"和"统治权"的区分，为废黜教皇提供了强有力的依据。巴黎的约翰就认为，信众的赞同是构成教皇治理权（governmental powers）的实质性要素，所以信众在教皇不称职、精神不正常或不能工作时，或者基于人民认可的任何理由，有权收回原来的赞同，也有权一并收回因赞同而生

---

① J. H. Burns, *The Cambridge History of Medieval Political Thought C.350-C.1450*, p.451.

的教皇治理权 ①。奥卡姆的威廉（William of Occam，约 1285—1349 年）也认为，如果教皇成为异端，他就要受到大公会议的审判 ②。

完整的选举理论既要关乎选举过程，还应涉及对当选者的制约，废黜教皇理论的出现，标志着教会选举理论的最终完善和成熟。

在教会选举理论的演进过程中，民主选举和集权这两个貌似水火不相容的现象不仅没有此消彼长，民主选举理论还随着教会集权的发展逐步完善。缘何中古基督教会出现了这种有悖常理的历史现象？这与教会允许多元思想存在密切关系。在集权、选举和限权的问题上，《圣经》和《教令集》等文本中充满了互相抵触的言论和事例。而且有的教会法学家，既主张集权又不忽视对权力的限制。这样，在教会中，没有一种思想占据着绝对优势，避免了罢黜百家的大一统局面的出现，不同观点的交锋时有发生。在此大背景下，制约权力的民主思潮，在与集权的斗争中得以发展壮大，因此随着集权的发展，限制权力的思想也会随之升级完善。

二、选举制度之演变

根据选举主体范围的不同，教会选举可分为主教（Presbyter）选举和修道院选举。其中，形成于 4 世纪的主教选举制度，定下了教会选举的基调。后来的教皇和修道院长选举制度都是以主教选举制度为蓝本，又依据选举的具体情形适当修正的结果。

---

① Walter UlImann, *Medieval Political Thought Harmondsworth*, pp. 203-204.
② Paul E. Sigmund, *Nicholas of Cusa and Medieval Political Thought*, p. 97.

首先考察主教选举制度的沿革发展。主教是教会发展到一定阶段的产物。早期教会的组织结构简单，一般由神职人员中资历较深、年纪教长的长老（Presbyter）负责教会的全面管理。早期教会文献提及长老时，该词都以复数的语法形式出现，表明教会是由多位长老集体管理。在教会中，长老们享有同等的地位，共同协商、决策，民主议事的风气浓厚。作为管理者，长老有的是大家默认的，有的是经过选举产生的，有的是使徒指派的。但无论以何种方式产生，教众的"共同同意"是长老取得管理权的决定性因素①。

教会规模较小时，长老集体管理可以最大程度地团结教徒，促进教会发展，但这种管理由于缺乏核心权威，决策效率相对低下。随着教徒数量的急剧增加，传教范围的扩大，尤其当基督教与非基督教界产生矛盾时，当处理与政府当局关系等紧急事件时，教会需要果断决策，但长老们权力相当，有可能意见相左，相互争执，贻误时机。显然，长老集体管理已经难以适应新形势，教会呼唤强有力管理者的出现。为了适应新环境，谋求新发展，教会的管理渐渐地集中到一位长老手中，这位长老成为长老团的主席，后来又被称为主教。

主教全权管理教区的各项事务。他有权推荐和任命长老、执事等教会管理人员，对教区的教士拥有管辖权。325年召开的尼西亚会议规定，其他神职人员不经过主教同意不准脱离其主教区②。主教还负责管理教会财产，监管教会收支。此外，主教还充当教会内部诉讼的裁判，负责解决教徒间的各种纠纷。简言之，主教掌控了教区的管辖权。

① Willison Walker, *A History of the Christian Church*, New York: Charles Scribner's Sons, 1922, p. 46.

② Willison Walker, *A History of the Christian Church*, p. 164.

虽然该时期基督教会的集权趋势增强，权力集中于主教一人，但由于主教脱胎于长老，而长老是经过选举产生的，所以主教自然而然也要通过选举产生，仍然遵循"共同同意"原则。

随着教会的发展，主教的选举程序逐渐制度化。主教选举一般需经历以下三个程序。

第一，由教区长老负责审查、推荐主教人选。主教被认为是圣彼得的传人，与一般教职人员不同，需要满足精通经文、熟悉教会法规等特殊要求。因此，长老们要在慎重考虑的基础上，推荐主教候选人。长老们的决策是集体协商的结果。这一过程既蕴含长老的"选择"，又昭示他们的"同意"。教区的其他神职人员需确认主教人选。主教产生后，由多位长老共同辅佐其管理教会。

第二，由于主教是教会的管理者，教会全体成员是否接受其任职至关重要，因此教众的"选举"和"同意"是主教选举制的另一重要组成部分，是主教管理教会权力合法化的重要途径。依照基督教传统，长老们提名的主教必须经由教众共同同意的选举才能当选。一般在选举主教的宗教会议上，神职人员和普通信徒聚集在一起，对长老们提名的主教候选人，当场进行表决。该会议不仅授予主教管理教会的权力，同时也要求主教在宗教会议监督下行使管理权。并且，它还起到约束教众的作用，要求他们在接受了当选主教后，就服从他的管理和领导。

第三，由于基督教会是一个信仰的共同体，每一个教会都是整体的一部分，各教会之间都相互关联，因此某一教区选出的主教，还需征得临近主教的同意，以确保整个基督教会的统一。在由教区全体教士和教众选举产生后，当选主教要行派立礼（Confirmation），表明他的权威来自上帝。起初，这种仪式由相邻教区的主教主持。尼西亚宗教大会通过的第四条教令规定，每一位当选主教，需经历一个至少由 3 名相邻教区主教（municipal province）参与的仪式[①]。后来，随着集权的加强，都主教获取了对主教派立礼的指导权，有权指定参加派立礼仪式的其他教区的主教。

在教区主教的选举过程中，尽管长老、神职人员以及全体教众所起作用不同，但他们都是选举的有机组成部分，不可或缺。他们作为主教下属和被管理者都享有"选择"和"同意"的权利。早期的主教选举，奠定了基督教会选举制度的基础。当神职人员和教众共同选举主教得到了君士坦丁皇帝主持的尼西亚宗教大公会议的确认后，就被制度化、法规化了。教令由皇帝签署，在教会内具有普遍法律效力，全国各教区都要严格遵守。这就使主教需凭选举产生的观念浸润整个教会，影响深远[②]。基于上述原因，在基督教后来的发展过程中，虽然主教选举先后遭受来自各方面不同程度的干预，却从未被废止，表达"同意"的程序也从未被取消。而且当选举受到严重干扰时，教会都援引这些法令，谋求选举独立。

查理曼帝国以后，随着封建制度的确立，教堂也随之呈现私有化趋势。世俗统治者称有义务也有责任避免不称职牧师占据主教职位，享有否决当选主教的权力。世俗统治者干预主教选举，引起了教会的强烈不满。从 9 世纪开始，教会就着手摆脱世俗统治者对主教选任的干预，努力恢复教会早期选举主教的传统。

---

① 　Philip Schaff, *History of the Christian Church*, Vol. 3, p. 270.

② 　Henry Chadwick, *The Church in Ancient Society: from Galilee to Gregory the Great,* Oxford University Press, 2001, p. 204.

　　教会提出回归传统的选举，理应由全体教众"共同同意"来选举主教，但鉴于世俗统治者干预、操纵选举的先例，教会在"共同同意"的表达方式上做出了调整，通过强调教会中"更重要和更有力的部分"在主教选举中的作用，缩小了"共同同意"的范围，减少平信徒在选举中的参与度，降低他们的作用，希望以此来剔除世俗统治者对主教选举的影响。在教区内与主教关系最密切的下属神职人员，既是主教治理权的主要涉及者，又是教区的主要管理者，因此，教会规定，由这些人组成的教士团就是教会中"更重要和更有力的部分"，只有他们才有资格参与主教选举。当然教会也不能无视平信徒的存在，将其完全排斥在选举之外，教会规定平信徒仍有对选举结果表示同意的权利，只是不再构成主教产生法定程序的一部分。与3世纪相比，这时期的主教选举，神职人员和平信徒"同意"的分量相差悬殊，选举基本上成为前者的专利，后者只有欢呼的权利。经过1139年的第二次拉特兰会议颁布的主教选举法令（canonical election），以及1171年教皇亚历山大三世颁布的敕令确认，教士团选举主教制度得以确立[1]。

　　在缩小选举主体范围的同时，教会强调了都主教在主教选举中的作用，规定当选主教只有经过都主教授权后，才能履行主教的全部职能，才可享有治理权。在治理权上高于主教的都主教"同意"作用的加重，表明基督教集权的进一步加强，权力向教会内部高层管理者集中。这种趋势的发展，导致了教皇干预主教选举事件的发生。

　　教会通过加强教皇集权对抗世俗权力，致使教皇权力膨胀。专权的

---

[1]　Walter Ullmann, *The Growth of Papal Government in the Middle Ages*, London: Methuen co. Ltd., 1962, pp. 298-299.

教皇开始干预主教选举。在实际操作中，教皇不敢公开违反教会法令，否定或抵制主教选举，却通过预留主教职位或乘主教选举出现争议之机委任心腹等手段左右选举。即使这样，教皇的行为也引起了主教们的不满，他们强烈反对教皇将个人喜好作为主教的当选标准。为此他们展开了不懈的斗争。巴塞尔会议（1431—1449）明确禁止教皇保留任命权，恢复了主教选举制。

中古时期，尽管主教选举受到了来自世俗和教皇的干扰，但从整体上看，代表"同意"的选举是主教选任过程中必不可少的环节，并且在和各种干扰的斗争中，取得了的胜利。

其次考察教皇选举制度的情况。在基督教会中，不仅主教的产生需要通过选举，西部教会的最高宗教首脑——教皇亦需选举产生。由于教皇身份复杂，在政教两界举足轻重，教皇的选举跌宕起伏，选举制度也经历了一系列变化。

教皇是罗马主教权威扩展的产物。在基督教会中，罗马主教作为使徒彼得的传人，在信仰上享有高于其他主教的地位。当基督教成为罗马帝国国教后，罗马主教凭借首都的地位优势，成为帝国西部基督教区教宗，与君士坦丁堡、亚历山大、安提阿和耶路撒冷教宗同处于教会等级的顶端，并居于五大教宗之首。为彰显其地位的无上崇高，6 世纪以来，教皇就成为罗马主教的专属称谓[1]，其他主教则不能再享用。11 世纪"教皇革命"后，罗马主教成为西部基督教的宗教领袖，享有世俗君主般的权力。他不仅享有教会的最高管辖权、最高司法权，还拥有支配西部教会财富的权力。

---

[1]　Philip Schaff, *History of the Christian Church*, Vol 3, p. 300.

作为罗马主教的教皇，其产生必须经由教会法规定的主教选举程序，由教区教士、教众和士兵在拉特兰宫联席会议上选出[1]。教士、教众和士兵的参与表达了"共同同意"。在这一程序上，教皇的选举与其他主教并无二致。

但教皇不仅仅是罗马主教，他还是罗马帝国西部宗主教。这就要求教皇的选举不但需要遵循教会会规，还要征得罗马皇帝的"同意"，因而又异于普通主教的选举。后来，尽管西罗马帝国不复存在，教皇选举仍需听取东罗马帝国君主的意见。如果得不到君士坦丁堡的皇帝或其代理人——拉文拿总督的"同意"，罗马教区选举出来的教皇就没有资格加冕。这个规定一直延续到 751 年。格里高利一世（被后世称为第一位真正意义上的教皇）的选举也遵循了这一规定。590 年，格里高利一世虽以无可争议的呼声，被教士、贵族和民众选为教皇，但他仍必须得到拜占庭皇帝莫里修斯（Mauricius）的同意[2]。

该时期，尽管罗马帝国君主拥有最后同意权力，但他们很少使用这一特权。罗马教区教士和民众的选举，通常就可决定教皇当选者。选举的独立性受世俗统治者侵犯程度较轻，教众选举是教皇当选的基石。

教皇不但是宗教领袖，同时也是中古欧洲社会叱咤风云的政治人物。他可凭借"绝罚"的权力，给世俗君主施加压力，还可通过严密的教会组织和庞大的教会资产，影响欧洲政局。教皇在教、俗两界显赫的地位，招致世俗君主、地方权贵等世俗势力都想染指教皇选举，以物色有利于自己的教皇。这使得教皇选举更加复杂莫测。

---

[1] 〔美〕G. F. 穆尔：《基督教简史》，郭舜平、郑德超等译，商务印书馆 1996 年版，第 162 页。
[2] Philip Schaff, *History of the Christian Church*, Vol. 4, p. 214.

　　罗马帝国的庇护保障了自由选举教皇和当选教皇的权威。在失去了传统世俗统治者的保护后，罗马城贵族和西部复兴的罗马皇帝交替干预教皇选举。教皇随政局变换而迅速更替，严重威胁了教会选举的独立性，也严重破坏了教皇的崇高形象。为此，在很长一段时间内，教会的中心任务就是要剔除世俗对教皇选举的干扰。现实的迫切需要决定了教皇选举制度必须突破传统和发展创新。

　　769 年 4 月，教皇在罗马召开宗教会议。与会的法兰克主教和意大利主教谴责了君士坦丁对教皇选举的干预。会议还在充分协商的基础上，颁布了选举教令（election decree）。教令规定，禁止世俗之人参与教皇选举，只有教职人员才能投票，并且为了尊重使徒时期的传统，在教皇选出后，全体教众享有欢呼和同意的权利[1]。这一法令意在取消平信徒的投票权，从而剔除世俗统治者对选举的干预，努力争取教皇选举独立。该法令缩小了教皇选举主体的范围，但依然遵循了选举产生教皇的惯例，是对传统的创造性继承。

　　1059 年，教皇尼古拉二世在罗马拉特兰召开宗教会议，颁布了教皇选举条例（decree on papal election）。为了使教皇选举不受俗世势力的影响，会议再一次缩小选举主体范围，规定只有协助教皇处理教务的枢机主教才有选举资格。而且还规定，如果教皇去世，枢机主教负责在慎重考虑的基础上，提名教皇候选人，然后召集枢机教士[2]，要求他们"同意"推选结果。这样的规定显然背离了全体教众共同同意选举教皇的传统。为了从法理上论证枢机主教选举的崇高性，条例第四条规定，

---

① 　Walter Ullmann, *The Growth of Papal Government in the Middle Ages*, pp. 87-88.
② 　枢机主教团由罗马城的主要教职构成，包括枢机主教、枢机司铎和枢机助祭三个等级，协助教皇处理教廷事务。

罗马教皇直辖区（Apostolic See）在基督教界享有最高的地位，完全可以代表整个基督教会，只有该区的枢机主教才有资格选举教皇，才有资格赋予其使徒的名誉[1]。

选举条例违反了主教选举的传统，而且其辩解苍白无力，但因迎合了教会当时迫切解决世俗干预的愿望，所以被教会欣然接受。并且经过不断完善，这一法规至今仍被应用。至此，选举教皇的权利就由罗马全体神职人员转移到枢机主教手中，选举主体范围进一步缩小。

教皇选举条例是抵御罗马贵族和神圣罗马皇帝染指教皇选举的产物，主要关注如何杜绝教会外部势力对选举的控制，但没有考虑到教会内部纷争对选举的影响。此后经常出现枢机主教团成员分别选出教皇的事例。例如，乌尔班二世去世后，枢机主教在选举主教的问题上发生分歧，分别选出了亚历山大三世和维克多四世。为了避免枢机主教分歧造成教皇并立的发生，1179 年召开的第三次拉特兰会议，修订了教皇选举条例，再次确认枢机主教团是选举教皇的唯一机构，强调只有枢机主教才有资格选举教皇，并规定教皇须得到 2/3 以上枢机主教成员的同意才能当选[2]。此次会议不仅再次明确教皇选举主体的范围，还确立了多数票当选原则。

公正的选举应该充分尊重选举人意志，但在很长时间里，选举人都是共同讨论，然后投票，个人意志难以得到尊重。由于枢机主教来自不同国度，在讨论程序中，常因枢机主教的国籍不同，出现对立派别，选举异常激烈。1414 年，大公会议为选举出各方接受的新教皇，在选举

[1] Henry Bettenson, *Selected and Edited Documents of the Christian Church*, London: Oxford University Press, 1944, pp. 141-141.
[2] Walter Ullmann, *The Growth of Papal Government in the Middle Ages*, pp. 298-299.

细节设计上费尽心机，确立了秘密选举原则。

为了严防串联作弊，确保选举人独立自主地投票，施行秘密选举。选举在一个封闭的场所举行，大门的三把钥匙分别掌握在国王、康斯坦茨教士会和大会手中。选举人被分别安置在不同的小房间里，以避免选举人之间拉帮结派，影响选举的公正性。

教皇身份复杂，教皇选举扑朔迷离。千余年来，围绕教皇选举发生了许多明争暗斗。这样的环境刺激了教皇选举制度的发展和完善。为了公正、独立、高效地选举教皇，在与干扰选举的各种势力交锋的过程中，教会逐步生成了一套缜密的选举程序。选举主体经历了罗马城全体教众、神职人员、枢机主教的变化；表决也经历了集体公开呐喊、秘密投票、多数票通过的不同方式。

最后考察修道院的选举制度。除了主教选举和教皇选举，修道院选举是教会选举的另一重要组成部分。修道院选举制度也经历了发展完善过程。修道院作为对现实教会不满的产物，极力主张保持早期基督教会的生活和管理方式，因而早期主教选举制度自然成为修道院长产生的方式。与教区主教选举相比，单个修道院人数较少，并且共同生活，没有神职人员与平信徒的区分，全部修士都有权利参与院长选举，"共同同意"的意蕴更浓。在实行集权的修道院里，上级管理者必须要由下级修士代表选举选出，层次分明，颇有现代选举意味。

修道院虽先后有不同派别，但本尼狄克、克吕尼、西多、法兰西斯、多米尼克等修道院长全部由选举产生，与院长职位利益相关人员的"同意"贯穿始终。本尼狄克修会会规详细地规定了院长选举的事宜。作为修道院的管理者，与一般修士相比，院长要求具备一些特殊的条件，因此候选人应具备敬畏上帝、学识渊博、心地善良的品质。如果符合这一条件，即使级别较低的修士，也有资格当选[1]。修会团体结合上述条件，在谨慎协商的基础上提名院长候选人，然后全体修士有权表示是否同意，如果同意，就高喊声明。同时还规定，选举结果需得到修道院所处教区的主教或者相邻修道院院长的认可[2]。选举过程中，修道院长职位涉及的所有人员，都有表达同意的权利，参与性广泛。

由于本尼狄克是中世纪最早的规范性修道院，"本尼狄克法规"为后来的修道院提供了效仿模本，逐渐成为修道院普遍遵守的规则。后来的修道院在继承本尼狄克修道院的选举原则基础上，结合自身情况，也有所创新。这主要体现在对修道院长任期的限制方面，选出的院长不再是终身制。由于院长是修道院毋庸置疑的主宰，修士有服从的义务，如果院长执政时间过长，有可能形成个人崇拜或权力独裁，危害修道院的整体利益。为了避免出现这一状况，多米尼克隐修院不仅规定院长要经过全体修士选举产生，还规定了四年的任期[3]。规定任期是制约当选人行使权力的有效手段，与终身制相比更具有了现代选举内涵。

在实行中央集权的修道院中，位于修道院长之上的管理者，都要由修道院长组成的会议选举。多米尼克修会章程规定，修会总会长由各省分会长、各省推举的一名代表组成的修会大会选举产生；分会长由辖区修道院长选举产生，任期也为四年。与修道院院长和分会长的任期不同，总会长为终身制[4]。多米尼克修会的规定结合了选举制和代表制。法兰西斯修会选举与多米尼克修会选举大体相同，也实行三级选举体制，

① Henry Bettenson, *Selected and Edited Documents of the Christian Church*, p. 176.
② Henry Bettenson, *Selected and Edited Documents of the Christian Church*, p. 176.
③ Williston Walker, *A History of the Christian Church*, p. 256.
④ Williston Walker, *A History of the Christian Church*, p. 256.

自下而上，层层选举。不同的是，法兰西斯会最高首领——总干事（Minister General）的任期并不是终身制，而为十二年①。

修道院的选举制度不仅继承了主教选举制度，还对管理者的任期有了严格的规定，废除了传统的终身制，对管理者施加有效约束，进一步完善了选举制度。

三、选举的宪政意义

教会选举蕴含着权力制约和民主参与的宪政基本原则。因此，教会选举既是启动教会宪政的环节，也是推动教会宪政演化的原动力。在促进教会宪政建设的同时，教会选举还为世俗选举提供了有益借鉴，培育了西方政治选举文化，具有重要的宪政意义。

教会选举通过提名候选人、投票、选举法规制约当选者的权力。

在提名过程中，享有提名权利的团体的核心任务就是审查候选人的资质，考察其是否满足职位要求。在审查过程中，不仅对当选者提出相关要求，还划定其权力范围。14世纪中期，提名团体曾要求被提名者在若干问题上做出书面承诺，在其正式当选后，照协议行事。1352年英诺森三世在被提名教皇候选人时，就与枢机主教团签署了这样的协议②。

在选举中，选举者可以依据个人意志对提名候选人选择同意或者反对，甚至另选他人。选举者行为的多样性使选举结果的不确定性增强，

---

① Williston Walker, *A History of the Christian Church*, p. 259.

② Walter UIImann, *Medieval Political Thought*, Harmondsworth, p. 220.

会对候选人产生一定的制约。安布罗斯当选米兰大主教一例，可明示选举结果具有一定的不可预测性。374 年米兰主教空缺，在选举时，选举者分成意见迥异的两派，他们在提名人的神学态度问题上产生分歧，发生激烈争执，难分胜负。高卢总督安布罗斯到教堂调解，突然被教堂内的人们高声称为"安布罗斯主教"，尽管他尚未受洗，但在民众的欢呼中被选为主教[1]。按照选举规定，安布罗斯没有资格当选，但教众的"共同同意"令其当选，而提名的候选人反而落选了，选举结果出人意料。选举结果的不确定性会使候选人如履薄冰，在选举结果出来之前，他们自愿按照选举要求，刻意规范行为，有时甚至讨好教众，做出一些许诺。这些诺言在候选人当选后，会成为约束、限定其权力的依据，使其有所顾忌，难以为所欲为。

选举法规规定，当选者的权力来自教众的授权，当他行使教众授予的权力时，应该接受教众的监督，并与下级教士协商。当选主教在做有关教会的重大决策时，必须要听取选举主体的建议，不能独断专行。强调主教集权的奚普里安也认为，没有长老和执事的建议、教众的同意，主教将一无所成[2]。教会革命后，选举主体由教众缩变为教区教士会。当选后，主教在处理转让教会财产等重大问题时，要与教士会协商，必须经他们同意后，才能决策。在某些教区，教士会甚至和主教分庭抗礼，以至于需要教皇特使出面调停。选举主体对当选人的制约力度可见一斑。一些修道院还规定了当选者的任期，对权力有了刚性的进一步制约。

教皇经枢机主教团选举加冕后，在教会内拥有至高无上的管辖权，

---

[1]　Williston Walker, *A History of the Christian Church*, p. 140.

[2]　Philip Schaff, *History of the Christian Church*, Vol. 2, p. 129.

但他的权力也要受到枢机主教团制约。尤其在涉及设立新教区等重大问题上，枢机主教团具有重要发言权，其意见一般都被教皇采纳。在教皇空缺时期，枢机主教团代管教会。由于教皇更迭频繁，枢机主教团却相对稳定，后者反而成为权力的中心。

选举程序还能充分保证教众或选举代表行使参与权。在教会选举中，尽管参与程度有所不同，但选举主体的同意都是必要的环节。在特殊时期，选举主体的同意还可以打破常规，在选举中起一言九鼎之效。希尔德布兰当选教皇就是民心所向的结果。希尔德布兰跟随利奥九世到罗马教廷之后，尽管神职不高，却是教会改革派的核心，先后辅佐了四任教皇[①]，享有很高威望。1073 年，他在拉特兰宫主持亚历山大二世的丧礼时，突然被群众狂热地高呼为教皇，并被抬到圣彼得教堂的教皇座位，奉为教皇。由于希尔德布兰未经提名选举，没有履行 1059 年规定的教皇选举程序而成为教皇，违反了选举原则，该事件引起了教会的高度警觉，为此，枢机主教们举行了一次正式投票，追认此次选举合法。这一事件透视出，教众的意愿在选举中得到了充分的尊重。

虽然后来随着教会的发展，不能实现所有教众直接参与教会各级选举的愿望，但代表制可以保障教众最大程度和最有效地参与。教区和修道院选出的主教和修道院长是教会大公宗教会议的代表，在大会上拥有发言权和投票权。按照基督教的传统，涉及教会全体利益的重大事宜，必须要在大公宗教会议讨论、投票裁决，达成的决议以法令形式颁布，要求教众必须遵守。到了公会议运动时期，大公会议还享有了选举教皇的权利。因主教有义务和责任向所在辖区的教众解释其决策理由，在大

---

① 四位教皇为利奥九世、维克多二世、尼古拉二世、亚历山大二世。

公宗教会表决时，主教不能只凭自己好恶，而是要充分考虑所代表教众的意志。该撒利雅的优西比乌就认为自己必须向辖区内的教众解释其在尼西亚大公会议上的行为。在卡尔西顿会议上，埃及的主教们因为惧怕引起辖区内教众的骚乱而拒绝投票[1]。通过选举自己的代表，每个教众都间接参与了整个基督教的决策。

并且，由于选出的主教和修道院长是教会大公宗教会议的代表，教区和修道院选举就包含了选举个体管理者和大公会议代表的双重功能，因此，教会选举还开启了代议制先河。从制约权力的视角考虑，选举个体管理者和选举机构代表有本质的区别。通过选择具有相关素质和能力的某一个体来影响权力，制定的政策会因个体变化而异，难以延续。这是以实行选举个体管理者为主的希腊、罗马古典民主难以为继的重要原因。而通过当选机构来制约权力就迥然不同了，制定的政策不会因个体管理者的变化而异。这是现代社会普遍采用代议制的缘由。

一些学者有贬低教会选举的倾向，认为中世纪教会选举"绝不能被分析为一种用来表达集体意志的程序。它仅仅属于上帝的意志，因为人们认为只有上帝才在真正进行选择"[2]。实则不然，在国家形态上，教皇革命后，以罗马教皇为核心的教会已经"具备了近代国家绝大部分的特征"[3]，堪称西方的第一个世俗国家。虽然教会选举以上帝的名义进行，但在实际运作中，无论是选举理论还是选举程序都具有很强的世俗性，剥去宗教的外衣，与世俗选举无异。教会选举制度具有一定的先驱性，

---

① Philip Schaff, *History of the Christian Church*, Vol. 3, p. 339.

② 〔法〕皮埃尔·罗桑瓦龙：《公民的加冕礼——法国普选史》，吕一民译，上海人民出版社2005年版，第16页。

③ 〔美〕哈罗德·J.伯尔曼：《法律与革命——西方法律传统的形成》，贺卫方等译，中国大百科全书出版社1993年版，第136页。

为世俗选举提供了参照。这种影响主要通过教职人员到世俗政府任职和教俗政治生活融合来实现。

在中世纪，教会神职人员垄断了文化知识。世俗政府管理需要的文化人才，只能从这一群体中挑选。为此，神职人员纷纷到世俗政府担任要职，这种传统一直持续到近代早期。这些在政府部门任职的神职人员将教会的管理理念和制度运用到世俗政府中。"以至于没有一个统治者可以在没有教会的意见和帮助的情况下运作，这就意味着教会的政治理论和行政技能已经对政府的建立产生了直接的影响。"① 选举自然也在其中。教会选举的提名、投票程序、代表制、多数通过、秘密选举等原则，都被世俗选举所采纳。

教会选举的有效传承，还在西方社会广泛传播了选举理念，促进了西方近代世俗选举的产生。虽然中古教会选举有时会受到一些干扰，在某些时段、某些地区出现过世俗统治者或者教会变相任命主教、修道院长的个案，但在理论上，教会管理者的选任须遵循选举规则。而且，事实上，选举是教会管理者产生的最主要渠道。由于普遍信仰基督教，民众耳濡目染地受到教会选举的影响。观念是抽象的、不易把握的，流传需要载体，选举的程序是具体的、看得见的，便于传承。罗马的教皇选举备受西方瞩目，教众可以参与欢呼，表达同意。选举过程本身就是观念传播的播种机，它将选举观念传播到了社会每个角落，影响西方社会的各个阶层。天长日久，选举群体就会切实感受到选举的内涵和功能，进而反思自己的行为，然后积极融入选举之中。西方近代选举的出现不是一朝一夕的产物，

---

① 〔美〕约瑟夫·R. 斯特雷耶：《现代国家的起源》，华佳、王夏、宗福常译，格致出版社、上海人民出版社 2011 年版，第 9 页。

是民众选举意识常年积累的结果。这其中教会选举功不可没。

综上所述，千年选举实践为选举理论和制度的发展提供了广阔空间。选举由朦胧的民主意识，过渡到明确的选举观念，最终提炼出代表制、多数同意等指导性很强的选举理论，让选举有"理"可依。理论一旦形成，就会转化为规范教众行为、语言和心理的一种强大力量，潜移默化地影响教会选举制度的演进。主教和教皇选举从直接选举过渡到间接选举，从公开选举过渡到秘密选举，从公开呐喊过渡到秘密投票，整个选举制度经历了由简单、粗糙到详尽和精细的变化。修会的层层选举和修道院长任期规定也使教会选举理论和制度愈加完善。这些理论和制度无不闪烁着宪政的光芒。

（原载《文史哲》2012 年第 4 期）

宪政的纵向维度：中古晚期英国地方自治制度

陈日华

英国的宪政历程是一个漫长演变的过程，从《大宪章》与《牛津条例》到《人身保护令》与《权利法案》等，是各方利益集团相互斗争并妥协的结果。假如说贵族、议会是从横向维度对王权进行制约，从而体现宪政性质的话；那么在纵向维度对王权有所制约的就是地方自治制度。正如斯蒂芬·L. 埃尔金所说："因此，关于立宪政府政治结构理论的重要组成部分必须是关于地方政府的设计。"① 探讨中古晚期的地方自治制度可以为我们理解西欧的宪政历程提供另一个视角。

许多学者对地方自治的优点作了精辟的概括。其一，地方自治使地方变成试验公民自主治理公共事务的学校，如托克维尔所指出的，地方自治乃是自由民主社会的根基。其二，地方自治的行政实验成本较低。哈耶克也从逻辑上证明了地方自治的正当性，他发现：知识 —— 尤其

---

① 〔美〕斯蒂芬·L. 埃尔金、卡罗尔·爱德华·索乌坦编：《新宪政论》，周叶谦译，生活·读书·新知三联书店 1997 年版，第 165 页。

是那些具体事务的决策所需的知识 —— 具有明显的分散性和地方性特征；而知识的地方性意味着有效且恰当的自治模式就是“地方自治”[①]。无疑，这些论述从政治学的角度对地方自治的宪政意义作了解释。

本文主要从史实的角度，阐述英格兰地方自治的具体形态、历史背景以及所具有的宪政意义。中古英国地方行政制度主要分为郡、城市、教区三个层次，鉴于国内对自治城市的研究已经非常成熟，下面主要就教区行政与郡行政两个层次进行论述。

一、基层行政自治：教区

16 世纪末以后，英格兰基层自治政府是教区。教区从教会组织发展为世俗地方基层行政组织是一个长期演变的过程。早期教区教堂通常由庄园的领主捐赠修建，因此对庄园的依赖程度较高。亨利·皮朗在论述一些乡村教区的起源时指出：“每个庄园形成一个司法单位，同时也形成一个宗教的单位。领主们在自己的据点附近盖有礼拜堂或者教堂，授予它们土地，并指派牧师。这就是许多乡村教区的起源。”[②] 12 世纪的教会改革力图使教会与世俗社会脱离，从而实现教会的独立性，这就使得有关地方教堂的事务或多或少地脱离了庄园的体制，教会法庭也逐渐地把属于宗教的事务纳入自己的管辖范围。到 12 世纪末，教区体制已经扩展到整个英格兰乡村社会了。苏珊·雷诺兹指出：“到 13 世纪，有

---

① 参见王建勋编：《自治二十讲》，天津人民出版社 2008 年版，编者序。
② 〔比利时〕亨利·皮朗：《中世纪欧洲经济社会史》，乐文译，上海人民出版社 2001 年版，第 60 页。

充分的证据表明，许多教区在事实上已经是有效的社区了。"① 此后，教区的合并与分离成为一种经常性的事情。有学者估计，16 世纪时英格兰教区的数目大概为 8838 个②，但是教区的组织体制没有改变。

随着中世纪社会与经济形势的发展，特别是到中世纪后期济贫政策的实施，把教区推向了世俗社会的前台。在许多的情况下，教区取代村庄成为地方基层政府，即使英格兰北部的村庄（township），它们不是教区，在现实生活中也被看作济贫教区。法律史学家普拉克内特指出："到中世纪后期，庄园不再具有重要的法律地位了，从行政的角度来看，它被教区所取代。"③ 沃克是这样描述教区的："最初指基督教主管教区的下属单位，是设有一个教堂，由一个牧师主持的地区。17 世纪起，地方行政主要是济贫与公路等方面的事务移交给了教区和教区委员会，从此，在许多情况下，民政教区与宗教教区不再完全重合。"④

教区的自治体现在它的管理机制、官员的选举与监督以及教区的社会与政治生活当中。下面简要地分述。

教区的管理机制是教区委员会（vestry），它是中古晚期地方基层治理的实体。在教区委员会上，男性纳税居民共同选举教区执事与教区委员；检查教区的账目；决定征收教区税以及处理教区内其他社会事务。起初教区委员会类似于以前的民众集会，但是这种庞杂的会议显然

① Susan Reynolds, *Kingdoms and Communities in Western Europe 900-1300*, Oxford: Clarendon Press, 1984, p. 79.
② Edward L. Cutts, *Parish Priests and Their People in the Middle Ages in England*, New York, 1970, p. 394.
③ T. F. T. Plucknett, *A Concise History of the Common Law*, 中信出版社 2003 年版，第 86 页。
④ 〔英〕戴维·M. 沃克：《牛津法律大辞典》，北京社会与科技发展研究所组织翻译，光明日报出版社 1988 年版，第 665 页。

不适合形势的发展，在 16 世纪末，实际执行管理职能的机构演变成为教区常务会议（select vestry）。以此为平台，教区民众选举教区官员，进行基层政治活动与实践。

教区执事（churchward）是教区中最重要的世俗官员，其职责如下：照看教堂建筑和教堂内的陈设，使之不受损坏；管理教区的济贫事宜，协助教会法庭维持所在教区的道德秩序；管理教区财政的收入和支出，经营教产；征收本教区的"彼得便士"税[1]。教区执事是教区民众的代表，从某种意义上讲，教区执事类似于市镇与郡参加议会的代表[2]。他的出现是教区作为一个社区共同体的象征与明证。一个教区执事曾经说："自己不过是教区的奴仆，因此必须为社区服务。"[3] 教区执事的出现对教区共同体意识的形成影响重大。早期，由于教区居民向教区教堂捐赠的东西较少，因此他们并没有意识到应该是自己——而不是牧师或者教堂的赞助人——对教区教堂负责。随着时间的推移，教区民众逐渐地产生了对教堂钱财与物品管理的想法，于是形成了属于自己的教区管理体系。劳德斯指出："至少到 13 世纪中期，世俗教民参与教区的管理已经是很平常的事情了。"[4] 在这种情况下，教区执事应运而生，他既是教区世俗的管理者，也是主教来教区巡视时教区民众的代表。

教区执事之下是教区陪审员。刚开始时，这些陪审员是临时被任命的，后来逐渐地同一个人被召唤的次数多了，他们就成为一个固定的团

---

① 刘城：《英国中世纪教会研究》，首都师范大学出版社 1996 年版，第 49 页；也可参见 Katherine L. French, *The People of the Parish*, Pennsylvania: University of Pennsylvania Press, 2001, p. 71。

② N. J. G. Pounds, *A History of the English Parish*, Cambridge: Cambridge University Press, 2000, p. 184.

③ Katherine L. French, *The People of the Parish*, p. 73.

④ David Loades, *Tudor Government*, Blackwell, 1997, pp. 186-187.

体。陪审员与教区执事一起处理有关教区的事情，绝大多数的执事都曾经担任过教区陪审员。每个教区陪审员的人数不一样，从 6 人到 24 人、30 人不等。

此外，教区政府中还有警察、教区济贫监督与道路检查员。教区警察负责维护社区的治安并协助征税。济贫监督是负责救济的专职官员，1563 年伊丽莎白统治时期，政府颁布法令，每个教区应该选出 2 名有能力的人负责征集救济物品。1598 年的济贫法颁布后，济贫监督成为执事的助手，他们可以向执事建议对教区居民征收济贫税。道路检查员负责修建、保养和维修道路，这种安排可以追溯到盎格鲁·撒克逊时期，当时法律规定每个自由人都有义务维护道路与桥梁。这一做法一直延续下来，到玛丽统治时期，正式要求每个教区选出 2 名诚实之人负责道路维护；道路检察员可以要求教区内有劳动能力的居民参与道路的维修工作。

这些人员大致构成了教区政府的主要官员。应当指出，这只是一个理论的框架，具体到特定的教区，并不是都有如此完善的人员配置。坎贝尔研究这些官员的身份后指出："担任这些教区官员的人有小乡绅、小店主、商人与酒店小老板，但是主要的是约曼，他们占据绝大多数。"[1]

下面以济贫为例说明教区所承担的公共职能。济贫是地方基层政府必须负责的一件事情。早期济贫带有自发的性质，属于私人范畴，主体是家庭。教会也对贫困者进行救助，十一税的一部分就是用于救济。对于济贫，教会强调自愿的原则，希望有钱人帮助穷困者。宗教改革后，

---

[1] Mildred Campbell, *The English Yeoman Under Elizabeth and the Early Stuarts*, New York: A. M. Kelley, 1968, p.315.

教会体制发生了巨大的变化，教会的经济实力也受到很大的打击，已经不可能在济贫活动中发挥重要作用了，转而由教区承担起济贫的重任。

在 1536 年之前，政府法律主要是防止穷人流浪乞讨：如 1349 年的《劳工法令》禁止向有劳动能力的流浪者提供私人救助；1388 年的《剑桥法令》限制劳动者与乞讨者迁徙。这些法令刚性有余但实效甚微，因为它们没有缓解社会矛盾。于是 1536 年的法律结合英国社会的具体情况，进行了变通，体现出政府在实现社会公正方面的责任，要求教区选出 2 人，每周进行征集救济金的工作，这一法令为指定专职官员执行救济任务奠定了基础，初步确立了以教区为基础的救济体系。1547 年的法律要求地方政府应该为穷人、老弱病残者提供住宿，并且每周在教区教堂进行救济活动；1552 年政府允许征收强制性的济贫税，如果有人不按规定缴纳，先由牧师进行教育，再不愿意的话，就交给主教处理。

从 16 世纪中叶往后，以 1572 年与 1597 年法令为代表，"英国立法基本走上了以救济为主，惩罚为辅，政府管理济贫的轨道"[1]。真正奠定英格兰济贫政策基础的是 1601 年的《济贫法》，此法令表明了国家正式承认对穷人和社会弱势群体负有的责任；但是此时英格兰中央政权官僚机构以及财力都显得薄弱，于是实现这一社会公正的任务就落在了基层教区的头上。1601 年的法律规定：教区是执行济贫的基本单位，教区的主要组织机构是教区委员会，主要官员是济贫监督；教区应该为没有劳动能力的贫困者提供救济；为能够工作的人提供工作机会；惩罚那些有劳动能力却不工作的人；为了济贫事务，教区可以向辖区内的居民征收济贫税（poor-rate）。

---

[1] 尹虹：《近代早期英国流民问题及流民政策》，《历史研究》2001 年第 2 期。

　　总体看来，虽然中央政府在济贫方面做了一些工作，但各地方政府发挥了更为重要的作用，尤其是教区在实施济贫方面的作用更为巨大。

　　下面再从教区的政治生活方面探讨教区的自治特征。在教区管理体系中，通常有两名教区执事，大多由教区居民选出——这也是教会法的规定，但是具体的情况也有不同，这与地方的习俗、习惯有关①。教区陪审员也是教区中重要的人士，开始的时候由教区执事任命，后来由教区居民选举，这也表明了教区陪审员重要性的上升。此外济贫监督与道路检查员也是由本地居民在教区会议上选举产生，他们都是业余的、义务的。到任期届满时，他们需要向教区会议与教区居民汇报工作，上缴账目，接受审核。以当时人们的眼光看，这些官职与其说是一种荣耀，不如说是一种必需的责任。英国历史的发展出现了这样一种有趣的现象：恰恰是那些被迫做的社会活动，最终培养了英格兰普通民众参与社会生活的品质。

　　教区官员是教区的官员，如果不对他们的行为进行监督与限制，那么他们就会做出一些非法的事情，出现由一个人、一个家族主宰教区事务的情况。事实上，教区民众依据法律与各个教区的习惯和乡法（by-law），对教区官员进行着严格的监督。

　　首先在教区执事的任期上，通常情况是一年。有一些教区采取轮流担任的方式，这也是由于人们意识到教区执事是一件繁重的工作，应该由教区内有资格的人分担。绝大多数教区通常设立两名教区执事，以便他们相互监督。在设立两名教区执事的教区中，可以采用一老带一新

---

① 亦可参见 Sidney Webb and Beatrice Webb, *English Local Government from the Revolution to the Municipal Corporation Act: the Parish and the County*, London: Longmans, 1906, pp. 21-23.

的形式，即教区每年选举一名教区执事，这样新的教区执事就可以在老的教区执事指导下进行工作，而不会出现不懂管理的情况。这一做法在比较富裕的教区比较常见，这些教区通常有一些房屋或者土地经营与出租。教区收取租税是一件比较专业化的事情，如果有老教区执事的指导就可以比较好地解决这一问题。在财务上，教区居民也对执事进行监督，检查其花销是否超标，是否浪费与不合理。教区执事的工作要体现地方社区的意见，假如违背了地方民众的意愿就会受到相应的惩罚。除了监督教区执事，教区民众还对其他的教区官员进行监督。如在曼彻斯特，教区警察就需向当地的居民汇报任期内的工作。1578 年的法律规定：警察卸职前的 14 天内，应或向陪审团或向其继任者交出工作报告，但在 1595 年取消了警察的这种自由选择的权利。他们应在米迦勒节的公共法庭会议上向陪审团交出工作报告，违反此规定，应处以 40 先令的罚款①。可见教区警察受本社区的监督，得向本社区的人们负责。再有，教区济贫监督手中掌握着济贫基金，这是属于教区居民共有的财产，因此济贫监督的行为也受到居民的监督。

由此可见，在继承村庄与庄园行政的基础上，教区亦继承了它们的自治传统。教区除了扮演基层政府的角色外，还培养了教区居民早期的民主意识，使得他们参与社会政治生活，争取属于自己的合法权利。庞兹指出："当时的社会并不是一个平等的社会，而是分了很多的等级，但是教区在很大程度上是自治的。"②

早期的研究认为：教区的管理体现了一种前状态下的民主性质，体

---

① J. R. Kent, *The English Village Constable 1580-1640*, Oxford: Oxford University Press, 1986, p. 63.

② N. J. G. Pounds, *A History of the English Parish*, p. 4.

现了阶层与性别间平等主义的因素。近来的研究否定了这一观点，却同时指出：在教区的管理中，教区广泛地吸收教区民众的参与，不同的社会阶层与社会集团参与到教区事务的管理之中[1]。这一特点既是以前村庄特征的体现，也升华了以前的管理模式，村庄基层管理机制在都铎王朝时期以教区的形式表现出来了。

二、郡行政自治：以治安法官为中心

在英格兰的地方行政体制中，郡的地位最为重要。中世纪英格兰郡的组织与管理机制经历了从盎格鲁·撒克逊时期以郡守为中心的郡法庭，到都铎王朝时期以治安法官为中心的四季法庭的形式转变，贯穿于这种形式转变的主线是地方社会的自治特色。

治安法官拥有自己的法庭，由于此法庭一年开会四次，因此也被人称为"四季会议法庭"（quarter sessions court，简称为 session）。1362年的法令规定：治安法官应该每年召开四次会议，分别是在复活节、圣·托马斯节、米迦勒节与主显节左右；当有紧急情况时，每年可以召开二十次会议；会议的地点通常在郡府。治安法官是一个小的团体，开始时一般由6—8人组成，1388年的法令规定每郡应有6名治安法官，1390年的法令则规定每郡应有8名治安法官[2]。到都铎王朝时，由于处理的事务日趋增多，每郡的治安法官也增至30—40人，形成团体管理

---

[1]　Katherine L. French, *The People of the Parish*, p. 68.

[2]　W. S. Holdsworth, *A History of English Law*, Volume I, London: Methuen, 1923, p. 288.

的模式。在米德尔塞克斯郡，治安法官的人数超过 40 人，甚至在非常小的拉特兰郡，治安法官的人数也有 15 人 [1]。

治安法官的前身是治安维持官（keeper of peace），它的职责是协助郡守逮捕犯人，维持地方社会治安。治安维持官一职萌芽于 12 世纪末，1195 年为了应付动荡的社会形势，摄政王坎特伯雷大主教休伯特·瓦尔特颁布法令规定：每个郡选出 4 名骑士，郡中所有 15 岁以上的男子都应该到骑士们面前发誓，保证他们不做违法的事情，也不唆使别人做违法的事情，当发生违法事情时，他们会协助抓捕罪犯并交给骑士，再由骑士交给郡守。应当指出的是，这一法令是临时性的，治安维持官也是一个临时设立的职位，但它却是治安法官的雏形。斯塔布斯认为："1195 年的法令在盎格鲁·撒克逊的司法制度与现代语境之间架起了有趣的桥梁。" [2] 以前通常的情况是，国王从中央指派权贵人物来平息地方上的暴乱，处理社会治安问题，处理的事务范围涉及几个郡。从 13 世纪起，情况发生了改变，国王越来越多地依靠本地人士处理地方事务。1204 年诺曼底失陷，英国感到来自海岸攻击的危险，于是在 1205 年，国王要求在郡守之外，每郡任命一名新官员来维持社会治安，接受地方的申诉。1277 年爱德华一世远征威尔士期间，为了防止地方社会发生动乱，命令郡内骑士选举一名本地的骑士出任治安维持官。后来，郡内的骑士为了限制国王的权力，也做出规定：要求治安维持官应该在本郡内工作，而不能为即将进行的对威尔士的远征服务。到 1327 年，时值老国王爱德华二世退位与爱德华三世即位，为了防范爱德华二世的支持

---

[1]　Thomas Skyrme, *History of the Justice of the Peace*, Chichester: Barry Rose, 1994, p. 182.

[2]　William Stubbs, *Constitutional History of England*, Volume I, Oxford: Oxford University Press, 1898, p. 546.

者叛乱，爱德华三世即位后颁布了威斯敏斯特法令，正式要求郡中的乡绅有责任去维护社会的安定 —— 当然 1327 年的法令没有授权他们逮捕罪犯。1327 年的威斯敏斯特法令正式标志着治安法官制度的实施 [①]。此后，治安法官获得审理民众对郡守不满诉讼的权力，这表明治安法官的地位在逐渐地上升。1461 年的法令规定，郡守无权逮捕犯人以及收取罚金，而应将案件转移给治安法官处理。学界主流观点认为，这一法令表明郡守地位的最终衰落以及治安法官中心地位的最终确立，治安法官成为国王与中央政府在地方社会的主要代理人。

都铎王朝时期，中央政府赋予了治安法官更大的权力。在贸易方面，15 世纪晚期，英格兰已经是欧洲羊毛的主要出口地，成为供应欧洲大陆的主要布料供应商，于是治安法官负责管理有关布料的出口事宜。在交通运输方面，治安法官检查造船的情况与船只的保养问题。在农业方面，由于中世纪粮食紧缺，在灾年，谷物出口是被禁止的，治安法官要求农民在本地市场出售粮食。中世纪是一个信仰的年代，政府与社会对于各种娱乐活动的管束很严格，法律禁止各种有伤风化的娱乐活动，违者处以 40 先令的罚款，当治安法官怀疑在酒店中进行不法娱乐时，他可以检查酒店，抗拒者会被投入监狱。从 1389 年起，治安法官开始负责监督有关度量衡的事务。劳工法案的颁布使得治安法官开始监督工资与价格，打击垄断行为与倒买倒卖的行为，规范经济活动。后来随着圈地运动的进展，产生了失业流浪群体，他们成为社会稳定的最大威胁；与此同时，随着宗教改革的进行，宗教问题也成为一大社会问题。这些社会矛盾交织在一起，处理这些问题的负担又自然而然地落在

[①] Thomas Skyrme, *History of the Justice of the Peace*, p. 56.

了治安法官的肩上。在社会治安方面，治安法官也是主要的执行者。其实早期治安法官的任务是协助郡守维护地方社会的治安，到后来，这一位置发生了颠倒，郡守成为治安法官的协助者，郡守要按要求召集陪审团到治安法官的面前。

治安法官的权力来自国王的委任状，但是他们的首要身份还是地方官员，所以有人认为："在伊丽莎白时代，绝大多数人并未完全处于中央政权的直接管辖下，大多数人由地方官员管理，特别是治安法官们决定其命运。"[1] 结合中世纪晚期英国的社会生活，这一观点是不无道理的。治安法官是义务性的地方官吏，除了在四季法庭开庭期间，每天领取 4 先令的津贴外，几乎不领取薪俸。相对于治安法官的个人收入，这些津贴显得微不足道，而且乡绅也没有打算靠他们的津贴生活，因此他们也不认为自己是由国王支付薪俸的。经济上的独立使得治安法官在地方政治生活中具有很大的独立性与自主性，能够根据地方的利益与中央政府讨价还价，能够在较大程度上代表地方社区的利益。由于国王受到各种因素的制约，无法建立一整套完备的领取薪俸的官僚体制，因此要实现对地方社会的治理必须依靠这些地方乡绅，国王与乡绅之间是合作关系。

治安法官制度是英国独有的制度。韦伯夫妇指出："治安委员会（commission of the peace）一直被欧洲大陆国家的研究者认为是英国政体（constitution）中最为独特最为显著的特征。"[2] 梅特兰也指出："治安

---

[1]　Kent Powll and Chris Cook, *English Historical Facts 1485-1603*, London: Macmillan Press, 1977, p.50.

[2]　Sidney Webb016 Beatrice Webb, *English Local Government from the Revolution to the Municipal Corporations Act: the Parish and the County*, p.294.

法官制度或许是英国政府机构中最具有英国特色的东西。"[①] 其意义在于
"治安法官与地方社会保持密切联系，他们与地方居民有着密切的个人
感情与利益联系。这是既不同于封建传统的联系，又不同于中央集权官
僚制度的一种结构"[②]。古德诺指出："治安法官的治理是英国地方政府史
发展的第二个阶段。它从都铎王朝统治的开始延续到 19 世纪初，这一
行政体制比古老的诺曼统治体制更为非集权化：所有的官员都由本地产
生。事实上，这些官员的大多数都直接地或者间接地由中央政府任命或
者免职，但是他们尽管为中央政府服务，却并不领取报酬，他们是义务
的、勤劳的，这使得行政体制非常具有独立性，避免了成为职业官僚体
制，这一体系获得了高度的地方自治。"[③]

三、关于绝对主义国家背景下英国地方自治的讨论

　　传统的观点认为，16、17 世纪是西欧绝对主义国家形成与发展的
时期；在这一过程中，中央权威逐渐地加强，中央政府机构也逐渐地完
备，由此封建时代的地方自治传统开始瓦解。这一观点虽然具有一定的
合理性，但属于典型的"模棱两可"与"非此即彼"的认识，它不利于
我们理解这一阶段欧洲历史发展的总体特征，不利于我们认识英国宪政
发展的独特历程，因此在这里有必要进行澄清。

---

① Thomas Skyrme, *History of the Justice of the Peace*, p. 33.
② Thomas Skyrme, *History of the Justice of the Peace*, p. 34.
③ Frank J. Goodnow, "Local Government in England," *Political Science Quarterly*, vol. 2, No. 49
　（Dec, 1887）, p. 648.

综观 16、17 世纪英国发展的历程，国王与中央的权威确实得到了强化，这表现为通过宗教改革，教会臣服于国家，国王成为英国教会的最高领袖；政府 —— 特别是中央政府 —— 的官僚机构逐步地完善与扩展，开始出现国家机构分离的现象；再有经过红白玫瑰战争，许多古老的贵族家族消亡。这些都为国王与中央政府取消封建特权与抑制封建割据提供了有利的机遇。1536 年发生的朝觐圣恩运动（the pilgrimage of Grace）是封建贵族对抗绝对王权的尝试，但是这种尝试必然遭到镇压。因此传统认为的"中央王权权威的加强是以地方自治传统的瓦解为基础"的说法，是一种模棱两可的看法，它混淆了"地方自治"与"封建割据"（或者称为"封建治理"）的概念。封建治理依据的是依附关系，侵蚀的是国王的治理权力；地方自治体现的是一种公共权力，自治权力潜伏于封建制度之下，相对的是"国家权力"。这种地方自治权力并没有随着绝对主义国家的发展而消失，并且对英格兰而言，这一时期社会的性质并没有发生本质性的改变。如科瑞姆斯（S. B. Chrimes）以及霍兹豪斯等所界定的，16 世纪为中世纪政治制度的顶峰，并没有打破封建政治制度的基本原则。这些原则和制度包括"社会与政府乃是有机整体的思想，政府中各权力机关相互和谐，政府从属于基本法，法律领域与政治领域相交融，国会与国王权力均衡、两者互为补充并共同发挥代议作用，地方权力机构具有活力以及依靠民兵保卫疆土等"[①]。由此可见，认为绝对主义国家的建立是以消除地方自治为代价的观点，其实是混淆了两个概念之间的本质差异。

---

① 〔美〕塞缪尔·P. 亨廷顿：《变化社会中的政治秩序》，王冠华、刘为等译，上海人民出版社 2008 年版，第 80 页。

　　认为英格兰绝对主义国家的形成是以地方自治为代价的观点也是一种"非此即彼"的思维。自盎格鲁·撒克逊时代就一直存在的地方自治有三个层面：一是基层村庄自治，它到中古晚期成为教区自治；二是基于特许状的城市自治，这种自治在中古晚期处于衰弱的状态；三是郡自治，这种自治到中古晚期以治安法官为中心，是一种义务的、业余的并在很大程度上独立于中央政府的地方自治。由此我们看到，在构建民族国家并走向绝对主义国家的过程中，英国社会中存在着一种张力，这种张力就是地方自治传统；英国民族国家的构建是以地方自治为基础的，而不是以丧失地方自治为前提的。正是在这利益博弈的过程中，英国历史的发展最终没有走向法国式的绝对主义国家。佩里·安德森认为，导致英格兰最终没有成为（但是确实是"走向"）绝对主义国家的原因是军事因素。他认为："新的都铎王朝君主政体是在有限的基础之上运作的，这使它与欧陆其他王朝有所不同：它没有一个坚实的军事结构。"①这一论述并不全面，托马斯·埃特曼的论述可供补充。托马斯·埃特曼在论述中世纪以及近代早期欧洲的国家与政权建设时划分了四种不同的形态，分别为世袭绝对主义、官僚宪政主义、官僚绝对主义以及世袭宪政主义。影响这些国家形态的基本因素有两个，即国家形成时期的地方政府组织以及连绵不断出现地缘军事竞争的时间安排，这其中似乎地方政府组织更为重要。托马斯·埃特曼指出："在中世纪接近尾声之际，英格兰国家机构的这些特征在很大程度上类似于法国、西班牙、葡萄牙和意大利诸公国的特征。……然而，在一个关键的方面，英格兰与

---

① 〔英〕佩里·安德森：《绝对主义国家的系谱》，刘北成、龚晓庄译，上海人民出版社2001年版，第121页。

其邻邦是非常不一样的：没有受困于地方'精英'顽固不化的权力，这种权力是继承了之前大规模进行国家建设的多次失败尝试，从而，盎格鲁·撒克逊的国王及其诺曼后继者可以培育出一个以郡县和自治城镇为基础的参与式地方政府形式，其标志是陪审团制度，而不是完全依赖于王室官员来增强它控制整个国家的意志。"[1] 由此可见，在英国绝对主义国家形成的过程中渗透着地方自治的因素，而绝不是非此即彼的关系。

我们无法确认，究竟是宪政的发展导致了英国的地方自治，还是地方自治制度某种程度上导致了英国宪政的发展，或许这两者无法截然分开。但是，这种地方自治制度确实对英国历史的进程产生了重要的并且是深远的影响。如托马斯·埃特曼分析的，"英格兰参与式地方政府的发展致使出现一种以领土为基础的国家代议机关，这非常不同于在英吉利海峡对岸发现的按照社会等级组织起来的等级议会。国家议会和辖邑、百户邑以及地方上自治市镇的法庭都是表达一种反对私人占有倾向的重要来源，在英格兰行政管理、财政和军事的新基础结构中都可以找到这一点"[2]。又如佩里·安德森指出的："结果是，在16世纪农村动乱之后，乡间出现了相对的社会稳定。……对贵族来讲，乡间的局面相对比较保险，他们无须担心发生起义，因此也没有必要拥护国家建立强大的中央强制机器。……由于贵族自中世纪起便承担了地方行政职能，君主政体就一直不能拥有任何职业化的地方机构。因此，斯图亚特王朝对于发达的绝对主义的追求从一开始就受到了阻碍。"[3]

---

[1] 〔美〕托马斯·埃特曼：《利维坦的诞生：中世纪及现代早期欧洲的国家与政权建设》，郭台辉译，上海人民出版社2010年版，第203—204页。

[2] 〔美〕托马斯·埃特曼：《利维坦的诞生：中世纪及现代早期欧洲的国家与政权建设》，郭台辉译，第204页。

[3] 〔英〕佩里·安德森：《绝对主义国家的系谱》，刘北成、龚晓庄译，第137页。

　　由于没有严密的地方行政官僚体系，国王对地方社会的控制力就很微弱，他不得不借助于地方乡绅集团实现对地方社会的统治，这种情形一直延续到此后英国的历史，也有助于我们重新认识英国宪政的发展历程。以英国1640年内战为例，在传统的解释理论之外，出现了一种新的解释即"地方主义理论"，颇具说服力。该理论流派认为，导致英国内战爆发的一个重要原因在于国王与地方之间利益的冲突，国王为了实现自己的权威，随意征税，触犯了英国长久以来形成的地方自治传统，导致地方与中央之间关系的破裂。细看英国的内战史，这一解释确有其合理的方面。

　　由此我们也可以作一个简短的小结：独特的地方自治制度以及由此形成的对王权的制约，是英国宪政发展历程中一个重要的因素，它深刻地影响着英国的国家建构实践。

（原载《文史哲》2011年第2期）

财政权规制视域下的英国宪政

——1690 年英国财政解决的宪政意义

于 民

关于英国"光荣革命"中 1690 年财政解决的性质和意义，长期以来学术界争论不休，观点莫衷一是[1]。贝蒂·肯普、莫里斯·阿什利、E. A. 赖特恩等都认为，财政解决只是在财政平衡基础上建立了一个政府平衡，即国王和议会间的平衡，并没有因此而创建出议会制政府[2]，因而，具有十分有限的宪政意义。J. 卡特虽然认为 1689 年之后英国政治制度发生了根本性变化，但却不赞成变化源于财政解决的看法。她指

[1] 财政解决（Financial Settlement）是英国"光荣革命"的重要组成部分。鉴于 1640 年代革命无限制的过分斗争和 1660 年"复辟解决"无原则的过分妥协，"光荣革命"通过王位继承问题的解决、"宪法解决"和"财政解决"三个方面的"革命解决"对中央权力结构做了重要而适度的调整，实现了权力向议会的重大转移。与前两个方面的"革命解决"相比，"财政解决"的意义更为重大，因为财政是权力运作的物质基础，决定着国王与议会权力关系的基本特征。财政解决的中心目标是通过一系列财政权规制，确保王权再也不会像查理二世和詹姆斯二世时那样获得不依赖于议会的财政独立，实现"政府财政的议会控制"，进而通过渐趋经常化和制度化召开的议会会议，把王权及其政府拉入议会划定的宪政轨道。

[2] Clayton Roberts, "The Constitutional Significance of the Financial Settlement of 1690," *The Historical Journal*, Vol. 20, No. 1, 1977, p. 60.

出，"造成这种变化的，特别是结束国王财政独立的，却是 1690 年代的战争"，而不是包括财政解决在内的"光荣革命"。因为，在君主政体的基础因议会权力取代了君权神授而发生了改变后，"宪政能够以几种不同的方式发展；1689 年的立法，并没有对君主的权力和特权予以严格的限制。1690 年代的战争形势给议会带来了意料不到的超越王权的优势，因为政府需要钱，而且当时的政治气候，也要求下院议员强化他们在 1689 年时未曾考虑过的对国王权力的各种限制"[①]。W. A. 肖一方面认为，"国王应依靠'自己'的收入维持国家政府日常运作的思想逐渐消失了。议会承担起了支付政府日常经费的责任，并因此奠定了对国家行政机构的最终控制权。而且 1688 年革命独特显著的宪政成就也正体现在这一变化之中"。但另一方面他又指出，到 1694 年底，议会都没有把和平时期的国王正常收入作为一个"整体"来看待，既没有批准国王可终身享有这些日常收入，也没有采用收入每年批拨一次的原则，而是采取了有些收入国王可终身享用，另外一些收入却只批拨给国王几年的混乱做法。因此，把财政解决的最终成就描绘成，"为确保王权对议会依赖，而对其进行财政限制的辉格党人的，或宪政的，或共和思想的胜利，完全是妄谈"[②]。这是一种模棱两可，甚至是自相矛盾的看法。

　　那么，究竟应该如何理解 1690 年英国财政解决的性质呢？如果财政解决具有重要宪政意义，又是如何体现出来的呢？这虽然是两个问题，但在逻辑上却紧紧相扣。从逻辑反推的角度看，第二个问题解决

[①]　Jennifer Carter, "The Revolution the Constitution," in Geoffrey Holmes, *Britain after the Glorious Revolution, 1689-1714*, Macmillan: St Martin's Press, 1987, pp. 41, 55.

[②]　W. A. Shaw, *Calender of Treasury Books, 1685-1689*, Vol. lx, Part I, London: His Majesty's Stationary Office, 1931, pp. xiii, lxxxv.

了，第一个问题自然也就迎刃而解。也就是说，如果1690年英国财政解决体现了重要的宪政意义，则其性质自不待言。为此，就需要借用政治学的研究方法，在厘清宪政与财政权关系的同时，首先进行简单的预设分析。

"宪政意指有限政府（limited government）"，"一切立宪政府都是有限政府"，"宪政乃是专横统治的反命题；宪政的对立面是专制政府，即恣意妄为的政府"[①]。在宪制政府下，政府的权力受到限制，必须在规制的范围内行使。从近代宪政的历史发展进程看，其建立和变革主要是围绕财政权的规制进行的。如果财政权规制对一国政治制度造成了根本性影响，把政府的权力纳入了财政权规制的轨道之上，从财政权层面限制着政府的权力，那么，这样的财政权规制无疑就具有了极为重要的宪政意义。具体到1690年的英国财政解决，如果它所设计的财政权规制，一如宪政下的财政权规制，那么，其宪政性质和意义就不言自喻。1690年英国财政解决中所设计的财政权规制是否如此呢？

一

1690年英国财政解决中，最为引人注目的，是对关税进行的有别于传统惯例的财政权规制设计。长期以来，议会在国王即位伊始即授予其关税终身课征权已成惯例。这个惯例萌生于1398年。是年，理查德

---

① 〔英〕弗里德利希·冯·哈耶克：《法律、立法与自由》第1卷，邓正来等译，中国大百科全书出版社2000年版，第2、11页。

二世获准可终身课征关税补助金。之后的 1415 年，议会又因亨利五世辉煌的军事战绩而授予其羊毛等的关税补助金和桶税与镑税的终身课征权。1453 年和 1465 年，亨利六世和爱德华四世再次分别获得了同样的关税终身享用权。理查德三世时，国王开始在即位初年即获得关税的终身课征权。自此以后，直到詹姆斯一世登基都如此。1625 年查理一世即位时，议会虽然打破了这一惯例，仅批准他课征为期 1 年的关税，但 1660 年时，议会因王权的财政支出需求，以及"虔诚的保王党人还把议会的这种行为视作废黜和谋杀国王的第一步"[①]，又恢复了这个惯例，再次同意国王可终身课征关税。在这种情况下，"关税越来越成为国王收入中'正式'的一个组成部分"[②]，与国王的特权收入毫无二致。相应地，议会实际上也就根本不能通过关税，对国王及其政府进行财政权上的规制。而 1690 年的议会，仅同意威廉三世和玛丽女王可以课征为期 4 年的关税（1694 年，课征期又改为 5 年），不再授予其关税的终身课征权，并予以严格执行。这样一来，在关税授予上就彻底打破了自理查德三世以来一直延续的传统惯例，实行了新的关税规制。

但问题的关键，不在于关税的规制设计本身，而在于这种规制设计能否对王权及其政府起到宪政意义上的限制作用，能否把它们的权力纳入到财政权规制的轨道之上。从复辟时期与财政解决后的历史比较看，议会对关税的这一规制设计确实起到了这样的作用。

复辟时期的王权，特别是詹姆斯二世，之所以敢有恃无恐地试图

---

① Clayton Roberts, "The Constitutional Significance of the Financial Settlement of 1690," *The Historical Journal*, Vol. 20, No. 1, 1977, p. 62.

② 〔英〕M. M. 波斯坦等主编：《剑桥欧洲经济史》第 3 卷，经济科学出版社 2002 年版，第 269 页。

摆脱议会的控制，企图以身试险，建立绝对专制王权，其中一个极为重要的原因就是，议会缺少从财政权层面对关税进行的规制。王权复辟后虽然确认了自内战以来关税权所发生的巨大变化，但同时议会也批准国王可终身课征关税。最初看来，议会的这种做法无可厚非。因为当时王权的财政状况极端窘迫，护国主留下了 1,555,763 镑 12 先令 10 便士[①]的债务，查理二世流亡期间的债款和其父在位时的欠债合计总额为 529,600 镑[②]，此外还要支付每天 61,000 镑的海陆军军费[③]。在这种情况下，1660 年代年均 372,440 镑[④]的关税收入决不能从根本上解决王权的财政困难，因此议会也就无须担心王权能游离出自己的控制。但局势的发展完全出乎意料。随着关税收入在 1675—1685 年间增至年均 560,000 镑[⑤]，1686—1688 年间分别增至 1,012,950 镑 13 先令 0.75 便士、942,292 镑 1 先令 8 便士、929,770 镑 7 先令 7.25 便士[⑥]，王权在 1685—1688 年间的合计财政盈余已高达 298,599 镑 1 先令 10.25 便士[⑦]。这自然就削弱了议会的"钱袋子控制权"，因而，议会也就难以从财政权规制层面对王权进行限制，更遑论把王权纳入财政权规制的宪政轨道了。

从实际管理运作角度看，复辟时期议会对关税课征权的处理，事实上意味着其失去了对关税的日常操控权，所以也就很难通过具体的操控手段，对王权进行财政上的宪政限制。复辟初年，关税继续由关

---

① W. A. Shaw, *Calendar of Treasury Books, 1681-1685*, Vol.vii, 1916, p. vii.

② M. Jurkowski, C. I. Smith & D. Crook, *Lav Taxes in England and Wales, 1188-1688*, Richmond: PRO Publications, 1998, p.lvi.

③ W. A. Shaw, *Calendar of Treasury Books, 1660-1667*, Vol.i, 1904, p.xxv.

④ D. L. Smith, *The Stuart Parliaments, 1603-1689*, London: Arnold, 1999, p. 60.

⑤ D. L. Smith, *The Stuart Parliaments, 1603-1689*, p. 60.

⑥ British Library Additional Manuscript, 29990, f4.

⑦ Public Record Office, T 35/5.

税税收委员会管理，但由于按照议会颁行的新税率册课征得到的实际关税收入，还不到预先估计的400，000 镑收入的75%[①]，复辟王权因而即于 1662 年再次实行了关税的包税制。在关税包税制下，关税收入虽然能在很大程度上得以保证，但这也意味着，根据包税合同，议会无权操控关税的日常管理。而且，即使在 1671 年抛弃了包税制，实行关税税收委员会管理后，关税的日常管理仍主要操控在国王手中，因为关税税收委员会的成员任命主要由国王决定。如：1684 年 3 月，达德利·诺斯爵士在国王查理二世的授意下进入了关税税收委员会；詹姆斯二世继承王位后，立即将忠于自己的约翰·沃顿安插进了该委员会。可见，负责关税日常管理的关税税收委员会，实际上是处于国王控制下的便宜管理机构，议会很难插手其中，从而进一步限制王权及政府的权力。

相比之下，财政解决后，议会仅批准国王可连续课征 4 年关税的财政权规制设计，却起到了与此迥然不同的作用。对这一问题，我们有必要并且完全可以从议会目的和实际效果两个层面分析。

就议会目的层面而言，对关税进行这种财政权规制，完全是出于限制王权及其政府，并希图把它们拉入自己设定的财政权规制轨道上的需要。在财政解决前，议会在进行追溯既往的反思的同时，也对未来发展进行了推定。一方面，一些下院议员认为，他们及其先辈最大的不幸，在于过于慷慨地批拨给了国王过多的款项，特别是错误地同意了国王可终身课征关税，否则詹姆斯二世也就不敢冒天下之大不韪而试图建立绝对专制王权了，因此，必须从拨款上，尤其是从关税课征时限上，对

---

① D. Ogg, *England in the Reign of Charles* II , Vol.ii, London: Oxford University Press, 1956, p.421.

王权及其政府进行限制。另一方面，议会考虑到，如果继续同意国王可终身课征关税，国王今后在财政上仍然相当充裕的话，不仅有可能再次出现王权强化的趋势，使得自身沦落为权力的配角，甚至国王还有可能长期不召开议会，自己被完全架空，因此，仅仅是为了确保议会定期召开，就完全有必要对王权进行关税上的财政权规制。这正如当时的托利派议员托马斯·克拉格斯爵士所说的那样，"如果你给予（国王）以 3 年为限的关税收入的话，那么，就能确保议会的存在"[1]。正是在这一反思与推定的基础之上，议会设计了只同意国王可连续课征 4 年关税的财政权规制，以避免王权及其政府游离出自己的控制。

从实际效果看，议会对关税的财政权规制确实成效显著，总体上实现了以此确保议会定期召开，从而进一步限制王权及其政府权力的目的。1688—1702 年，关税收入总额为 1,320 万镑[2]，其中，1689—1691 年、1692—1694 年、1699—1701 年，年均收入分别为 372,772 镑、392,196 镑、465,496 镑[3]，各占财政收入的 35.81%、41.63%、47.52%，具有极其重要的地位。这就意味着，在议会仅授予 4 年或 5 年关税课征权的财政权规制下，如果不定期召开议会，以获得关税课征权，继续课征在财政收入中占有极为重要份额的关税的话，王权及其政府的财政势必难以正常运转。其必然的结果是，在威廉三世和安妮女王时期，每

---

① Clayton Roberts, "The Constitutional Significance of the Financial Settlement of 1690," *The Historical Journal*, Vol. 20, No. 1, 1977, p. 67.

② M. J. Braddick, *The Nerves of the State: Taxation and the Financing of the English State, 1558-1714*, Manchester University Press, 1996, p. 64.

③ Clayton Roberts, "The Constitutional Significance of the Financial Settlement of 1690," *The Historical Journal*, Vol. 20, No. 1, 1977, p. 63. 需要说明的是，由于统计范围和统计方法不同，不同口径的关税收入数字差异较大。M. J. 布拉迪克使用的 1690 年代的关税收入数字是年均约 100 万镑，与 C. 罗伯茨的数字有较大差距，但这并不影响文章的定性分析。

两次议会选举的时间间隔从未超过 3 年，且每年都召开一次议会会议，"一年内议会开会的时间，约与（光荣革命）之前 10 年间开会的时间总和一样多"①。这表明，在财政解决后，议会会议的召开趋于经常化和制度化，议会真正成为国家机器中不可或缺的主要组成部分，"被认为是一些根本性问题的主宰者"②，与复辟时期形成了鲜明对照。

不过，应该承认，在一个英王并非"威尼斯大公"，且仍拥有强大权力，特别是依旧控制着作为中央权力主体的行政权的时代，议会通过关税的财政权规制对王权及其政府的权力限制还相对有限。但从另外的角度看，非常值得注意的是，正是这些有限的、粗糙的限制，后来却起到了始料未及的重大作用，即"由在议会中居于支配地位的政党，最终控制了行政机构"③，把整个国家权力纳入到了经由财政权规制的宪政轨道之上。

要理清这一问题，还是要回溯到议会对关税的财政权规制目的上。从根本上看，议会只授予国王 4 年关税课征期的财政权规制，最初其意并不在于控制国家的行政权力，而是将之留给了国王及其大臣。但是，另一方面，议会却持有明显地干预行政权的意图。在 1690 年 3 月 27 日关于授权国王课征关税的议会辩论中，爱德华·西摩爵士竭力辩称说，每当我考虑到不久前我们在一次议会上就同意国王可永久课征关税时，就感到惊讶迷茫，如果这种情况持续下去，让国王在关税课征上过于自

---

① B. W. Hill, *The Growth of Parliamentary Parties, 1689-1742*, London: Allen and Unwin, 1976, p.23.

② George L. Cherry, "The Role of Convention Parliament（1688-1689）in Parliamentary Supremacy," *Journal of the History of Ideas*, Vol.17, No.3, 1956, p.23.

③ Clayton Roberts, "The Constitutional Significance of the Financial Settlement of 1690," *The Historical Journal*, Vol.20, No.1, 1977, p.73.

由的话，将会使国王的"大臣们独立自主"；"我们把国王安置上王位，让其保留在王位之上"，但在这里，"我自始至终看到的是，议会（在关税问题上）的仓促决定，对英国决不会产生良好的结果"，因为"我们已经得知，以前的国王们曾获得了让我们轻易就要做出妥协，陷我们于悲惨境地的（自由的关税）收入"[①]。在3月28日的辩论中，科洛尼尔·奥斯汀总结说，对关税的课征时限问题，我们已经进行了太多的讨论。我反对为了国王和女王的缘故而讨论这一问题。"我反对批准国王终身享受（关税）收入，因为现在的国王在他还是亲王时，对此已经在其《权利宣言》中做出了宣告。他的权力职责是确保我们的安全，而不是再次把我们带入不幸之中"，"我的意思是说，如果（国王）终身享有关税收入的话，将很难对邪恶的大臣们进行质询，也就根本不能影响并控制他们"[②]。毫无疑问，在相当程度上，正是出于意欲干预行政权的目的，特别是出于通过"清君侧"以限制国王行政权的目的，议会出台了对关税的财政权规制。

在关税的财政权规制实施后，随着议会的定期召开，议会对王权及其政府的行政权力影响越来越大。议会首先利用自己的财政权规制，对政府的行政政策施加影响。如：1698年12月17日，下院在罗伯特·哈利的领导下，要求英国仅保留7,000人的武装力量，其余的"应该立即解散，而且只有土生土长的英国人才能继续在军队服役"。尽管威廉三世忠告议会说，若解散军队，英国将在即将来临的战争中陷于危险境地。但议会对此置若罔闻，以至于国王万分绝望，甚至"考虑退出政府

---

①　Anchitell Grey, *Debates of the House of Commons, from the Year 1667 to the Year 1694*, Vol. x, London: D. Henry and R. Cave, 1763, pp. 13-14.

②　Anchitell Grey, *Debates of the House of Commons, from the Year 1667 to the Year 1694*, Vol. x, p. 21.

的管理，隐归荷兰"①。然而，即使如此，也丝毫没有动摇议会影响和限制国王及其政府政策的决心。其次，议会还开始对王权及其政府的行政"绩效"进行各种各样的质询。在财政事务上，议会的公共账目委员会自 1692—1693 年起，就开始对政府账目有规律地定期审核；在战争政策问题上，上院和下院有权查阅审核大量的政府文件。结果，议会通过对管理过程的干预，逐渐建立起了"行政机构向议会负责"②的制度。最后，随着行政大臣的任免日益与议会中党派力量的消长联系在一起，议会最终完成对行政机构的控制已不可避免。如果说 1693 年前，威廉三世还能保全国王的独立地位，能"拒不接受由议会下院选择的大臣"③，而且在 1698 年前，还能为了行政权力成功运转之便，安排由四位宠臣组成的"辉格党小集团"把持政府要津，那么，之后的情况则十分不同。1698 年，由于以乡绅为主体的"后座议员"的支持，托利党在议会中占据了多数，威廉三世为避免王权及其政府与议会的冲突和摩擦，不得已在 1702 年之前，一直以托利党为主组成政府。之后的安妮女王，尽管素来偏爱托利党，但当 1705 年辉格党获得议会选举胜利时，也不得不免去托利党极端分子的职务，委以辉格党人。这一切表明，国王在行政大臣的任用上，越来越屈从于在议会中占多数的政党的意志，行政机构最终必将在议会规制的宪政轨道上运转，是不可逆转的历史发展趋势。

至此，1690 年财政解决中，议会对关税所进行的财政权规制的宪政作用和意义已经较为清晰，即议会通过仅同意国王可课征为期 4 年关

---

① James Rees Jones, *Country and Court: England, 1658-1714*, London: Edward Arnold, 1978, p. 306.

② Robert McJimsey, "Crisis Management: Parliament and Political Stability, 1692-1719, " *A Quarterly Concerned with British Studies*, Vol. 31, No. 4, 1999, p. 561.

③ J. P. Kenyon, "The Earl of Sunderland and the King's Administration, 1693-1695, " *The English Historical Review*, Vol. 71, No. 282, 1956, p. 581.

税的财政权规制，确保了议会的定期召开，借此，议会在频繁的集会中，开始并逐渐加强了对王权及其政府权力的限制，使其按照议会规制的宪政轨道运作。

二

显然，单凭关税上的财政权规制而力图形成对王权及其政府的全面限制，无疑过于脆弱。实际上，议会对关税进行规制的目的，根本上还是为了实现一种短绌财政权规制，以此形成王权及其政府对议会的完全财政依赖，借此进一步完成对它们的限制，并把它们拉入宪政轨道。

在建立短绌财政权规制的过程中，议会采取了从表面上看来与复辟时期相同，但本质上却完全不同的方式。议会在1690年三四月间，先后通过了几个财政法案，继续把王权的财政收入划分为正常收入和特别收入两部分，前者用于支付王室花费、大臣薪俸、和平时期的海军军费、维持皇家卫队和要塞的费用，后者主要用于战争及其他非常需要。这是自中世纪以来一直采用的做法，并且和复辟时期似乎也没有什么不同。但问题的要害不在于财政收入的划分与支出方向的表面性规定，而在于正常收入的来源构成及其相关规制，特别是规制下的正常财政收入相对于王权及其政府和平时期的财政支出需求总处于一种短绌状态，即议会建立起了短绌财政权规制，并凭借它完成了对王权及其政府的宪政规制。因此，与复辟时期进行比较，并从比较中寻找到短绌财政权规制的宪政作用，仍是最为理想的解决问题的方法。

复辟时期，王权及其政府的财政从赤字高悬最终走向了多有盈余。

1660 年王权复辟后，用于维持国王日常财政支出的正常收入，主要源于关税、消费税和炉灶税，其中，关税和消费税经议会批准后，国王可终身征收。虽然如此，但在王权债台高筑、经济和贸易不景气的复辟初年，王权及其政府在财政上仍处于捉襟见肘的窘迫境地。1660—1667年，国王共借款 822,130 镑 7 先令 10 便士[1]，及至 1671 年 12 月 31 日，国王债务已累计高达 2,182,405 镑 10 先令 7.25 便士[2]。然而，随着经济的发展，特别是贸易的繁荣，关税净收入在 1671—1672 年上升到 420,000 镑，1681—1688 年间年均超过 555,000 镑[3]，消费税收入在 1672—1685 年间年均增至 453,203 镑[4]，1685—1688 年净收入分别高达 589,751 镑 11 先令4 便士、621,984 镑 9 先令 0.75 便士、696,691 镑 10 先令 5 便士、750,441镑 4 先令 10.25 便士[5]，王权及其政府的财政收支趋于平衡，并在 1674 年和 1678 年的复活节至米迦勒节期间都出现了财政结余。1685—1688 年间，更是连年出现了财政结余，年度结余额度分别为 181,057 镑 15 先令 11.5便士、20,600 镑 7 先令 5 便士、96,940 镑 18 先令 5.75 便士[6]。另根据 C.罗伯茨以 W. A. 肖的数据所做的统计估算，1685—1688 年间，包括关税、消费税、邮费、杂色收入、炉灶税在内的国王年均正常财政收入计1,500,962 镑。因此，如果詹姆斯二世保有的军队数量与查理二世一样多，他在和平时期的年均财政支出可能接近于 1,500,000 镑，国王的正常收

[1]　W. A. Shaw, *Calendar of Treasury Books, 1660-1667*, Vol. i, 1904, p. xxxiv, Table E.

[2]　W. A. Shaw, *Calendar of Treasury Books, 1669-1672*, Vol. iii, 1908, p. xiii.

[3]　H. Tomlinson, "Financial and Administrative Developments in England, 1660-1688," in James Rees Jones（ed.）, *The Restored Monarchy, 1660-1688*, New Jersey: Rowman and Littlefield, 1979, p. 101.

[4]　W. A. Shaw, *Calendar of Treasury Books, 1681-1685*, Vol. vii, 1916, p. xviii.

[5]　British Library Stowe Manuscript, 314.

[6]　Public Record Office, T 35/5.

入完全能够满足和平时期的财政支付要求。而且，即使是詹姆斯二世保有了更多的军队，也不存在任何财政赤字。因为除上述这些巨额正常收入，1685年6月，议会还同意国王课征关税附加税，酒、醋、烟草、糖的课征期为8年，法国的亚麻布、丝绸、白兰地，以及东印度公司货物的课征期为5年。这些关税附加税收入和正常收入年计总额为1,900,000镑，因此，和平时期每年1,699,362镑的财政支出需求[①]，对于王权及其政府来说，根本不是问题。

现已非常清楚，出现连年财政结余的直接原因，毋庸置疑是国王正常财政收入的迅速增加。但在直接原因之外，更具有根本性的原因是什么呢？对这一问题，在前面论及关税的财政权规制时，已经部分做出了回答，即由于同意国王可终身课征关税，议会实际上难以从关税的财政权规制层面，控制国王的正常财政收入。另外的原因是，在关税收入之外，加上可由国王终身课征，且收入量与关税相当，甚至有时比关税还要高的消费税收入，议会根本就没有能够建立起短绌财政权规制。因而，议会很难形成王权及其政府对它的财政依赖，并难以进而规制它们的权力，也就实属自然。

与复辟时期由于缺少短绌财政权规制，而最终让王权及其政府的财政从赤字高悬走向多有盈余，并进而难以对王权及其政府进行限制不同，"光荣革命"后，议会通过短绌财政权规制，建立起了王权及其政府在财政上对议会的完全依赖，从而在根本上改变了上述局面。

在建立短绌财政权规制的过程中，除关税上的财政权规制，议会还

---

① Clayton Roberts, "The Constitutional Significance of the Financial Settlement of 1690," *The Historical Journal*, Vol. 20, No. 1, 1977, p. 64.

主要着手进行了两方面的工作。第一方面是对王权及其政府的正常收入附加多种额外财政开支限制，突出表现在以关税和消费税为抵押，且主要或部分由它们进行偿还的战争借款上。在批准国王课征为期4年关税的议案中，议会附加了要求国王以此为担保借款500,000镑的条款；在批准国王可终身课征一部分临时性消费税的议案中，议会同样附加了要求国王以此为担保借款250,000镑的条款①。这种情况在1693年以后愈演愈烈。根据P. G. M. 迪克森的统计，1693—1698年国王同意举借的6,900,000镑长期国债中②，借款利息都主要是以关税和消费税为担保。议会的这一做法起码起到了三个作用。其一，以王权及其政府的正常收入作担保进行借款，在一定程度上把正常财政收入纳入到了议会的财政权规制范围之内。其二，本应由议会拨款用于非常需要的支出，却要从王权及其政府的正常收入中开支一部分，有时甚至是大部分。如上之以关税和消费税为抵押筹借的款项，虽然用于了爱尔兰的军事远征和对法战争，但最终其3/4是由关税和消费税收入偿还的。这使得本就短绌的正常收入进一步萎缩，从而加剧了王权及其政府对议会的财政依赖。其三，从特定维度对消费税进行了财政权规制。在1690年的财政解决中，消费税虽然没有像关税那样，仅批准国王有权课征数年，而是规定国王威廉三世可终身享用其中的一部分，另一部分由国王世代永久课征，但议会附加的限制性条款，毫无疑问，主要从借款担保和偿还层面对国王及其政府的消费税权力进行了限制。此处，为说明议会有关消费税财政

① Clayton Roberts, "The Constitutional Significance of the Financial Settlement of 1690," *The Historical Journal*, Vol. 20, No. 1, 1977, p. 64.

② P. G. M. Dickson, *The Financial Revolution in England: A Study in the Development of Public Credit*, New York: St Martin's Press, 1967, pp. 48-49.

权规制的重要性，有必要再次与复辟时期进行比较。实际上，以消费税为担保借款并不是什么新鲜事物，早在 1683 年 6 月，查理二世就曾要求消费税税收委员会成员查尔斯·达维南特、费利克斯·卡尔弗德和约翰·弗赖恩德为其提供借款 30,000 镑，借款担保即是他们负责征收的消费税，偿债方式是自 1684 年 6 月 16 日起每周偿还 1,500 镑[①]。但这种借款在性质上属于国王的个人借款，没有议会权威渗透其中。而且，值得注意的是，消费税税收委员会成员所以能够提供借款，主要原因是，消费税税收自征敛到手至上缴国库或转拨给其他部门，常常会在他们手中滞留一段时间，这正好为他们出借短期借款提供了方便。因此，这一时期以消费税为担保的借款，还具有国王大臣以之牟利的性质。而财政解决后以消费税为担保的借款，具有公共财政借款的性质，是议会对王权及其政府的财政干预和限制。

　　第二方面是废除了炉灶税。复辟时期，炉灶税一直是国王正常财政收入的重要组成部分，且其收入呈不断增长趋势，从 1662—1664 年间的年均 115,000 镑，增至 1684—1688 年间的年均 216,000 镑。这虽然不能与关税和消费税相比，但却远比 1672—1688 年间每年只能带来 5,870.8 镑的王室地产收入重要得多[②]。然而，炉灶税"从一开始就是被强烈仇恨的目标"，在其课征中一直存在着"以国王及其行政机构为一方，与以议会下院和民众为另一方"之间的斗争。1664 年后，议会一直都试图以新的印花税取代炉灶税。议会在 1667—1681 年间召开的所有会议中，除 1673 年和 1678 年的议会会议因会期过短而没有对炉灶税予以深切关

---

①　W. A. Shaw, *Calendar of Treasury Books, 1685-1685*, Vol. vii, 1916, p. 840.

②　C. D. Chandaman, *The English Public Revenue 1660-1688*, Oxford: the Clarendon Press, 1975, pp. 322, 115.

注外，其余历次会议都格外注意炉灶税问题，先后提出了 10 个议案。尽管其中的 7 个议案因议会休会而被中止，剩下的 3 个议案在通过了议会下院的所有立法阶段，提交到上院后，最终也没有通过①，但这已充分表明了议会特别是议会下院对炉灶税的坚决反对态度。民众对炉灶税也极端愤慨，逃税和公然抗税现象一直存在。在包税商人包税期间，公开抗税更为激烈，有时甚至还群起而攻之。1668 年 2 月，炉灶税首次实行包税制，当税收员到多赛特的布里德波特收税时，遭到了愤怒民众的石块袭击，税收员因之死亡②。鉴于这种情况，"光荣革命"后，在对财政解决进行的先期讨论中，议会就决定废除炉灶税。国王威廉三世也没有过分地主张自己的炉灶税课征权。炉灶税废除的后果非常明显，正如 C. 罗伯茨一针见血地指出的那样：如果 1689 年 3 月威廉没有放弃炉灶税，而且关税收入没有因对法战争而减少了 20,000 镑的话，那么，他可能会像詹姆斯二世那样，年均正常岁入达到 1,500,000 镑。但是，威廉放了炉灶税，并且，尽管下院一再声称对其进行补偿，但实际上从未这样做。因此，即使没有对法战争，且假定威廉可以终身课征关税，他的年均正常岁入也将比和平时期的年均支出短缺 200,000 镑③。也就是说，由于炉灶税的废除，威廉三世的财政收入与詹姆斯二世相比，绝对地短缺了二十万镑，王权及其政府对议会财政的依赖性因此更趋加强，也将更加难以对抗议会凭借其财政大权对它们施加的宪政限制。

---

① L. M. Marshall, "The Levying of the Hearth Tax, 1662-1688, " *The English Historical Review*, Vol. 52, No. 204, 1936, pp. 628, 641.

② M. Jurkowski, C. I. Smith and D. Crook, *Lay Taxes in England and Wales, 1188-1688*, Richmond: PRO Publications, 1998, pp. lxii-lxiii.

③ Clayton Roberts, "The Constitutional Significance of the Financial Settlement of 1690," *The Historical Journal*, Vol. 20, No. 1, 1977, p. 64.

　　通过财政解决中建立起短绌财政权规制后，王权及其政府在财政收支上出现了与复辟时期完全不同的状况。1689—1691 年、1692—1694 年、1699—1701 年，年均正常收入分别只有 1,041,066 镑、942,179 镑、979,552 镑，而和平时期的年均支出却分别高达 1,448,824 镑、1,519,782 镑、2,202,492 镑[①]。这表明，威廉三世及其政府的财政完全入不敷出，其正常收入"仅够伙食钱"而已。在如此窘迫的困境下，不但"卯粮寅用"已属经常之举，而且其财政独立性已被彻底摧毁，离开议会的财政支持必然寸步难行。因此，议会利用短绌财政权规制，在议会召开趋于经常化和制度化的基础上，开始在立法上取得居于压倒国王的主导地位，在政府政策上施加越来越大的影响，在外交领域中逐渐渗透自己的意志，从而使整个中央权力结构发生有利于议会，特别是有利于议会下院的重大变化，把王权及其政府拉入到通过短绌财政权规制所设定的宪政轨道，成为历史发展的必然。

三

　　关税财政权规制和短绌财政权规制的建立，以及它们所必然具有的宪政意义，主要着眼于议会的主观努力。但实际上，1690 年英国财政解决之所以具有极其重大的宪政意义，还在于客观形势的推动和主观努力所产生的客观作用。正是它们加速了英国宪政最终确立的历史进程，推动了议会主权的最后确立。当时的客观形势可谓错综复杂，那么，究

---

① Clayton Roberts, "The Constitutional Significance of the Financial Settlement of 1690," *The Historical Journal*, Vol. 20, No. 1, 1977, p. 64.

竟是何种客观形势能成为财政解决的凭借，并主要起到了这样的作用？议会主观努力所起到的客观作用又究竟如何呢？

在这些问题上，一些研究英国从中世纪"王室财政"体制向近代议会财政体制转变的学者，为我们提供了解决问题的思路。以 J. A. 熊彼得、M. J. 布拉迪克、P. K. 奥布赖恩为代表的"财政国家"论者指出，现代国家的形成与国家财政的变化相伴而生，现代国家形成的过程实际上是一种由以国王的"领地收入"为核心的"领地收入"国家，向以议会批准的"税收收入"为核心的"财政国家"转变的过程[①]。因而，研究英国财政体制性质的转变必须着眼于财政收入中议会收入所占比重的变化。而造成财政收入中各种收入比重变化的原因，毫无疑问是当时以重火器应用为标志的"军事革命"，是"军事革命"和战争急需创立了新的收入模式[②]。在 1690 年英国财政解决前后，这些学者们提到的战争的急需和财政收入中收入构成的根本性变化切实发生了。战争急需是推动财政解决的客观形势，而财政收入的构成变化则是议会进行财政规制主观努力的客观结果，这一客观结果，反过来又促进了主观努力作用的深入发展。

战争的客观形势显著推动了财政解决的宪政进程。1688—1714 年间，英国先后参加了 1689—1697 年的九年战争和西班牙王位继承战争，只享受了三年左右的和平时光。战争意味着财政支出规模的迅速膨胀。1688 年前，王权及其政府的"年均财政支出不到 200 万镑"，而

---

① 　J. A. Schumpeter, "The Crisis of Tax State," *International Economic Papers*, 1954, Vol. iv, pp. 5-38.

② 　相关论述可参见以下论著：M. J. Braddick, *The Nerves of the State: Taxation and the Financing of the English State, 1558-1714*, Manchester University Press, 1996; M. J. Braddick, "The Rise of the Fiscal State," in B. Coward, *A Companion to Stuart Britain*, Oxford, 2003; P. K. O'Brien, and P. A. Hurt, "The Rise of a Fiscal State in England, 1485-1815," *Historical Research*, 1993, vol. lxvi.

"1689—1702 年间，财政年均支出额为 500—600 万镑"[1]，到 1710 年时，"军费支出约占国民财富的 9%"[2]。财政支出规模迅速膨胀的直接后果，是政府债务的剧增。1689 年时，政府尚无多少债务，但九年战争结束后，政府债务高达 16,700,000 镑。西班牙王位继承战争开始时，政府债务曾一度下降到 14,100,000 镑，但到 1713 年，又剧增至 36,200,000 镑[3]。更为重要的是客观战争形势及其带来的财政支出规模迅速膨胀所产生的间接后果，即对财政解决所起的宪政推动作用。对这一问题，学术界存在两种显然不同的观点。C. 罗伯茨认为，财政解决中议会强加给威廉三世的财政限制，是其对王权及其政府进行宪政限制策略的根本，议会进行的宪政限制决不仅仅是偶然的战时财政急需的副产品，因为由于议会在关税上进行的限制，特别是炉灶税的废除，使得即使和平时期到来，"威廉的主要问题"将只是"赤字的控制，而不是赤字不复存在"[4]。H. 罗斯维尔却和前面提到的 J. 卡特一样，十分重视战争的作用，指出，尽管 C. 罗伯茨一再强调议会强加的财政限制对宪政策略的根本性作用，但"威廉登基后英国即卷入了从未经历过的花费如此昂贵的战争，对于理解财政革命的其他主要特征，即新税的增生、巨额贷款的筹借、诸如英格兰银行及股票和证券市场等新机构的创设，都至关重要"[5]。C. 罗

---

[1] P. G. M. Dickson, *The Financial Revolution in England: A Study in the Development of Public Credit*, p. 46.

[2] J. Brewer, *The Sinews of Power: War, Money and the English States, 1688-1783*, London: Unwin Hyman, 1989, p.41.

[3] J. Brewer, *The Sinews of Power: War, Money and the English States, 1688-1783*, p.30.

[4] Clayton Roberts, "The Constitutional Significance of the Financial Settlement of 1690," *The Historical Journal*, Vol.20, No. 1, 1977, p.64.

[5] H. Roseveare, *The Financial Revolution, 1660-1760*, London and New York: Longman, 1991, p.32.

伯茨和 H. 罗斯维尔的观点都极富见地，但同时也片面地把主观上的财政权规制努力和客观上的形势推动混淆在了一起。实际上，议会的关税财政权规制和短绌财政规制，主要着眼于和平时期，主观上力图通过规制确保的经常化、制度化召开的议会会议，对王权及其政府进行宪政限制；而战争带来的战时财政急需和财政支出规模的迅速扩大，则从客观上加强了议会的财政权，如：财政意义上的"预算"一词虽然迟至 1733 年才出现，但早在 1688 年前后议会就开始利用王权及其政府的战时紧急财政需要，事实上开始了对军费的"预算"；1690 年下院对前两年的军费收支账目进行了审查，1691 年又进行了同样的审查，之后，下院的审查渐趋经常，结果，"1691—1697 年间，国王政府被迫生活在相继成立的数个议会委员会的监督之下"[1]。这当然也意味着，随着客观战争形势加速推动的议会财政权的加强，财政解决所推动的议会主权及宪政控制进程也开始全面加速。但需要重点指出的是，客观战争形势所起到的主要是推动性作用，真正决定王权及其政府走上宪政轨道的，还是议会主观上的财政权规制努力，因为在英国历史上，战时财政急需经常存在，但由于缺少像 1690 年财政解决中建立起来的财政权规制，都最终没能建立起真正意义上的议会财政权，也就不能从根本上因之形成对王权及其政府的宪政限制。

与战争客观形势的推动作用相比，议会主观财政规制努力引起的财政收入构成重大变化这一客观结果，则主要为财政解决的宪政进程提供了收入构成上的保障。"赋税是国家的经济基础"[2]，财政收入是一切

[1] H. Horwitz, *Parliament, Policy and Politics in the Reign of William III*, Manchester: Manchester University Press, 1977, p. 314.

[2] 《马克思恩格斯全集》第 19 卷，人民出版社 1963 年版，第 18—19 页。

财政体制赖以存在的基石，赋税性质和财政收入构成的变化必然会对财政体制的性质产生重要影响，并进而影响到一个国家的政体。1690 年英国财政解决中议会确立的财政权规制，促使财政收入构成发生了重大变化，形成了与"王室财政"体制有着本质不同，与复辟时期的财政体制有着重大不同的收入构成结构。在"王室财政"体制下，"源自各种特定权力和国王个人特权"的国王个人收入，在财政总收入中占据绝对比例优势，而由议会批准的特别收入，仅占较小份额。如 1560—1602 年、1603—1625 年、1626—1640 年，经过议会批准的收入仅占财政总收入的 27.08%、27.12%、24.48%，而未经议会批准的收入比例却高达 72.92%、72.88%、75.52%[①]。只要这种比例关系得不到改变，"王室财政"体制就不会失去其存在的基础，议会也就不可能仅凭其有权控制的小比例收入，形成宪政模式下的财政主权，从而对王权及其政府实施强有力的宪政限制。复辟时期，议会批准的税收收入虽然在财政总收入中占据了优势，但由于国王可终身课征关税和消费税，议会实际能够控制的财政收入仍相对较为有限，宪政的建立依旧缺乏财政收入构成基础。而 1690 年的财政解决，通过关税的财政权规制，关税在性质上成了一种彻头彻尾的议会间接税，而不再像复辟时期那样，由于国王可终身课征关税，议会的关税权残缺不全；通过对王权及其政府的正常收入附加多种额外财政开支限制和废除炉灶税而建立起来的短绌财政权规制，则降低了正常财政收入在整个财政收入中的比例。结果，一方面，1689—1701 年间，威廉三世终身享用的正常财政收入只有 100 万

① M. J. Braddick, *The Nerves of the State: Taxation and the Financing of the English State, 1558-1714*, Manchester: Manchester University Press, 1996.

镑左右（1697 年的国王年金法案将这一数额固定为每年 70 万镑），约占 1689—1714 年国家年均财政总收入 4,600,270 镑[1]的 21.74%；另一方面，议会税收收入在国家财政总收入中占据了压倒性的优势，在财政解决后的 25 年中，议会批准的直接税和间接税收入，分别占国家财政总收入的 39.98% 和 56.91%，而包括王室财产出卖收入、铸币收入等在内的国王个人收入，只占 3.11%[2]。在议会税收收入占绝对优势，正常收入仅占较小份额，且最主要地来源于议会批准和严格控制的税收的收入构成模式下，王权及其政府对议会的财政依赖性显而易见，离开议会，国王连基本的"伙食钱"也难以保证。因此，在许多重大问题，特别是宪政问题上，"一遇冲突，如果议会动用财政手段，它就能占上风"[3]，总能迫使国王屈服，不得不听命于它的安排，在它限制的宪政范围内处理和解决这些问题。

判断 1690 年英国财政解决是否具有重要宪政意义的关键，是议会设计的财政权规制是否摧毁了君主政体的财政基础，并进而引起了英国政治制度的根本性变化，把王权及其政府拉入了其划定的宪政轨道。在财政解决过程中，议会虽然与复辟时期一样，把王权及其政府的收入划分为正常收入和特别收入两部分，并要求国王继续"依靠自己生活"，但议会的关税财政权规制和短绌财政权规制，却又使原来君主政体的财政基础几乎消失殆尽，"依靠自己生活"的原则在财政解决后只能曳足而行，形成了对议会的根本性财政依赖。同时在国家财政收入最主要地

---

[1] M. J. Braddick, *The Nerves of the State*: *Taxation and the Financing of the English State*, *1558-1714*, p.10.

[2] M. J. Braddick, *The Nerves of the State*: *Taxation and the Financing of the English State*，*1558-1714*，p.10.

[3] 〔英〕哈里·狄金逊：《1688 年"光荣革命"的革命性问题》，《世界历史》1988 年第 6 期。

源自议会严格控制的税收的情况下，面对规模日益膨胀的战时财政需求，王权及其政府也根本离不开议会的财政支持。由于对议会的财政依赖，或者说由于1690年财政解决确立起了"政府财政的议会控制"[1]，国王不得不经常召开议会，议会的召开渐趋经常化和制度化。在定期且频繁召开的议会会议上，议会越来越多地利用自己的财政权，影响王权及其政府的行政政策，进一步在外交领域渗透自己的意志，渐渐控制了中央行政权力机构，并在立法上取得压倒国王的主导地位。最终，整个中央权力机构的天平日益向议会一方倾斜，王权及其政府被拉入了议会划定的宪政轨道，英国政治制度发生了根本性变化。这就是1690年英国财政解决的宪政性质及其宪政意义之所在。

（原载《文史哲》2012年第4期）

---

[1]　H. Roseveare, *The Financial Revolution, 1660-1760*, London and New York: Longman, 1991, p.31.

自利及其正当性：立宪设计的前提

——以联邦党人的理解为中心

姜　峰

　　在联邦党人的政治哲学中，公共利益居于重要地位。对古典共和主义来说，公共利益通过公民美德来实现，它强调个人应为公共利益做出牺牲。但是，在个人利益与公共利益的分裂不可避免的商业社会，古典共和美德将受到严峻挑战。麦迪逊认为，民主在很大程度上意味着差异、自利和个人选择的正当化，而这将对政治秩序提出新的要求。在这种情况下，立宪设计的主要方式不能再求助于古典共和美德，而是转向"用相反和敌对的关心来补足较好动机的缺陷……以便彼此有所牵制——使各人的私人利益可以成为公众权利的保护者"①。这一规范性立宪原则的重要前提，正是人性的自利特征。尽管自利在经济生活中的利他作用已为人们所熟悉，但它在政治领域中的意义尚待厘清。

　　本文试图说明，自利在其描述性意义上既是"民主制的人类学基

①　〔美〕汉密尔顿、杰伊、麦迪逊：《联邦党人文集》，程逢如等译，商务印书馆1980年版，第264—265页。

础"，在道德层面上也可因其与平等主义和反暴政价值的内在联系而获得正当性。揭示这一点，有助于我们深入理解现代立宪主义的一些基本理论前提。本文第一部分讨论了联邦党人对古典公民美德在一个多元化商业社会衰落后的政治反应，亦即要寻求新的方式实现公共利益；第二部分归纳了联邦党人关于人的政治行为特征的六个描述性定理，它们表明，自利原则事实上是进行立宪制度设计的人性基础；第三部分从经济、政治和道德层面讨论了自利原则的正当性问题，强调自利的功能不仅促进经济效率，而且在政治生活中体现平等和民主价值；第四部分通过讨论联邦党人对个人在私人选择和公共选择中的特征的认识，表明可以通过良好的外部规则设计达到"使个人的私人利益服务于公共利益"的效果。

一、公民美德的衰落

联邦党人追求政治决策的公共利益价值，他们反对多元主义那种把政治过程当成私人利益表决器的主张，也不认为在政治、经济和社会中的强势力量经由民主过程就可以获得垄断性宪法优势。与古典自由主义强调反对少数人的专制不同，他们旨在设计一个防止多数派专政的宪法体制，以克服当时邦联体制对大众民主的纵容。为了防止立法受激情或非理性主导（这往往由多数派造成），宪法分权机制被设计得相当细致：国会分为两院，以实现立法机构内部的彼此牵制；有力的总统否决权和独立的联邦司法权力，则进一步限制了多数派通过政治过程实施暴政的可能。就追求一种独立于私利的"公共利益"而言，这一体制带有明显的共和主义色彩。

借用古典共和主义的口吻，联邦党人认为"每部政治宪法的目的就是，或者说应该是，首先为统治者获得具有最高智慧来辨别和最高道德来追求社会公益的人"[①]。尽管如此，古典共和美德是一种公共美德，它不同于谨慎、节俭、勤奋等个人美德。正如休谟所言，这些品德大多对人们"自己有用，使他们能够促进个人利益的发展"，但它们不是"使人们投身社会的那种品德"[②]。公共美德是指为了社会利益牺牲个人的私欲的那种品德。在古代高度同质的共和国里，对公共事务的参与和热爱是与个人的人格完善和幸福分不开的，公益是个人生活的一部分，丧失它即意味着个人生活的不完整，意味着抛弃与他人的社会联系。联邦党人面临的一个关键性困难是，在一个商业共和国，古典共和主义那种要求公民舍己为公的主张，在技术上越来越成为不可能。商业社会在很大程度上分裂了个人利益与公共利益的一致性，分工限制了人们的视野，由于公务并非人们的日常活动，他们所获得的信息往往限于狭窄的范围，因此让每个人都从全局、长远角度来做决策是困难的。不仅如此，政治共同体的扩展带来了规模难题：共同体越大，人口越多，让所有人无偏私地关注公共利益的难度也就越大。

在联邦党人的时代，一个以政治、宗教、伦理和经济利益多元化为特征的商业社会已经初具规模。面对邦联体制的缺陷，当时已有人公开声称："不幸的是，残酷而不近人情的战争一旦结束，奢侈和腐化开始在国内蔓延，节俭、朴素和勤奋，这些在战争中表现出来的美德则烟消

---

① 〔美〕汉密尔顿、杰伊、麦迪逊：《联邦党人文集》，第 290 页。
② David Hume, *A Treatise on Human Nature*, L. A. Selby-Bigge and P. H. Nidditch（eds.），Oxford: Clarendon Press, 1978, p. 587.

云散。"① 另一位反联邦党人也正确地指出，国家面临的困难"是因为公共美德的丧失，我们是私人利益优先，而置任何其他利益于不顾"②。曾经作为古典共和主义之核心的对公共生活的参与和热爱，既不在每个场合为个人生活所必需，也不再构成自由主义信条的主要内涵。麦迪逊敏锐地注意到了这给政治制度构成的挑战："有产者和无产者在社会上总会形成不同的利益集团。债权人和债务人也有同样的区别。土地占有者集团、制造业集团、商人集团、金融业集团和许多较小的集团，在文明国家里必然会形成，从而使他们划分为不同的阶级，受到不同情感和见解的支配。"③ 党派私见的泛滥，已然成为困扰政治制度的一个问题，"对各种财产征税的分配，是一条看来需要极其公平的法令，然而恐怕没有一条法令能为居于统治地位的党派提供更大的机会和诱惑来践踏正义的准则了。它们每使处于劣势的派别多负担一个先令，就给他们自己的腰包里节省一个先令"。基于此，麦迪逊不得不承认，管理各种各样且互不相容的利益集团，必然成为"现代立法的主要任务"④。

如果说古典共和主义增进公益的方式是抑制个人利益的话，那么自由主义则把个人诉求当作目的性的价值，因此一个深刻的悖论在于，民主和公共利益存在内在的张力。联邦党人的政治理论必须回答一个难题：一方面留恋公共利益，另一方面又不能再寄望于通过古典共和美德来实现公共利益。对此，联邦党人拒绝了霍布斯式的通过建立一个强大

---

① Jonathan Elliot（ed.），*The Debates of the State Conventions*：*On the Adoption of the Federal Constitution*，J. B. Lippin-Cott Company，1836，p.240.

② 〔美〕赫伯特·斯托林：《反联邦党人赞成什么》，汪庆华译，北京大学出版社 2006 年版，第 49—50 页。

③ 〔美〕汉密尔顿、杰伊、麦迪逊：《联邦党人文集》，第 47 页。

④ 〔美〕汉密尔顿、杰伊、麦迪逊：《联邦党人文集》，第 47 页。

的"利维坦"国家来谋求公益的方式，他们的办法是使各人的私人利益服务于公共利益。

二、"民主制的人类学基础"

立宪设计需要面对自利这一事实。本杰明·富兰克林在费城制宪会议上说：世上有两种激情，总是对人间事务产生强有力的影响，这两种激情就是野心和贪婪：爱权和爱钱[①]。汉密尔顿也指出，不能把政治的良好状况寄望于人们的公益感，因为这"暴露了全然不知驱使人类行为的真正动力，并且违背了建立民权的原来动机。究竟为什么要组织政府呢？因为如果没有约束，人的情感就不会听从理智和正义的指挥"[②]。在制宪会议上，麦迪逊也屡次借用休谟的著名观点：每个人都应被假定为是一个恶棍。他在《联邦党人文集》第51篇提出的论断是："政府本身若不是对人性的最大耻辱，又是什么呢？如果人都是天使，就不需要任何政府了。如果是天使统治人，就不需要对政府有任何外来的或内在的控制了。"[③]"党争"这一"共和病"，也是自利带来的，它"深植于人性之中"[④]。史蒂芬·霍姆斯就此指出，联邦党人和其他18世纪思想家们关于人性自利的理论，事实上奠定了"民主制的人类学基础

---

① 〔美〕麦迪逊：《辩论——美国制宪会议记录》上册，尹宣译，辽宁教育出版社2003年版，第42页。
② 〔美〕汉密尔顿、杰伊、麦迪逊：《联邦党人文集》，第75页。
③ 〔美〕汉密尔顿、杰伊、麦迪逊：《联邦党人文集》，第264页。
④ 〔美〕汉密尔顿、杰伊、麦迪逊：《联邦党人文集》，第46页。

（anthropological foundations for democracy）"①。

为了详细阐明这一问题，本文结合联邦党人关于立宪设计的考虑，归纳了他们关于（政治）人的行为特征的六个描述性定理。

定理一：人的情感随着与对象距离的渐远而趋于减弱。

这一命题是在用来消除宪法反对派对建立联邦的恐惧时提出的。汉密尔顿说："众所周知的事实是：人性的情感通常随着对象的距离或散漫情况而减弱。根据这个原则，一个人对家庭的依附胜于对邻居的依附，对邻居的依附胜于对整个社会的依附。各州人民对他们的地方政府往往比对联邦政府怀有更强烈的偏袒，除非这一原则的力量为后者的大为优越的管理所破坏。"② 由于州政府与人民最亲近 —— 例如对刑事和民事案件审判的管理，它必将得到人们的热爱、尊重和崇敬。相反，联邦政府的作用很少直接被公众所注意，人们无须担心联邦政府会取代州政府。这一抽象命题也可以解释私人选择与公共选择的不同。通常由于公共选择的后果与自己的直接利益关系有限，个人的审慎程度就会下降。

定理二：职务任期长短与个人的坚定性成正比。

在说明总统连任的必要性时，汉密尔顿说："任期越长，保持个人坚定这一优点的可能性也就越大。凡人对其拥有之物，其关心程度均取决于其所有权是否可靠，这是人性使然；所有权具有临时或不定的性质，就比较少重视，而所有权具有长期或肯定的性质，则会更加重视；当然，为了后者也就比起为了前者更加甘冒风险。这一情况之适用于政

---

① Stephen Homes, *Passions and Constraint: On the Theory of Liberal Democracy*, Chicago: University of Chicago Press, 1995, p. 65.

② 〔美〕汉密尔顿、杰伊、麦迪逊：《联邦党人文集》，第 83 页。

治特权，或荣誉，或委托，亦不亚于普通一件财物。"[1] 根据这一道理，职位的任期应该同其对稳定的需要程度而定。与稳定相对的价值是回应民意，而任职时间的长短、是否可以连任的考虑，都与这两种价值的协调有关。在立宪设计中，参议院被认为是政府中"一个精选而稳定的组成部分"[2]，因此参议员的任期应该较长（六年）；众议院应体现民意特征，故议员任期较短（两年）；联邦法官只要行为端正，即可终身任职，其强调稳定价值的意图显然更为明显；总统任期四年，可以连选连任[3]，似乎旨在谋求民意约束与稳定性的折中。

定理三：负责的人数与个人的责任感成反比。

联邦党人看重责任对于决策者的约束作用。在为一人制行政首脑辩护时，汉密尔顿详细对比了一人制、委员会制在激励行政首脑责任感上的区别。一人单独负责，自然会产生更切实的责任感，和对自己声誉的关切，他将更强烈地感到自己有义务、以更大之关注细心考查职务要求的各项条件，更易排除私情，遴选具有最佳条件的人任职[4]。而一职多人总有产生不同意见的危险，一旦产生此种分歧，必然有损其声望，削弱其权威，破坏需要共同执行的计划和工作[5]。责任与民意是一对不同的价值，制度设计需要考虑不同部门对这两种价值的需求程度。行政权的属性需要强调统一和效率，故责任感很重要，需要一人负责。这一价值在立法部门则要让位于民意约束，而民意需要不同的人来代表，因此立法机关的规模在各部门中也最为庞大。

---

① 〔美〕汉密尔顿、杰伊、麦迪逊：《联邦党人文集》，第363页。
② 〔美〕汉密尔顿、杰伊、麦迪逊：《联邦党人文集》，第319页。
③ 总统可连选连任的规定，后为第22条修正案改为连任不超过两届。
④ 〔美〕汉密尔顿、杰伊、麦迪逊：《联邦党人文集》，第383页。
⑤ 参见〔美〕汉密尔顿、杰伊、麦迪逊：《联邦党人文集》，第353页。

定理四：道德和宗教约束随决策人数的增加而减弱。

这一定理典型地显示了决策群体的规模同决策因素之间的关系。一般来看，个人对于公共决策承当的责任份额越大，道德和宗教约束就越强，反之越弱。汉密尔顿说，当恶行的臭名由许多人分担时，其影响比单独落在一人身上要小些。党争精神容易玷污团体的思想，促使组成团体的个人行为不当而且过度，而当他们以私人身份行动时，对此是会感到羞愧的[1]。麦迪逊在第51篇中也提及这一规模问题：如果冲动恰好遇到放纵的机会，无论道德或宗教的动机都不能作为适当控制的依据。如果在少数人的不义和暴力行为上都难有道德和宗教的约束，那么随着人数的增多，道德和宗教的约束就更是减少[2]。在涉及各个机构规模的辩论中，这一定理是根本性的，联邦党人据此得出的规范性命题是：尽可能地控制决策群体的规模，尤其是国会众议院人数不宜太多。行政权归于一人的宪法设置，也是基于这一原理。

定理五：荣誉感能使掌权者自我约束。

在处理私人事务时，个人会表现出有效的自我约束；在处理公共事务时，如果个人的荣誉感同公共决策的后果密切相关，也能促进决策者自我约束，获得类似于处理私人事务的效果。麦迪逊说，由于众议员的荣誉和抱负同选民的支持之间存在密切的联系，所以能够促使他们自我约束[3]。汉密尔顿在讨论总统职位时，也持同样的看法，"举凡可以影响人类思想的一切理由，诸如荣誉、誓言、声望、良心、爱国心以及家

---

① 参见〔美〕汉密尔顿、杰伊、麦迪逊：《联邦党人文集》，第75页。
② 参见〔美〕汉密尔顿、杰伊、麦迪逊：《联邦党人文集》，第48页。
③ 参见〔美〕汉密尔顿、杰伊、麦迪逊：《联邦党人文集》，第291页。

庭情感，均足以保证其忠于其事"①。这一定理反映了联邦党人冷峻的政治科学立场：人性当中除了需要警惕的一面，也有值得信任的方面，因此需要"正视人类天性，不扩大其美德、不夸张其瑕垢"②，正是这种对人性的双重看法，为在制度设计上进行"深思熟虑和自由选择"③留下了余地。按照联邦党人的解释，宪法的诸多设计旨在张扬"美德"，拒绝"瑕垢"。周期性选举制造的政治压力、总统的否决权、参议员的长任期、联邦法官的终身任职和稳定的薪俸，都旨在确保官员的责任、荣誉感、独立性等美德。

定理六：人人皆会犯错。

这一定理复述的是一个常识，但许多政治理论并不承认这一点。所有垄断性政治权力体制，都假定当权者不会犯错，因而权力可以不受约束。自利的动机可能使人背离真理的立场。但如果犯错的原因只需要动机即可解释，那就意味着好的动机不会导致错误。显然，情况并非如此。麦迪逊在第37篇列举了一些动机之外的技术性原因，感觉、知觉、判断、欲望、想象和记忆力等的不完善，人类语言自身的含混等，都可以成为导致判断错误的原因，这些都提醒人们"必须进一步节制我们对人的智慧的力量的期望和信赖"④。"人人皆会犯错"这一定理，是美国立宪设计的一个重要前提。既然人人皆会犯错，那就必须有纠正错误的机制。

---

① 〔美〕汉密尔顿、杰伊、麦迪逊：《联邦党人文集》，第331页。

② 〔美〕汉密尔顿、杰伊、麦迪逊：《联邦党人文集》，第385页。

③ 〔美〕汉密尔顿在《联邦党人文集》第一篇指出："时常有人指出，似乎有下面的重要问题留待我国人民用他们的行为和范例来求得解决：人类社会是否真正能够通过深思熟虑和自由选择来建立一个良好的政府，还是他们永远注定要靠机遇和强力来决定他们的政治组织。"见〔美〕汉密尔顿、杰伊、麦迪逊：《联邦党人文集》，第3页。

④ 〔美〕汉密尔顿、杰伊、麦迪逊：《联邦党人文集》，第181页。

　　上述定理只是解释性的，因此可能并不全面，它们旨在说明政治生活中的人在自我利益的驱使下所表现出的某些行为规律。在联邦党人看来，立基于这些一般规律，可以确立进行立宪设计的规范性原则，诸如：使私利服务于公益、防止做自己案件的法官、以野心对抗野心、控制和利用党争、减少制度挑战良心的机会，等等。

三、自利的正当性

　　联邦党人对人性自利原则的利用，并非仅仅是对共和美德衰落之后的一种无奈反应和策略性选择，像许多 17—18 世纪的经典自由主义理论家们一样，他们也注意到了自利、差异、党争在政治和道德上的正当性。根据他们的看法，自利与平等主义和民主思想存在内在的联系，同美德一样，它是现代共和主义思想的基本要素。这里从经济、政治和道德三个方面作简要阐述。

　　自利在经济生活中的作用，一直是经典自由主义思想的一个核心命题。一个唯利是图的商人在获得利润的同时，也在增加他人的利益，因为每一次自愿交易都应被视为双方利益的增进，亚当·斯密据此说："追求自己的利益，往往使他能比在真正出于本意的情况下更有效地促进社会的利益。"[1] 这一看法既消解了经济学与道德哲学的对立，也提供了一种深刻的政治洞见。如果保持权力是政治家的利益，那么即便是出

---

① 〔英〕亚当·斯密：《国民财富的性质和原因的研究》（下），郭大力等译，商务印书馆 1997 年版，第 27 页。

于策略考虑，服务于公益仍不失为明智之举。麦迪逊就曾发现，众议员对选民的忠诚，会由于议员的利己动机而加强，因为不管心怀何种动机，"大多数因受人民拥戴而飞黄腾达的人，不会轻易实行损害人民权利的做法"[①]。富兰克林也指出，政治家追求名誉的自利之心，可以成为服务于公益的动因[②]。

不仅如此，民主制内在地与尊重个人价值相一致，它承认个人诉求在原则上是正当的，强求为公益而牺牲私利，在政治和道德上会变得可疑。史蒂芬·霍姆斯在考察"自利的神秘历史"时，提醒人们要注意自利在政治生活中的道德性：普遍的自利是民主和平等价值的主要动因，"自利是一个深刻的平等和民主观念，只有少数人拥有等级特权，但利益却是人人都有的。……承认私利的正当性，等于说所有的公民，无论社会地位如何，其利益都值得关注"[③]。在约翰·斯图亚特·密尔看来，对人的自利性的承认为制度设计提出了一项重要的道德义务，亦即要关注"被排斥者的利益"（the interest of excluded）[④]。托克维尔在评论美国的民主制度时也说，多数之所以拥有强大的道德权威，也是因为"基于这样一种原则，即最大多数人的利益优于少数人"[⑤]。

---

① 〔美〕汉密尔顿、杰伊、麦迪逊：《联邦党人文集》，第 291 页。

② 在制宪会议上，富兰克林说："做好事和为自己的国家服务给他们带来的乐趣，还有这种行为给他们带来的当之无愧的受人尊重，在某些人的心中，就构成足够的动机，愿意把自己的大部分宝贵时光奉献出来，为共和国服务，心中不受金钱满足的任何卑劣引诱。"参见麦迪逊：《辩论——美国制宪会议记录》上册，第 45 页。

③ Stephen Homes, *Passions and Constraint: On the Theory of Liberal Democracy*, p. 63.

④ John Stuart Mill, *Collected Works*, J. M. Robson（ed.）, vol. 19, Essays on Politics and Society, Toronto: University of Toronto Press, 1977, p. 406.

⑤ Alexis de Tocqueville, *Democracy in America*, George Lawrence, New York: Doubleday, 1969, p. 247.

自利的确可能源于邪恶的动机，也可能表现为追求不当的利益，因此自利的一般本性会使人的行为带有机会主义特征，它既表现为当政者纵权谋私，也表现为公民滥用自由。正如汉密尔顿指出的，"滥用自由与滥用权力一样，都可能危及自由"[1]。但是，公开承认人的自利本性，目的是要提醒人们去防备，而不是纵容它。因此，人性自利这一普遍特征非但不是要使社会"原子化"，恰恰是要防止弱肉强食。自利是最强的人类行为动机，因此也最能用来对抗他人[2]。正如 18 世纪思想家特伦查德和戈登（Trenchard and Gordon）评论的那样，"所有对于人性中的不诚实和腐化的揭露和抱怨，并非恶意剪断联结社会的纽带，恰恰相反，它想指出的是，由于自利是人的最强烈的偏私，每个人都应可以用来对抗他人，以免使自己成为他人的猎物"[3]。基于此，自由主义思想家并不是要通过承认自利鼓励自私，而是要通过法律约束遏制自私的影响。他们对"暴政"的定义，也与反对仅给予少数人自利特权的政治垄断联系起来。特伦查德和戈登说，"暴政不过是一个人，或少数人，压制多数人的主张或者利益"[4]，麦迪逊则进一步说："立法、行政和司法权置于同一人手中，不论是一个人、少数人或许多人，不论是世袭的、自己任命的或选举的，均可公正地断定是虐政。"[5]

麦迪逊认为，立宪设计不是要消极地接受自利原则，而是要对党争进行积极、建设性的利用。《联邦党人文集》第 10 篇关于治疗党争危害的论述，显示了自利、差异对于维护政治自由的意义。麦迪逊提出，党

---

[1]　〔美〕汉密尔顿、杰伊、麦迪逊：《联邦党人文集》，第 324 页。

[2]　参见 Stephen Homes, *Passions and Constraint: On the Theory of Liberal Democracy*, p. 65.

[3]　Trenchard and Gordon, *Cato's Letters*, vol. 2, New York: Da Capo Press, 1971, p. 53.

[4]　Trenchard and Gordon, *Cato's Letters*, vol. 2, p. 22.

[5]　〔美〕汉密尔顿、杰伊、麦迪逊：《联邦党人文集》，第 246 页。

争既来自对个人利益的承认，其危害后果也可以通过个人利益的对抗来加以遏制。有两种克服党争的办法可供选择，一是消除党争赖以存在的原因，二是控制党争的后果。消除党争原因也有两种方法：一是消除其存在所必不可少的自由；一是给予每个公民同样的主张、同样的热情和同样的利益。第一种纠正方式"比这种弊病本身更坏"，因为"自由于党争，如同空气于火，是一种离开它就会立刻窒息的养料。但是因为自由会助长党争而废除政治生活不可缺少的自由，这同因为空气给火以破坏力而希望消灭动物生命必不可少的空气是同样的愚蠢"[①]。而第二种办法是做不到的，如同第一种办法是愚蠢的一样。"只要人类的理智继续发生错误，而且人们可以自由运用理智，就会形成不同意见。"[②] 只能控制党争的后果。在麦迪逊看来，自利、差异、政治自由乃是一回事，保护自利和差异就是在保护政治自由。这一道理也很自然地让我们想起了伏尔泰对维护宗教自由的看法，他在《哲学书简》中说："假使英国只有一种宗教，那我们就要害怕专制主义，假使有两种，它们之间会相互残杀；但是如有三十种，他们却都和平相处。"[③]

进一步来看，差异与自利的确可能是自私与邪恶的源泉，但若离开它，社会生活中的美德也将不复存在。亚里士多德认为，基于财产私有而导致的差异，恰是美德（如仁慈、慷慨）的根源，"人们在施舍的时候，对朋友、宾客或伙伴有所资助后，会感到无上的欣悦；而这只有在财产私有的体系中才能发扬这种乐善的仁心"。宽宏慷慨的品德，都是

---

① 〔美〕汉密尔顿、杰伊、麦迪逊：《联邦党人文集》，第 46 页。

② 〔美〕汉密尔顿、杰伊、麦迪逊：《联邦党人文集》，第 46 页。

③ 转引自〔美〕戈登·伍德：《美国革命的激进主义》，傅国英译，北京大学出版社 1997 年版，第 6 页。

在财物方面表现出来的，因为宽宏必须有财产可以运用，相反，在一切公有的城邦中，人们没法做出慷慨的行为，谁都不再表现施济的善心[1]。霍布斯有同样的看法："在所有各类事物中，美德一般说来就是以出类拔萃而见贵之物，存在于比较之中。因为如果所有的人的一切都轩轾无分，那就没有可贵的东西了。"[2] 联邦党人也持同样的看法。汉密尔顿曾在制宪会议上提醒人们，财产的不平等与公民自由必然是共存的，前者是后者的自然结果[3]。基于此，联邦党人拒绝通过政治权力的平等分配来消除差异，达到最后的情感、见解、利益上的平等，因为那意味着一个丧失美德的社会的来临。

四、个人选择与公共选择

立宪设计以人性自利为前提，并非承认人性的邪恶，联邦党人一贯"正视人类天性，不扩大其美德，不夸张其瑕垢"的中性立场，在我们理解其立宪设计的自利假定时是必要的，因为只有承认这一点，才能把政治秩序的变革建立在对制度和规则的"深思熟虑和自由选择"之上，否则，如果"人们没有充分的德行可以实行自治，只有专制政治的锁链才能阻止他们互相残杀"[4]。在理解这一问题时，我们需要注意到联邦党人在考察人的私人选择和公共选择时揭示的洞见。

---

① 参见〔古希腊〕亚里士多德：《政治学》，吴寿彭译，商务印书馆 1965 年版，第 55—56 页。
② 〔英〕霍布斯：《利维坦》，黎思复、黎廷弼译，商务印书馆 1985 年版，第 49 页。
③ 参见〔美〕麦迪逊：《辩论 —— 美国制宪会议记录》上册，第 214 页。
④ 〔美〕汉密尔顿、杰伊、麦迪逊：《联邦党人文集》，第 286 页。

尽管"损人利己"确实也是自利的动机，但宪法制度的设计并不需要建立在这一基础之上。像现代公共选择理论一样，联邦党人深刻地发现，当时邦联体制的缺陷更多地来自于制度缺陷对人的行为的不当激励，如果能够明智地设计外部规则，就有可能把个人在私人生活中的审慎、负责和精明带到公共选择中去，从而使"恰当的自利"成为人们在公共生活中追求的目标，并抑制对不当私利的获取。

如果个人在处理私人事务时是审慎而精明的，那就没有理由认为他们在作公共选择时的激情和武断应该归因于道德和才智缺陷。借用现代公共选择理论的口吻，我们可以提出这样的问题：一个在私人生活中体现了高度责任感和判断力的人，为什么在公共选择中会变得漫不经心、激情满怀甚至愚蠢呢？霍布斯曾说："善于治家和善于治国并不是程度不同的两种慎虑，而是两种不同的事情；正像小于原物、等于原物和大于原物的绘画不是程度不同的艺术一样。一个普通农民对于自己的家务比一个枢密大臣对旁人的家务更能深思熟虑。"[1] 约翰·亚当斯也曾说，"干大事的本领实际上同恰如其分地处理日常事务的能力不相上下"[2]。因此，个人在私人选择和公共选择中表现出的那些差异，应该从个人的道德和智力因素之外的地方寻找原因。

原因在于外部约束不同。一个人的决策审慎程度与其负责范围是成正比的，即使是同一个人，因其所处环境的不同，也会有不同的责任感。公民在处理私人事务中，如果决策的收益和成本确定地归于自己，就有充足的激励为获得所需的信息付出努力，也心甘情愿地冒险进行长

---

[1] 〔英〕霍布斯：《利维坦》，第 53 页。

[2] Robert J. Taylor, and C. James Taylor（eds.），*Papers of John Adams*, Vol.1, Cambridge: The Belknap Press of Harvard University, 1977, p. 50.

期投资。就像现代的通常情况那样，父母通常有耐心为子女漫长的教育期支付高额花费，这是因为他们对这种支出会带来更大的回报充满信心（单从经济上考虑是这样）。公共选择却处于不同的外部约束之下，因此会大大影响行为人的动机，这主要是因为公共选择的回报预期不确定甚至很低。公共选择中的不审慎之所以司空见惯，是因为执着于自己的利益范围，而不顾及其他，也正因此，进行公共选择时了解充分信息的动机往往不足，用安东尼·唐斯的话说，公众很容易成为"理性的无知"者——每个投票者都明白，其选票或观点不会对政策的最终结果产生实质性影响，因此他们没有动力掌握充分的知识或信息①。在《联邦党人文集》第 63 篇，汉密尔顿从常识角度指出了个人在私人选择和公共选择中的不同。

> 负责任，如果要求得合理，必须限于负责一方权力所及的事务上；而要做到有效的负责，又必须关系到此种权力的行使上，这样选民才能对之形成及时而恰如其分的判断。……一个民选代表机构，如果任期甚短，则只能在关系普遍福利的那一系列措施中提供一两个环节，因之也就不应对其最终结果负责；正如一名管家或者一家佃户，受雇或承租一年，当然不能合理地要求他们对于至少需要五六年才能完成的工作负责。另一方面，有些事物发展，原因复杂，历时数载，而各届代表机构则每年改选，其各自应负多少责任，人民实在无从估量。即使是选民可以看得到的、个别实施并马

① 参见〔美〕安东尼·唐斯：《民主的经济理论》，姚洋、邢予青、赖平耀译，上海人民出版社 2005 年版。

上见效的单项行为，要确定一个人数众多的机构中各个成员个人应负的责任，也是十分困难的。[1]

虽然联邦党人没有明确指出，但我们也没有理由推论其对大众民主的怀疑系基于对民众道德素养和判断力的贬低，因为在通常情况下，一个人在不同场合不会表现出两种相互矛盾的品性。说明这一点的价值在于，对民众的不信任并非建立在道德判断之上，而是纯粹的技术性问题，它在根本上取决于个人在做公共选择时的外部约束如何。认识到这一点，我们就能像联邦党人那样，把追求良好政治秩序的努力转向完善制度设计方面，而不是徒劳地求助于道德教化或致力于人性改造。

五、结　论

联邦党人关于立宪设计的基本命题是，在古典公民美德不复存在的情况下，公共利益可以通过对私利的建设性利用来获得。在一个商业社会，联邦党人相信普遍自利在设计良好的宪法制度约束下，会使政治决策参与者表现出增进公益的效果。这一转向并不意味着需要把大众民主制的缺陷归因于人民道德和才智不佳，他们转而从外部制度设计方面找原因，并通过优化宪法规则来解决问题。当规则对人产生某种正向约束时，个人的利益可能有助于公益；反之，如果规则设计对人的行为产生反向激励，就会为放纵私利提供机会。就这一角度而言，他们与现代公

---

[1] 〔美〕汉密尔顿、杰伊、麦迪逊：《联邦党人文集》，第320—321页。

共选择理论的看法是一样的。联邦党人提供的启示是，自利尽管是政治设计所要防备的对象，但它也是建设性的：采行合适的宪法规则能够使"各人的私人利益成为公众权利的保护者"。

本文尤其强调的是，对自利的制度性承认也是反对专断和暴政的当然含义。如果专制意味着少数人或者一个人将自己的利益强加于多数人，那么民主就意味着对所有人正当利益的承认。对民主的这一理解有两个结果：一方面，宪法应被定义为政治生活中的反托拉斯法，从而避免单一决策源确立自我利益的优势；另一方面，对人性自利特征的制度性承认，意味着要用自利来约束自利，亦即要"以野心对抗野心"，这样，自利的制度性设置就成为保障平等和民主的一个关键性安排，每个人只可以追求"恰当的自利"，任何超出这一要求之外的利益要求，都将受到他人利益的约束。总之，立宪设计以人的自利为前提，乃是反对谋取法外不当利益的一个核心设置，就这一意义而言，自利有助于强化公正和民主价值。

（原载《文史哲》2009 年第 5 期）

美国联邦最高法院与《权利法案》联邦化

白雪峰

    美国学者阿希尔·R. 阿马（Akhil R. Amar）曾经说过，"今天的美国人很难想象，《权利法案》只能约束联邦政府，对州和地方政府官员是无效的"①。事实上，在美国宪政史中，《权利法案》只能约束联邦政府却是一个被长期坚持的宪法信条。直到 20 世纪 20 年代中期，《权利法案》才开始借由"联邦化"进程，逐渐被运用于约束州和地方政府的施政行为。

    所谓《权利法案》联邦化（Nationalization of the Bill of Rights），是指原来仅约束联邦政府的《权利法案》，经由联邦最高法院的司法解释，逐渐被"纳入"（incorporate）到第 14 条宪法修正案中，用于约束州政府，从而把《权利法案》的效力扩大到了整个联邦。

    自第 14 条宪法修正案生效以来，美国学者就开始对《权利法案》联邦化问题进行研究。当代美国学术界对该问题的深入讨论始于 20 世

---

①   Akhil R. Amar, "Hugo Black and the Hall of Fame," *Alabama Law Review*, Vol. 53, No. 4, 2002, p. 1222.

纪四五十年代。在当时，美国著名的宪法学家查尔斯·费尔曼（Charles Fairman）和威廉·W. 克罗斯基（William W. Crosskey）都对第 14 条宪法修正案的历史做了深入研究，却得出了截然相反的结论。费尔曼认为，没有确凿的证据能够证明，第 14 条宪法修正案的制定者打算把《权利法案》"纳入"到该修正案中，用于制约州政府。克罗斯基则认为，从第 14 条宪法修正案制定者们的言论中可以推论出，制定该修正案的本意就是要把《权利法案》"纳入"其中，以防止州政府侵犯公民的宪法权利[①]。尽管费尔曼和克罗斯基的观点不同，但二人都试图通过探究第 14 条宪法修正案制定者们的"原初意图"（Original Intent），为各自的观点提供历史依据。这一研究路径，奠定了此后几十年美国学术界在这一问题上争论的基础[②]。到 20 世纪七八十年代，有关《权利法案》联邦化问题的讨论，在拉乌尔·伯杰（Raoul Berger）、迈克尔·K. 柯蒂斯（Michael K. Curtis）等学者之间再次出现，探讨的重点仍然集中在"原初意图"问题上，没有超越费尔曼和克罗斯基争论的范围[③]。

[①] Charles Fairman, "Does the Fourteenth Amendment Incorporate the Bill of Rights? The Original Understanding," *Stanford Law Review*, Vol. 2, No. 1, 1949, pp. 5-139. William W. Crosskey, "Charles Fairman, 'Legislative History,' and the Constitutional Limitations on State Authority," *The University of Chicago Law Review*, Vol. 22, No. 1, 1954, pp. 1-143.

[②] Joseph B. James, *The Framing of the Fourteenth Amendment*, Urbana, University of Illinois Press, 1956. Louis Henkin, "Selective Incorporation in the Fourteenth Amendment," *Yale Law Journal*, Vol. 73, No. 1, 1963, pp. 74-88. Frank H. Walker, Jr., "Constitutional Law-Was It Intended That the Fourteenth Amendment Incorporates the Bill of Rights?" *North Carolina Law Review*, Vol. 42, 1964, pp. 925-936.

[③] Raoul Berger, *Government by Judiciary*: *The Transformation of the Fourteenth Amendment*, Cambridge: Harvard University Press, 1977. *The Fourteenth Amendment and the Bill of Rights*, Norman: University of Oklahoma Press, 1989. Michael K. Curtis, "The Bill of Rights as a Limitation on State Authority: A Reply to Professor Berger," *Wake Forest Law Review*, Vol. 16, 1980, pp. 45-101. *No State Shall Abridge*: *The Fourteenth Amendment and the Bill of Rights*, Durham: Duke University Press, 1986.

　　在国内学术界，少数学者对这一问题做了初步探讨，但重点在于追溯《权利法案》联邦化的过程，对《权利法案》联邦化发展的原因缺乏更深入的研究①。

　　本文无意参与美国学者们的"原初意图"之争，而是力图以美国联邦最高法院在《权利法案》联邦化进程中的作用为切入点，分析推动《权利法案》联邦化发展的社会历史因素。

一、《权利法案》与"巴伦诉巴尔的摩案"

　　在美国，1791 年 12 月生效的美国联邦宪法第 1 至第 10 条修正案，通常被称为《权利法案》（Bill of Rights），其主要内容是明确规定了政府不得侵犯的诸多公民权利，如公民享有宗教信仰和表达自由，公民的财产权不受非法侵犯，公民的人身、住宅不受无理搜查和扣押，刑事被告享有多项公正审判的权利等。《权利法案》的出台，不仅极大地增强了法案对政府的约束力，而且也使公民在诉求法律保护时拥有了明确的宪法依据。

　　但是，必须强调指出的是，在 18 世纪末，《权利法案》出台的根本目的是为了约束联邦政府，而不是限制州政府。正如美国学者亨利·亚伯拉罕（Henry Abraham）所言，尽管在《权利法案》中，只有第 1 条

---

①　王希：《原则与妥协：美国宪法的精神与实践》，北京大学出版社 2000 年版。任东来、胡晓进等：《在宪政的舞台上 —— 美国最高法院的历史轨迹》，中国法制出版社 2007 年版。胡晓进：《每个人的权利 —— 美国宪法第十四条修正案与美国民权的历史演变》，载公丕祥主编：《法制现代化研究》第 10 卷，南京师范大学出版社 2006 年版，第 65—103 页。

宪法修正案明确指出，"联邦国会"不得制定侵犯公民自由和权利的法律，但就《权利法案》的立法理念而言，"毫无疑问它只是被用来制约国家政府的"①。

《权利法案》的这一立法目的，是在 1787 年 9 月至 1788 年 7 月美国各州批准联邦宪法的过程中被明确的。美国联邦宪法是在 1787 年 5 月至 9 月由费城制宪会议草拟的，起初并无《权利法案》。在制宪会议把宪法草案提交给各州批准后，是否应在联邦宪法中增补《权利法案》，成为各州争论的重要问题，也是当时美国政坛中出现的"联邦党人"（Federalist）与"反联邦党人"（Anti-Federalist）的重要分歧之一。

以亚历山大·汉密尔顿（Alexander Hamilton）、詹姆斯·威尔逊（James Wilson）等人为首的联邦党人认为，联邦宪法不仅规定联邦政府只能行使明确授予的权力，而且也包含了许多有关保护公民权利的规定，因此，联邦宪法本身即可被视为《权利法案》。如果在联邦宪法中专设《权利法案》，对并未授予政府的权力进行限制，"不仅无此必要，甚至可能造成危害"②。"反联邦党人"则认为，政治是权力与自由的竞争，宪法是统治者与被统治者之间的契约，要保证个人的自由和权利不受联邦政府的侵害，宪法中就必须专设《权利法案》③。正如反联邦党人领袖托马斯·杰斐逊（Thomas Jefferson）所言，"《权利法案》是人民反抗……政府侵犯其天赋权利的保障，任何政府既不能拒绝制定《权

---

① Henry Abraham and Barbara A. Perry, *Freedom and the Court*: *Civil Rights and Liberties in the United States*, Lawrence: University Press of Kansas, 2003, p. 34.

② 〔美〕汉密尔顿、杰伊、麦迪逊：《联邦党人文集》，程逢如、在汉、舒逊译，商务印书馆 1995 年版，第 427—431 页。

③ Alfred H. Kelly, et al., *The American Constitution*: *Its Origins and Development*, Vo. I, New York: W. W. Norton & Company, Inc., 1991, p. 106.

利法案》，也不能将人民的权利系于推论之上"①。

在反联邦党人的推动下，马萨诸塞、弗吉尼亚、纽约等州先后提出了增补《权利法案》的要求②。据统计，在批准联邦宪法的过程中，各州提出的有关《权利法案》的修正案就达124条之多③。最终，联邦党人做出了妥协，同意在各州批准联邦宪法后，另行补充《权利法案》。

在1789年4月召开的第一届联邦国会中，负责起草《权利法案》的詹姆斯·麦迪逊（James Madison）曾试图使《权利法案》既约束联邦政府，也制约州政府。在他看来，"州政府与联邦政府一样，也会对人民的宝贵特权横加干涉，故必须予以审慎地扼制"④。但由于州宪法中大都已载有《权利法案》，因此，麦迪逊的这一主张并未得到多数联邦国会议员的支持，从而使《权利法案》的立法宗旨完全集中在约束联邦政府权力方面。1791年12月15日，经各州批准，联邦宪法前10条修正案正式生效，通称为《权利法案》。

《权利法案》的适用范围之所以被限定在约束联邦政府，主要原因在于早期美国人对国家政府权力的担心和恐惧。早在18世纪六七十年代，由于英国政府不断对北美英属殖民地采取强硬的殖民政策，殖民地就曾先后提出过"帝国联邦理论"（Federal Theory of Empire）和"帝国

---

① Robert A. Rutland, *The Birth of the Bill of Rights, 1776-1791*, Boston: Northeastern University Press, 1983, p. 129.

② 〔美〕伯纳德·施瓦茨：《美国法律史》，王军、洪德、杨静辉译，潘华仿校，中国政法大学出版社1990年版，第33页。

③ Johnny H. Killian, et al. eds., *The Constitution of the United States of America: Analysis and Interpretation*, Washington: U. S. Government Printing Office, 2002, p. 1000.

④ Raoul Berger, *Government by Judiciary: The Transformation of the Fourteenth Amendment*, Cambridge: Harvard University Press, 1977, p. 134.

领地理论"（Dominion Theory of Empire）[1]。虽然这两种理论在殖民地主权问题上的观点不同，但它们都主张殖民地与英国政府实行分权，英国政府有权管理涉及帝国全局的事务，但不得干涉殖民地的内部事务，侵犯殖民地人的自由和权利。这说明，在独立以前，殖民地人就已经强烈地意识到中央政府对地方政府权力和公民权利所构成的潜在威胁。

殖民地时代的这种经历和认识直接影响了独立后美国的宪政发展。在独立之初，虽然美国组建了"邦联政府"，但并未赋予它作为一个国家政府所应有的权力。1787 年联邦宪法也通过分权制衡、列举政府权力等方式，对联邦政府做了全方位约束。在此思想背景下，众多的美国人要求在联邦宪法中增补《权利法案》，以进一步防止联邦政府侵犯公民权利，也就是顺理成章的事情了。

从《权利法案》的制定过程可以看出，早期美国人对联邦政府怀有极大的不信任，他们更愿意把保护公民权利的希望寄托在州政府身上，因为州政府最贴近人民，也更容易为人民所控制。但是，随后的美国历史发展证明，早期美国人对州政府的青睐是不切实际的，在现实社会生活中，州政府对公民权利的侵犯远比联邦政府为甚。许多州政府不仅随意限制人民的言论、出版自由和陪审团审判等权利，而且还任意剥夺公民的财产。在此情况下，许多人便开始向联邦最高法院寻求法律保护，试图援引《权利法案》，禁止州政府侵犯公民权利。但是，这些诉求无一获得成功，1833 年的"巴伦诉巴尔的摩案"就是最好的证明。

在该案中，马里兰州巴尔的摩市政府在整修道路过程中，将砾石和

---

[1]　Alfred H. Kelly, et al., *The American Constitution: Its Origins and Development*, Vol.I, pp. 46-47, 53-55.

砂土倾入河道中，致使约翰·巴伦（John Barron）拥有的码头无法正常营业。巴伦认为，巴尔的摩市政府的这一行为，违反了第 5 条宪法修正案所做的"不给予公平赔偿，私有财产不得充作公用"的规定，遂提出法律诉讼，并将该案上诉到联邦最高法院[①]。

　　该案的中心问题是第 5 条宪法修正案能否约束州政府。对此，联邦最高法院在判决中明确提出了自己的否定性意见。最高法院认为，在联邦建立之初，许多杰出的政治家是出于限制联邦政府权力、保护人民自由的目的，才极力呼吁在联邦宪法中增补《权利法案》的，这说明，"《权利法案》防范的对象是联邦政府而不是州政府"。第 5 条宪法修正案只对联邦政府有效，而不能以其为依据，干预州政府的施政行为。如何限制州政府的权力，各州人民拥有"绝对的"自由裁量权[②]。从上述观点出发，最高法院认为，巴伦所遭受的财产损失是由马里兰州政府造成的，属于州的内部事务，联邦最高法院无权过问此案，巴伦的上诉请求应予以驳回。

　　巴伦案判决是联邦最高法院第一次对《权利法案》适用范围所做的司法解释，该案判决的做出不是偶然的。首先，该案判决反映了当时美国政治发展的潮流。1829 年安德鲁·杰克逊（Andrew Jackson）就任美国总统后，力主保护州政府的权力，反对联邦政府随意干预州的内部事务，以实现真正的"民主政治"。从一定意义上讲，最高法院的巴伦案判决实际上就是"杰克逊民主"在司法领域的反映。其次，也是最重要的，该案裁判的理由符合《权利法案》制定者们的"原初意图"，即

①　Henry Abraham and Barbara A. Perry, *Freedom and the Court: Civil Rights and Liberties in the United States*, pp. 34-35.

②　*Barron v. Baltimore*, 32 U. S. 243（1833）, pp. 250, 249.

《权利法案》只约束联邦政府。因此，尽管联邦最高法院并未对遭受财产损失的巴伦提供法律救济，但巴伦案判决却并不缺乏宪法依据。

　　然而，从长远眼光看，巴伦案判决使美国的宪政体制运作陷入了极大的窘境之中。巴伦案判决实际上是以司法判决的形式，在公民权利保护领域中确认了一个双重标准，它只要求联邦政府遵守《权利法案》，对州政府违反《权利法案》的行为漠然处之。这就忽视了一个极其重要的问题，即当州政府侵犯了公民的宪法权利，而公民又在州内无处申述自己的冤情时，如何强制州政府纠正其违宪行为？如果按照巴伦案判决，将州政府完全置于《权利法案》的制约之外，实际上就使州政府拥有了随心所欲滥施权威的能力，这不仅使公民权利面临巨大的威胁，而且也使司法机关无法切实履行其肩负的维护社会公正的职责。从这一意义上讲，巴伦案判决带有非常强烈的保守性。在此后近一个世纪里，巴伦案判决始终作为一个重要的司法先例，影响着美国司法机关对《权利法案》的解释。如何突破巴伦案判决的约束，使《权利法案》也能够约束州政府，成为摆在美国社会面前的一个亟待解决的难题。1868 年第 14 条宪法修正案的正式生效，使该问题再一次成为美国社会争论的焦点。

二、第 14 条宪法修正案与"纳入学说"的出现

　　第 14 条宪法修正案是内战后美国联邦国会在激进共和党人的推动下制定的，其宗旨是保护刚刚从奴隶制枷锁中解放出来的黑人的宪法权利。该修正案第 1 款明确规定，"任何一州，都不得制定或实施限制合众国公民的特权或豁免权（privileges or immunities）的任何法律；不经

正当法律程序（due process of law），不得剥夺任何人的生命、自由和财产"。凭借"特权或豁免权"和"正当法律程序"这两个重要的条款，黑人的宪法权利有了坚实的宪法基础。

但是，该修正案的出台，又一次将巴伦案提出的核心问题摆在了美国社会面前。如果说在三十多年前的巴伦案时代，人们还找不出确切的有关《权利法案》约束州政府的宪法规定，那么，在第14条宪法修正案生效后，这一难题似乎得到了解决。在很多美国人看来，第14条宪法修正案的措辞非常宽泛，其效力并不仅仅局限于保护黑人权利这一狭窄的空间。他们认为，该修正案中的"特权或豁免权"和"正当法律程序"两个条款，所保护的恰恰就是包含在《权利法案》中的公民权利。如果州政府侵犯了这些公民权利，实际上也就是违反了第14条宪法修正案，理应受到规制。换句话说，借由第14条宪法修正案的上述两个条款，原来被认为仅约束联邦政府的《权利法案》，现在也必须被"纳入"（incorporate）到第14条宪法修正案中，规制州政府的违宪行为，从而使《权利法案》在整个联邦范围内都具有同样的法律效力。这种将《权利法案》联邦化的思想，就是在19世纪六七十年代逐渐在美国出现的"纳入学说"（Incorporation Doctrine）。

针对这一学说，在美国的学术界和法律界中出现了尖锐的分歧。"纳入学说"的反对者们认为，第14条宪法修正案的宗旨，仅在于确保黑人拥有与白人公民相同的宪法权利，并无意将整个《权利法案》都"纳入"到该修正案中；如果该修正案的制定者们的确意在于此，他们就应当明确地加以规定，而不是用笼统的语言加以表达。但是，这一观点遭到了"纳入学说"支持者们的反对，他们认为，该修正案的制定者之所以采用宽泛性的词句，是在表明他们并不仅仅旨在保护黑人获得平等的宪法权利，而是要把整个《权利法案》所规定的公民权利都"纳入"到该修正案中，"特权或豁免权"、"正当法律程序"只不过是《权利法案》的"简略表达"而已①。

在美国联邦最高法院，"纳入学说"也成为大法官们争论的焦点。但从 19 世纪后半期到 20 世纪初，多数大法官都对"纳入"持否定立场。例如，在 1873 年的"屠宰场案"中，联邦最高法院就否定了通过"特权或豁免权"条款"纳入"《权利法案》的可能性。

在该案中，路易斯安那州因制定法律支持屠宰业实行垄断，遭到了财产受到损失的屠宰业主的起诉。在塞缪尔·米勒（Samuel F. Miller）大法官所做的判决中，最高法院认为，在联邦制下，美国人具有双重公民资格，即美国人既是"合众国公民"也是"州公民"。以不同的公民身份为依据，美国人拥有不同的"特权或豁免权"。最高法院认为，公民以"合众国公民"身份享有的"特权或豁免权"是有限的，仅包括集会请愿、寻求人身保护令状和在公海及海外得到联邦政府的保护等为数不多的几种。但公民以"州公民"身份享有的"特权或豁免权"却是广泛的，包括有权"得到和拥有一切形式的财产"、"追求幸福和安全"等一切"自由政府中的公民"所享有的"基本权利"。由于第 14 条宪法修正案只是禁止州政府不得侵犯"合众国公民"的"特权或豁免权"，因此，该修正案"并无意"给"州公民"的宪法权利提供"任何额外的保护"②，并不限制州政府在"州公民"权利问题上的自由裁量权。

按照该案判决的思路，《权利法案》所保护的那些普遍性的公民权

---

① Henry Abraham and Barbara A. Ferry, *Freedom and the Court, Civil Rights and Liberties in the United States*, p. 39.

② *Slaughterhouse Cases*, 83 U. S. 36（1873），pp. 72-74, 79, 76, 74.

利，自然是属于"州公民"而不是"合众国公民"的"特权或豁免权"，因此，第14条宪法修正案的"特权或豁免权"条款并不要求州政府必须遵守《权利法案》，"纳入"之说缺乏宪法依据。

斯蒂芬·菲尔德（Stephen J. Field）和约瑟夫·布拉德利（Joseph Bradley）等大法官对这一判决提出了强烈异议，认为尽管存在着"合众国公民"和"州公民"之分，但公民的"特权或豁免权"应是平等的，否则，第14条宪法修正就成了"徒劳而无用的立法"[1]，但在随后的岁月里，"屠宰场案"判决一直作为一项重要的司法先例，阻断了借由"特权或豁免权"条款推进《权利法案》联邦化的道路。

不仅如此，联邦最高法院也同样否定了"正当法律程序"条款作为"纳入学说"的宪法基础的可行性。例如，在1892年的"奥尼尔诉佛蒙特州案"、1900年的"马克斯韦尔诉道案"和1908年的"特文宁诉新泽西州案"[2]中，最高法院都坚持认为，无论是根据第14条宪法修正案的文本规定，还是从《权利法案》的立法本意看，《权利法案》只适用于全体美国人防范联邦政府，第14条宪法修正案的"正当法律程序"条款并不具有"纳入"《权利法案》的宪法基础，州政府不受《权利法案》的约束。

在这一时期的联邦最高法院中，只有约翰·M.哈兰（John M. Harlan）大法官始终坚持"纳入"的合宪性。在1884年的"赫特杜诉加利福尼亚州案"和奥尼尔案等案件中哈兰大法官认为，《权利法案》所

---

[1] *Slaughterhouse Cases*, 83 U. S. 36（1873），pp. 95-96.
[2] *O'Neil v. Vermont*, 144 U. S.323（1892）；*Maxwell v. Dow*, 176 U. S.381（1900）；*Twining v. New Jersey*, 211 U. S.78（1908）.

体现的"自由和公正原则"是美国政治制度的"基础"①，虽然制定《权利法案》的初衷，只是为了防范联邦政府，然而，在第14条宪法修正案生效后，《权利法案》所保护的那些公民权利"也不得被各州否认或剥夺"②。

但是，哈兰大法官的极力呼吁，并无力使最高法院中的绝大多数大法官改变对"纳入学说"的认识。最高法院的否定立场，成为《权利法案》联邦化之路上一道不可逾越的鸿沟。

联邦最高法院之所以在第14条宪法修正案生效后，仍然否认"纳入"的合宪性，主要原因有二。其一，这一时期的大多数大法官深受内战后的"形式主义法学思想"（Legal Formalism）的影响。该思想主张严格遵循宪法原则和法律条文，反对将法律与政治相结合，否则，法律就降格为了政治，法官也变成了立法者③。正如曾任"美国律师协会"主席的詹姆斯·C. 卡特（James C. Carter）所言，人们在认识和运用法律时，应遵守法律条文的既有规定，重视法律"是什么"而非"应该是什么"④。在前述的诸多案件中，大多数大法官关注的不是公民权利是否受到侵犯，而是如何恪守《权利法案》和第14条宪法修正案的文本，这种司法理念显然是与"形式主义法学思想"一脉相承的。

其二，这一时期的大多数大法官都深受第14条宪法修正案制定者的"原初意图"的束缚，不愿打破联邦与州的分权格局。在第14条宪

---

① *Hurtado v. California*, 110 U. S. 516（1884），p. 546.

② *O'Neil v. Vermont*, 144 U. S. 323（1892），p. 370.

③ William M. Wiecek, *Liberty Under Law, The Supreme Court in American Life*, Baltimore: The Johns Hopkins University Press, 1988, pp. 112-113.

④ Bernard Schwartz, *Main Currents in American Legal Thought*, Durham: Carolina Academic Press, 1993, p. 340.

法修正案的制定过程中，尽管激进共和党人力主采取切实的措施保护黑人的宪法权利，但绝大多数议员都不主张过多地干预州权，以免违反联邦制原则。

例如，该修正案的重要制定者联邦众议员约翰·宾厄姆（John Bingham）就曾指出，第 14 条宪法修正案不能成为联邦政府干预州权的工具。"公民必须依赖州政府保护其宪法权利，这是一项现行的宪法原则"。另一名联邦众议员乔治·莱瑟姆（George Latham）也认为，联邦政府必须恪守与州政府分权的原则，因为"依照联邦宪法，联邦政府无权干涉各州的内部政策"。新罕布什尔州的联邦参议员詹姆斯·帕特森（James Patterson）更是直言不讳地指出，虽然他完全支持联邦国会制定第 14 条宪法修正案，以保护"黑人的生命、自由……和财产不受任何法律的歧视"，但他坚持认为，该修正案的权限"只能到此为止"，联邦政府绝不能以其为根据，任意钳制州政府在其州内的施政行为[①]。

第 14 条宪法修正案制定者们的上述思想，深刻影响了最高法院对该修正案的解释。例如，在前述的"屠宰场案"中，米勒大法官就曾指出，尽管内战给美国人的思想造成了巨大震动，"但我们并不能从内战后制定的修正案中看出，它们要消除美国政治体制的主要特征"。"美国政治家们依然坚信州的存在，以及州政府有权管理其内部和地方事务，……因为这对美国复杂政体的完美运作是至关重要的。"[②] 在这种思想的推动下，联邦最高法院拒绝承认"纳入"的合宪性，其实并不难理解。

尽管最高法院恪守了联邦宪法和第 14 条宪法修正案的文本，也遵

---

① Raoul Berger, *The Fourteenth Amendment and the Bill of Rights*, Norman: University of Oklahoma Press, 1989, pp. 50-52.

② *Slaughterhouse Cases*, 83 U. S. 36（1873），p. 82.

循了联邦国会的立法意图，但它却忽视了在内战后美国社会快速发展的背景下，州政府对公民权利的侵犯愈演愈烈的事实，在很大程度上放纵了州政府的侵权行为。这就使这一时期的最高法院带有了非常强烈的司法保守主义色彩，它也并未真正发挥维护社会正义的责任。

三、《权利法案》联邦化的启动与大法官司法理念的分歧

在 1925 年的"吉特洛诉纽约州案"中，美国联邦最高法院在"纳入"问题上的态度终于发生了重大转变。在该案中，最高法院第一次明确地把《权利法案》中的"言论和出版自由"条款"纳入"到了第 14 条宪法修正案中，用于约束州政府，从而正式开启了《权利法案》联邦化的进程。

在吉特洛案中，联邦最高法院一方面支持纽约州法院对上诉人本杰明·吉特洛（Benjamin Gitlow）所做出的有罪判决，认为吉特洛鼓动美国人推翻现政府、建立社会主义的言论和出版物，违反了纽约州的"反无政府状态法"（Criminal Anarchy Act）。但另一方面，最高法院又认为，"我们确信，第 1 条宪法修正案禁止联邦国会侵犯的言论和出版自由，是人的基本权利和自由，它们受第 14 条宪法修正案的'正当法律程序'条款保护，州政府也不得侵犯"[1]，只不过吉特洛"滥用"了这种自由，其煽动性的宣传严重危害了纽约州的社会秩序和公共安全，而不在该修正案的保护范围之内罢了。

---

[1]　*New York*, 268 U. S. 652（1925），p. 666.

这寥寥数语对美国宪政发展的影响是极其重大的，它标志着联邦最高法院第一次采取了实质性的司法行动，把《权利法案》的具体条款"纳入"到了第 14 条宪法修正案中，正式迈上了《权利法案》的联邦化之路①。

最高法院之所以能在吉特洛案中开启《权利法案》联邦化的大门，首先缘于 20 世纪初美国人对社会公正的不断呼吁。在 20 世纪初的进步主义时代（Progressive Era），内战后逐渐盛行的"自由放任"（Laissez-Faire）经济思想遭到了强烈抨击，美国社会在大力发展经济的同时，也开始更加强调社会公正的重要性。很多美国人认识到，在经济大变动的过程中，必须确立统一的社会公正标准，使公民的宪法权利既不受联邦政府的剥夺，也不遭州政府的侵犯。要实现这一目标，用美国学者保罗·墨菲（Paul L. Murphy）的话说，"唯一可行的法律手段"，就是充分利用第 14 条宪法修正案，将《权利法案》的适用范围扩展到州，从而建立起保障公民权利的"国家标准"②。最高法院在吉特洛案中对"纳

---

① 有学者认为，在 1897 年的"芝加哥、伯灵顿和昆西铁路公司诉芝加哥案"（Chicago, Burlington & Quincy Railroad Co. v. Chicago, 166 U. S.226）中，最高法院裁定，政府在征用私人财产时必须给予"公平赔偿"，这是第 14 条宪法修正案的"正当法律程序"条款所要求的，由于"公平赔偿"原则正是第 5 条宪法修正案的重要内容，因此，该案应被视为《权利法案》联邦化的开始。但是，笔者认为，"公平赔偿"原则也是伊利诺伊州宪法的重要内容，最高法院的判决正是从芝加哥市政府违反州宪法的角度做出的，并未涉及第 5 条宪法修正案的"公平赔偿"原则，因此，该案不能被认定为《权利法案》联邦化开始的标志。还有学者认为，在 1908 年的"特文宁诉新泽西州案"中，最高法院裁定，《权利法案》中的某些规定是可以通过第 14 条宪法修正案的"正当法律程序"条款约束州政府的，因此，该案应是《权利法案》联邦化的开始。笔者认为，虽然最高法院在特文宁案中承认了"纳入"的可行性，该案也直接涉及了第 5 条宪法修正案的公民"不得自证其罪"原则，但最高法院在判决中不承认"不得自证其罪"是公民的"基本权利"，未将该原则"纳入"到第 14 条宪法修正案中。因此，特文宁案并不意味着《权利法案》联邦化进程的开始。

② Paul L. Murphy, *The Constitution in Crisis Times: 1918-1969*, New York: Harper & Row Publishers, 1972, p.83.

入"的肯定，正是对这一社会呼声的积极反应。

其次，最高法院在吉特洛案中迈出启动《权利法案》联邦化的关键一步，也是最高法院内部司法理念逐渐转变的结果。如前所述，自19世纪七八十年代以来，约翰·M.哈兰大法官就极力呼吁《权利法案》联邦化。进入20世纪以后，路易斯·D.布兰代斯（Louis D. Brandeis）大法官又成为这一思想的积极倡导者。例如，在1920年的"吉尔伯特诉明尼苏达州案"中，布兰代斯大法官就在异议意见书中指出，第14条宪法修正案所保护的"自由"，应该包括联邦宪法和《权利法案》所规定的"人"的"根本权利"[①]，州政府也不得侵犯。

与忽视社会现实、主张恪守法律文本的保守派大法官们相比，哈兰和布兰代斯大法官对《权利法案》联邦化观念的坚持，是建立在关注社会现实基础上的，这无疑具有司法自由主义色彩，对最高法院的冲击是巨大的。在追求社会公正的时代潮流中，最高法院在吉特洛案中正式启动《权利法案》联邦化，明显是接受了上述两位大法官的思想，使他们的"异议"开始成为最高法院的思想主流。

在20世纪三四十年代，联邦最高法院又在其他几宗民权案件中，先后将《权利法案》中"和平集会"、"信教自由"、"政府不得确立国教"和"公民不受无理搜查和扣押"等权利"纳入"到第14条宪法修正案中，约束州政府[②]。

联邦最高法院之所以能在20世纪三四十年代逐步推进《权利法案》联邦化，是与这一时期最高法院司法重点的转变密切相关的。在内战后

---

① *Gilbert v. Minnesota*, 254 U. S. 325（1920），p. 343.

② *De Jonge v. Oregon*, 299 U. S. 353（1937）；*Cantwell v. Connecticut*, 310 U. S. 296（1940）；*Everson v. Board of Education*, 330 U. S. 1（1947）；*Wolf v. Colorado*, 338 U. S. 25（1949）.

的美国经济高速发展时期，尤其是在进入 19 世纪 80 年代后，联邦最高法院的司法承点主要集中在审查联邦和州政府的经济立法方面。受"自由放任"经济思想的影响，联邦最高法院对联邦和州政府的调控经济的立法，基本上都采取了严格审查的态度，防止政府立法阻碍经济自由发展，因此，众多经济立法都被最高法院以各种理由宣布为违宪。到 20世纪 30 年代的"新政"（New Deal）时期，罗斯福总统的多项挽救经济危机的改革措施也相继被宣布违宪，并由此引发了总统与最高法院之间的尖锐对抗。在美国社会各方面的强大压力下，从 1937 年 3 月开始，联邦最高法院终于改变立场，支持"新政"，并逐渐实现了最高法院司法重点的转移。

在 1938 年的"合众国诉卡罗林产品公司案"判决中，最高法院认为，尽管最高法院应当宽泛地审查政府的经济立法，但对某些侵犯公民权利和自由的法律，最高法院必须予以严格审查①，美国当代司法审查的"双重标准原则"（Double Standard）由此确立②。这表明，在政府权力扩大已成为美国社会发展必然要求的情况下，最高法院放弃了严格约束政府调控经济的传统，把最高法院在美国宪政体制中发挥制衡作用的重点，由防止政府机构权力过度扩张，转变为严格保障公民权利和自由。最高法院司法重点的转移，不仅扩大了政府调控经济的自由裁量权，而且也为此后美国公民权利和自由的发展提供了制度保障。在 20 世纪三四十年代，最高法院对《权利法案》联邦化的推进，正是最高法院司法重点转变的集中体现。

① *United States v. Carotene Products Co.*, 304 U. S. 144（1938），p. 155.
② Henry Abraham and Barbara A. Perry, *Freedom and the Court: Civil Rights and Liberties in the United States*, p. 17.

尽管联邦最高法院在《权利法案》联邦化道路上迈出了坚实的一步，但是，对于如何推进《权利法案》联邦化，大法官们的态度并不一致。总体而言，自20世纪30年代以来，美国联邦最高法院内部主要存在以下三种不同的观点。

第一种观点是"选择性纳入观"（Selective Incorporation）。该观点认为，第14条宪法修正案并非要把整个《权利法案》都"纳入"其中，只有那些对自由和正义至关重要的权利才可以被"纳入"，以制约州政府。在1937年的"波尔克诉康涅狄格州案"中，本杰明·卡多佐（Benjamin Cardozo）大法官就明确提出了这一观点。卡多佐认为，在美国宪政中，约束联邦政府的《权利法案》一定约束州政府，"并不是一条普遍性的规则"。如果说第14条宪法修正案能"吸收"某些《权利法案》中的公民权利，那只是因为这些权利体现了"一系列有序自由的最本质的内核"[1]。

第二种观点是"整体性纳入观"（Total Incorporation）。该观点认为，《权利法案》中的所有公民权利都必须无条件地被"纳入"到第14条宪法修正案中，司法机关不做主观性的选择。这一观点最主要的倡导者是雨果·L.布莱克（Hogo L. Black）大法官。在1947年的"亚当森诉加利福尼亚州案"中，布莱克在异议意见书中认为，《权利法案》并不是一件18世纪的"紧身衣"，由于在社会发展中，《权利法案》所禁止的那些所谓的"古老的罪恶"，总是会反复出现，因此，《权利法案》是任何时期的任何政府都不能拒绝执行的。在他看来，第14条宪法修正案的"初衷"就是要用《权利法案》保护所有美国人的

---

[1]　*Palko v. Connecticut*, 302 U. S. 319（1937），pp. 323, 325-326.

公民权利①。

第三种观点是"行为得当和公正观"（Decency and Fairness）。该观点认为，第 14 条宪法修正案与《权利法案》之间不存在"纳入"关系，判断一项权利是否被州政府侵犯的标准应是州政府是否违反了美国宪政传统中的"行为得当和公正"原则。在前述的亚当森案中，费利克斯·法兰克福特（Felix Frankfurter）大法官集中阐释了这一观点。法兰克福特认为，从第 14 条宪法修正案制定和批准的过程看，无论是该修正案的制定者还是批准该修正案的各州，都无意把《权利法案》"纳入"到第 14 条宪法修正案中。"纳入"将会"严重破坏各州的法律结构"，也会"剥夺各州进行法律试验的机会"，从而违反美国的联邦制。在法兰克福特看来，第 14 条宪法修正案具有"独立的权力"，并不受制于《权利法案》。它是否禁止州政府的某种行为，不是因为那种行为是否违反了《权利法案》，而是要看那种行为是否符合"体现英语国家人们正义观的行为得当和公正标准"②。

大法官们之所以会出现上述的意见分歧，首先是缘于第 14 条宪法修正案条文本身的模糊性。为确切把握"特权或豁免权"、"正当法律程序"等词句的含义，卡多佐、布莱克和法兰克福特都对第 14 条宪法修正案产生的过程做了相当深入的研究，但由于国会记录庞杂，修正案制定者们的言论有时也前后矛盾，要得出一致的结论并非易事。另外，由于在批准该修正案时，许多州的州宪法和州法律中都有违反《权利法案》的规定，因此，很难确定批准该修正案的各州也支持"纳入"，认

① *Adamson v. California*, 332 U. S. 46（1947），p.89.
② *Adamson v. California*, 332 U. S. 46（1947），pp.66-67.

可《权利法案》约束自己的施政行为[①]。在此情况下，大法官们在"纳入"问题上出现意见分歧并不是偶然的。

此外，作为美国宪政体制基础的联邦制原则，也使大法官们难以对"纳入"形成一致的看法。大法官们在"纳入"问题上的分歧，在很大程度上体现了他们在保护公民权利与尊重州权之间的两难选择。"纳入"无疑可以进一步保护公民权利，但也意味着联邦政府对州政府约束的加强，使联邦制原则面临挑战。如何在二者之间确定一个适宜的度的确是一个非常难以处理的宪政难题，这也直接导致了大法官们在"纳入"问题上的意见分歧。

由于大法官们普遍认为"整体性纳入观"有悖于第 14 条宪法修正案的初衷，并极有可能损害美国的联邦制，而"行为得当和公正观"又比"选择性纳入观"带有更明显的主观性，因此，自 20 世纪三四十年代以来，"选择性纳入观"逐渐被美国联邦最高法院的多数大法官所接受，成为此后"纳入"进程中的主导司法理念。

四、《权利法案》联邦化的巩固与扩大

在 20 世纪 50 年代，由于冷战的加剧和美国国内政治的日趋保守，《权利法案》联邦化进程在事实上处于停顿状态。进入 20 世纪 60 年代后，最高法院开始加速推进《权利法案》联邦化进程。在这一时期，最

---

① Charles Fairman, "Does the Fourteenth Amendment Incorporate the Bill of Rights? The Original Understanding," *Stanford Law Review*, Vol. 2, No. 1. 1949, pp. 81-132.

高法院不仅巩固了《权利法案》联邦化已经取得的成果，而且还扩大了"纳入"的范围，进一步推动了《权利法案》联邦化的发展。

最高法院对《权利法案》联邦化既有成果的巩固主要表现在两个方面。首先，最高法院进一步肯定了《权利法案》在禁止州政府侵害公民表达自由权方面的法律效力。例如，在1963年的"爱德华兹诉南卡罗来纳州案"中，最高法院认为，言论自由是第1条和第14条宪法修正案赋予公民的一项神圣的宪法权利，在没有充分证据确认一种言论会对社会造成"明显而现实的危险"的情况下，州政府不得以任何手段阻挠他人自由地发表自己的言论，否则，"就使立法机关、法院或占主导地位的社会政治集团拥有了强制统一思想的权力"，从而严重违反了美国宪政传统[1]。

在1964年的"纽约时报公司诉沙利文案"和1969年的"廷克诉得梅因独立社区校区案"中，最高法院又分别强调，不论是公民对州政府及官员作了"令人不快的、措辞严厉的批评"，还是学生以佩戴黑色臂章这样的"象征性语言"（symbolic speech）抗议政府的越战政策，都是公民言论自由的一部分，各州必须给这类言论留有足够的"喘息机会"，否则就人为地抑制了言论自由，从而与第1和第14条宪法修正案的基本精神背道而驰[2]。

其次，最高法院进一步强调了《权利法案》禁止州政府侵犯公民宗教自由权的权威性。在1962年的"恩格尔诉瓦伊塔尔案"中，最高法院认为。即使州政府没有"直接强迫"人民信仰某种宗教或教派，但只

---

[1]　*Edwards v. South Carolina*, 372 U. S. 229（1963）, pp. 229-238.

[2]　*New York Times Co. v. Sullivan*, 376 U. S. 254（1964）, pp. 270-272, 279-280. Tinker v. *Des Moines Independent Community School District*, 393 U. S. 503（1969）, pp. 505-511.

要州政府以其权势、威望和财力支持了某一宗教或教派，就对其他宗教组织构成了"间接强制力"，并使它们在宗教事务中处于劣势地位[1]，这显然违反了《权利法案》的"禁止确立国教"条款，联邦最高法院必须对此加以坚决制止。

在 1963 年的"阿宾顿校区诉谢默普案"和 1968 年的"埃珀森诉阿肯色州案"中，最高法院又先后将宾夕法尼亚州和阿肯色州要求学生在学校中诵读《圣经》，以及禁止在学校中讲授进化论的法律宣布为违宪，其宪法依据也是它们都违反了《权利法案》的宗教自由条款[2]。

在 20 世纪 60 年代，最高法院推进《权利法案》联邦化发展的最重要的表现，是它扩大了《权利法案》联邦化的范围，将更多的《权利法案》条款"纳入"到第 14 条宪法修正案中，约束州政府，这主要表现在保护刑事被告的宪法权利方面。

尽管《权利法案》中所占篇幅最多的是保护刑事被告宪法权利的条款，但由于这些条款长期被认为只限制联邦政府，因此，在州级刑事审判中，侵犯刑事被告宪法权利的现象屡见不鲜。随着最高法院加速推进《权利法案》联邦化，这种局面开始得到改变。

在 1961 年的"马普诉俄亥俄州案"中，最高法院开始启动《权利法案》约束州级刑事审判的进程。在该案判决中，最高法院认为，为建立"健康型的联邦制"，联邦与州必须在刑事审判方面采取统一的诉讼程序。由于第 4 条宪法修正案明确规定，公民的人身、住宅和财产等不受"无理搜查和扣押"，因此，如果州政府违反了这一规定，它以非法

---

[1] *Engel v. Vitale*, 370 U. S. 421（1962），pp. 430-431.

[2] *School District of Abington Township v. Schempp*, 374 U. S. 203（1963）；*Epperson v. Arkansas*, 393 U. S. 97（1968）.

手段获得的对刑事被告不利的"证据"，就必须被排除在合法证据之外。最高法院认为，如果允许州政府可以凭借违宪获得的证据指控公民，那么，这一法律诉讼的"捷径"就会"摧毁"整个"宪政体系"，从而使保护公民的宪法权利变成一句"空洞的许诺"①。

　　在马普案之后，最高法院又在 1963 年的"吉迪恩诉温赖特案"和 1964 年的"米兰达诉亚利桑那州案"中，将《权利法案》有关公民有权获得律师辩护和不得自证其罪的条款，"纳入"到了对州政府的约束范畴。在吉迪恩案中，最高法院指出，在以"对抗制"为特征的美国刑事诉讼程序中，如果刑事被告（尤其是贫穷的刑事被告）缺少律师辩护这一法律保障环节，"就无法确保实现公正审判"。因此，第 6 条宪法修正案规定的刑事被告"有权得到律师帮助"的权利，是一项"根本性的"的公民权利，州政府必须在刑事诉讼程序中严格遵守②。

　　在米兰达案中，最高法院认为，第 5 条宪法修正案所做的公民不得在刑事案件中自证其罪的规定，是"合众国人民最为珍视的宪法原则"，州警察在执法过程中必须严格遵守这一原则。不仅如此，最高法院还明确规定，在案件刑侦阶段，州警察必须在审讯前向嫌疑人正式宣布其所享有的四项宪法权利：他有权保持沉默；他所说的一切都可以在法庭上用作指控他的证据；他有权要求会见律师；如果他无经济能力聘请律师，在回答任何问题前，将由政府按照其意愿为其聘任一位律师③，此即著名的"米兰达警告"（Miranda Warnings）。

　　米兰达案判决在美国社会中引起了轩然大波。很多人认为，最高

---

① *Mapp v. Ohio*, 367 U. S. 643（1961），pp. 655-660.
② *Gideon v. Wainwright*, 372 U. S. 335（1963），p. 344.
③ *Miranda v. Arizona*, 384 U. 436（1966），pp. 458, 479.

法院的这一判决将完全颠覆州级刑事审判程序，破坏美国的联邦制原则，甚至在许多人的眼中，该判决无异于是在纵容犯罪，但是，最高法院在州级刑事审判领域内推进《权利法案》联邦化的立场是相当坚决的。在米兰达案之后，最高法院又先后在一系列案件中，判定州政府必须严格遵守《权利法案》确立的"陪审团迅速审判"和"一罪不二罚"等原则 ①，从而在美国社会中引发了一场波及全国的州级刑事诉讼程序改革。

美国联邦最高法院之所以能在 20 世纪 60 年代推动《权利法案》联邦化快速发展，首要原因是美国当代平等权利意识的普遍提高。自 20 世纪 30 年代的罗斯福"新政"开始，美国人就在支持经济改革的同时，迫切要求联邦政府保护公民享有平等的宪法权利。二战后，由于美国经济繁荣、高等教育普及，以及美国在国际上对"民主、自由"的标榜，人们对平等权利的要求进一步提高。在 20 世纪五六十年代，美国社会不仅出现了黑人民权运动和反越战运动，而且越来越多的民权利益集团也力图通过司法诉讼，加速推进《权利法案》联邦化。平等权利意识的提高和民权案件的增多，不仅为最高法院加速推进《权利法案》联邦化提供了适宜的社会舆论，而且也创造了良好的契机。

其次，最高法院大法官司法理念的变化是《权利法案》联邦化加速推行的内在动力。在 20 世纪 60 年代，随着最高法院内部人员的调整，以厄尔·沃伦（Earl Warren）、威廉·道格拉斯（William Douglas）和威廉·布伦南（William Brennan）为代表的自由派大法官占据了多数。他

---

① *Klopfer v. North Carolina*, 386 U. S. 213（1967）; *Duncan v. Louisiana*, 391 U. S. 145（1968）; *Benton v. Maryland*, 395 U. S. 784（1969）.

们不仅崇尚平等权利，而且也大都是司法行动主义者。主张最高法院不必完全拘泥于法律文本和司法先例，而是根据时代和社会发展的需求，创造性地行使司法审查权。正如道格拉斯大法官所说，不断地"重新审视"既有的法律和先例，"才是一个法院的良好行为"，唯有如此，才能"使古老的宪法适应时代的需求"①。正是在这种自由主义司法理念的影响下，20世纪60年代的最高法院才得以冲破法院内外的重重阻力，推动了《权利法案》联邦化的快速发展。

《权利法案》联邦化的推进，使公民在联邦和州两级政府的管理中，都能够获得相同的宪法保护，实现了美国公民权利的统一，这就极大地拓展和提高了美国公民权利保护的范围和力度，在美国宪政发展中发挥了积极作用。

纵观《权利法案》联邦化的历史进程，有两点需要特别强调，其一，美国主流社会思潮的变动和联邦最高法院司法理念的转变，在《权利法案》联邦化中发挥了至关重要的作用。正是美国社会对公平、正义的不断追求，以及最高法院的主流司法理念从恪守法律文本转向实现社会需求，才使得《权利法案》联邦化逐步变为现实。其二，尽管最高法院是以"选择性纳入观"作为《权利法案》联邦化的基本原则，但实际上，在20世纪60年代自由派大法官们的推动下，除个别条款外，几乎整个《权利法案》都被最高法院"纳入"到了第14条宪法修正案②。可

---

① Melvin I. Urofsky, "William O. Douglas as Common-Law Judge," in Mark Tushnet, ed., *The Warren Court in History and Political Perspective*, Charlottesville: University Press of Virginia, 1993, pp. 82-83.

② 最新的"纳入"案件是2010年6月28日联邦最高法院裁决的"麦克唐纳诉芝加哥案"（McDonald v. Chicago, No. 08-1521, 2010）。最高法院在该案判决中认为，第2条宪法修正案中的"公民合法持枪权"条款同样适用于各州。

以说，在《权利法案》联邦化进程中，最高法院是以卡多佐的"选择性纳入观"为路径，达到了布莱克的"整体性纳入观"的目的。《权利法案》联邦化的进程几近完成，只不过在这一过程中，还仍然保持着"选择性纳入"的外表而已。

（原载《文史哲》2012 年第 1 期）

从加拿大收回宪法看联邦制的效能

李 巍

近年来，国内学术界从实现有效的国家治理视角出发，对我国的政治体制改革提出一些建议，引发了争鸣。有学者认为，以联邦主义理论为参照，建立地方自治制度可能会成为今后我国地方制度发展和完善的主要方向[①]。对此持异议者则认为，联邦成员之间、成员与中央政府之间的紧张和冲突可能会导致国家分裂[②]。也有文章提出，通过"财政联邦"可以在单一制下改善中央与地方的关系[③]。有观点认为联邦制是实现海峡两岸和平统一的一种有益探索，但也有学者对此表示质疑[④]。这些看法对读者多有启发，但似嫌不足的是，它们大都是依据美国联邦制的特征及苏联或前南斯拉夫的经验展开论述，缺少对其他联邦制国家的研究和参照；有的甚至还出现偏差[⑤]，这不能不说是一个遗憾。

---

① 周刚志、黄庆向：《联邦主义理论与我国的国家结构》，《中南大学学报》2007 年第 1 期。
② 方闻：《民主、自治、联邦主义及其制度》，《博览群书》2003 年第 2 期。
③ 王世涛：《论单一制中国的财政联邦制》，《北方法学》2010 年第 5 期。
④ 谢影：《浅析邦联制和联邦制不能解决台湾统一问题》，《中国科技财富》2010 年第 4 期。
⑤ 有学者忽视了少数民族在美国的杂居与在中国的聚居而产生的不同结果，简单地认为美国的民族政策具有借鉴意义。

本文的主旨不是探讨中国的政治体制改革，也不拟一般地论述联邦制，而是通过研究加拿大收回宪法这一段历史，考察联邦制在解决民族问题、中央与地方的关系以及地区之间的关系上的效能，以期增强对联邦制的感性认识。如果能够引起大家的关注，笔者将深感欣慰。

一、加拿大联邦制的基本特征

随着现代社会的发展和政府职能的扩大，联邦制国家的政府为建立和完善社会福利制度而不断扩大自己的权力；单一制国家的中央政府也开始放权，并越来越重视利用宪法规制中央与地方的关系。因此，当代联邦制开始借鉴单一制的优长，单一制也包容了联邦制的一些因素。但是，从国家与地方政府的权力来源、两级政府的设置、司法体系和宪法修改程序看，联邦制与单一制国家之间还是存在着明显的区别。

联邦制是一种复合的国家结构形式，由联邦成员组成。各成员通常作为享有主权的政治实体而先于联邦制国家存在，它们通过制定宪法把一部分权力交给联邦政府。所以，联邦政府的权力来源于各成员单位，而不是像单一制国家那样，地方的权力来自中央。各成员加入联邦后不再享有独立的主权，但其管理地方事务的权力仍受到宪法的保护，联邦政府不能单独地修改宪法。两级政府独自产生，联邦制国家拥有联邦和地方两套司法体系。

加拿大最初建立的联邦制，具有浓重的单一制色彩。当时，"联邦之父"们认为美国的内战源于州权过大，未来的加拿大联邦政府必须拥有强大的权力。于是，"1867年英属北美法案"赋予加拿大联邦政府管辖国际和省际商贸、征税、军队、国防、金融、刑法和交通等重要权力，省政府只保留在省内征收直接税、管辖公共土地和自然资源、财产和公民权、民法和文化教育等权力。更为重要的是，该法案规定联邦政府为了"和平、秩序和良好的管理"，有权在该法案未专划归省政府的一切领域中立法，把所谓的"剩余权力"或"保留权力"赋予了联邦政府，而不是像美国那样划归州政府。

加拿大各省政府虽独自建立，但联邦政府负责任命省督并支付其薪水，由他们在各省代行总督职能。省督有权否决省议会通过的法案，或搁置它而让自治领总督在一年内定夺；对于省督已经同意的省法案，自治领总督也可以在一年内驳回[①]。

加拿大名义上拥有联邦和省级两套司法体系，实际上却并没有分开。省内的各级法官由联邦政府从该省律师中任命并支付薪酬，多数涉及联邦法律案件的审判权授予省法院。联邦法院除了负责审理专属于联邦法律的案件外，也受理涉及联邦法律的上诉案件。加拿大最高法院于1875年成立，法官由联邦总理任命，主要受理不服各省法院和加拿大联邦法院判决的上诉案件。虽然魁北克省采用法裔民事法律，但其他各省的民法以及刑法实现了统一。这些因素使得加拿大的司法体系与单一制国家相近。

加拿大联邦参议员最初由联邦总理从各省推荐的人选中任命，1874年后改为直接任命，这使得加拿大联邦参议院与英国的上院有些相似[②]。参议院的席位不是各省平均分配，而是以安大略省、魁北克省、大西洋

---

① 自治领总督的这些权力，实际上由联邦政府行使。
② 不过，1965 年联邦法律将参议员的终身制改为 75 岁退休。

沿海四省和西部四省为单位，各占 24 席。

　　加拿大这种带有单一制倾向的联邦制被称作"准联邦制"，它的联邦制性质主要体现在两级政府的单独设立及权力的纵向划分上。然而，在自治领建立后的几十年中，联邦政府的权力逐渐缩小。至 20 世纪 30 年代，加拿大基本回到联邦制的一般状态。首先，"和平、秩序和良好的管理"条款赋予联邦政府行使的"剩余权力"只限于战争和全国性危机时刻，联邦政府的权力在和平时期严格地限于宪法规定的范围。其次，形成了联邦需要征得各省同意才能要求英国修改两级政府权限的惯例。再次，20 世纪 40 年代之后，省法案很少被省督否决或被联邦政府驳回 ①。最后，1949 年加拿大从英国收回最高司法裁决权后，最高法院开始承担宪法解释职能，就涉及两级政府权限的上诉案件进行裁决。

　　"二战"后不久，加拿大进入所谓"合作联邦"阶段。联邦通过与各省签订的财政协议，向各省提供资金以开展联邦规定的高等教育、卫生健康等社会保障项目，从而将联邦的资金、标准与各省的管理结合在一起。联邦政府以这种方式介入各省管辖的公民权和教育领域而扩大了自己的权力，但其财政收入和开支权在各省的压力下呈减少趋势。由于责任政府制使得各级政府的行政首脑大权在握，从 1906 年联邦总理首次召集各省总理商讨联邦对省补助问题开始，凡涉及联邦与省间关系的事项都要召开各总理会议。这种"第一总理会议"从 20 世纪 60 年代开

---

① 　各省督在 1945 年之前大约否决了 27 项省法案，其签署的法案在 1943 年之前被联邦政府（总督）驳回 112 次，此后没有一项被驳回。1900 年之前省督搁置了 59 项省法案，此后至 1961 后搁置 11 项，在这 70 项被搁置的法案中，只有 14 项获得联邦的同意。见 Bayard Reesor, *The Canadian Constitution in Historical Perspective*, Prentice-Hall of Canada, Ltd., 1992, p.203.

始日益盛行[①]，加拿大的"合作联邦"由此也被称作"行政联邦"。

二、漫长的宪法收回过程

加拿大的宪法由重要的法律、惯例和判例组成，其中"1867年英属北美法案"最为重要。加拿大收回宪法，就是从英国收回对该法案的管辖权。"1867年英属北美法案"的前身，是加拿大四省为了联合而达成的"魁北克决议案"，后以宗主国法律的形式颁布。这项最早规定自治领结构的大英帝国法律，有27项条款以独特的方式规定加拿大联邦或省议会可以对其进行修改[②]，它还规定省议会可在省督职位之外改变省的机构；但是，该法案没有规定联邦机构如何改变，没有确立两级政府的权限、英语和法语的使用等重要事项的修改程序，也未对已有的修宪程序的变动做出任何规定。作为英国的一项法律，它可以被英国议会所修改；但作为加拿大自治领的"宪法"，缺少完整的修宪程序无疑是一个巨大的缺陷，为此后的宪法收回带来了意想不到的麻烦。

1926年，英国"贝尔福公告"宣布各自治领获得独立国家的地位，随后英国政府要求加拿大收回"1867年英属北美法案"的管辖权。而对加拿大来讲，首先需要弥补该法案的缺陷。由于联邦与各省未能就修宪程序达成一致，英国"1931年威斯敏斯特法案"规定该法案的修改

---

① 从1963年开始，联邦与省政府会议每年召开一次；20世纪70年代大约平均一年召开二次。
② 这27项条款在陈述内容之后，多带有"除非（或直到）联邦议会（省议会）另作规定（或表述）"等字眼，预示着内容可以修改；它们大都是临时性的，自治领建立后多数被废除或替代。

权仍然留在英国。从 1940—1982 年，加拿大先后七次提出对其进行修改的要求，主要是将失业保险的立法权由省转给联邦（1940 年），接纳纽芬兰省加入联邦（1949 年），规定联邦可以在省权、英语和法语的使用以及教育权之外单独改变联邦机构（1949 年），并就养老金进行立法（1951 年）。

在半个世纪里，联邦与各省主要围绕修宪程序进行谈判，后期开始涉及联邦机构的改革、宪法明文保障公民权利和对不参加一般修正案的省份是否做出财政补偿的问题。

1935 年，加拿大召开修宪会议，次年成立宪法问题委员会。该委员会对修宪程序提出几点建议：（1）对"1867 年英属北美法案"确立的重要事项，需要联邦和各省的一致同意才能修改；（2）其他的事项采用多数裁决原则——需要联邦和 2/3 省（至少拥有全国 55% 的人口）的同意；（3）联邦和省单独修改与自己有关的事项，涉及一个或更多但不是所有省份的事项由联邦与相关的省份共同修改；（4）如果 2/3 的省份通过的修正案侵犯了省权，一个省可选择不受这种修正案的约束[1]。

提出这种复杂的修宪程序，既是为了保持宪法的相对稳定，又拟使之具有相当的灵活性；既着眼于维持各地区之间的宪政关系，也考虑到个别省份的要求。比如，为一般修正案设定的门槛，可以使东部与西部之间相互牵制。当时加拿大共有九个省，安大略和魁北克两省拥有全国 55% 的人口，没有它们的一致同意一般修正案就无法通过，而西部四省虽然只拥有全国 1/3 的人口，但缺少它们也无法满足对省份数量的要求。当然，这种门槛不利于大西洋沿海三省，即便它们都投反对票也

---

[1]　Bayard Reesor, *The Canadian Constitution in Historical Perspective*, p. 128.

无法阻止一般修正案生效。由于不可能将一致同意的原则用于所有的事项，最后一项提议可以让一个省就一般事项拥有更多的选择。

20世纪30年代做出的努力没有取得结果，但它提出的方案成为日后修宪会议讨论的基础。这一时期提出的两个原则也为各方所遵循，即修宪方案需经过联邦和各省总理的一致同意方能生效，针对不同的事项须采用不同的修宪规则。

"二战"前后，加拿大无暇顾及修宪问题，1950年的修宪会议未取得任何结果，1960—1961年再次召开修宪会议。此时，联邦司法部长富尔敦为尽快解决问题，提议收回宪法后再确定修宪规则。这个建议遭拒绝后，他提出几个须一致同意才能修改的事项，其中增加了修宪程序。然而，萨斯喀彻温省认为一致同意程序会导致宪法的僵化，魁北克省也对富尔顿的方案持否定态度。

1964年，为了迎接三年后加拿大建国100周年纪念日的到来，联邦和各省总理再次举行修宪会议，达成的协议基本上包括了1961年富尔敦所建议的修宪规则。魁北克省总理一度支持这个协议，但五个月后又收回了承诺。此后，修宪会议讨论的问题日渐广泛，除修宪程序外还包括宪法本身的修改。经过1968—1971年的一系列会议，达成一个名为"加拿大宪法宪章"的决议（即"维多利亚宪章"）。为了降低修宪难度，它没有规定需要一致同意才能修改的事项，而是把它们都归到一般修宪程序下。一般修宪程序的门槛不再是七个省（2/3的省），而是六个省——每个拥有25%全国人口的省、大西洋沿海省和西部省各四个省中的两个省（西部两省需拥有西部的多数人口）。此外，它还提议对宪法做出几项修改，主要将英、法语的使用范围扩大到新不伦瑞克和纽芬兰两省的议会和法院，规定在社会福利领域省权至上，宪法明文保障公民的个人权利和尊重社会团体的集体权利，允许各省参与联邦最高法官的提名等[1]。这个协议旨在使各方都感到满意。然而，它在截止日期到来时，仍令人沮丧地遭到了魁省的否决。

1976 年，自由党联邦政府提议在"维多利亚宪章"的基础上收回宪法，但未得到各省总理的支持。在 8 月和 10 月召开的两次修宪会议上，各省总理一致认为收回宪法的前提是扩大省在文化、通讯、最高法院、财政开支、参议员任命和地区平衡政策上的权力和作用。阿尔伯达省提出一个修宪方案：除了修宪程序本身外，其他事项的修改均采取一般修宪程序，该程序的门槛以 1936 年的提议为准；允许省不参加减损省权、财产或自然资源的修正案。为了吸引更多的海外移民，魁省总理提出该省应当在移民政策上比其他省份享有更多的权利[2]。

1978 年 6 月，联邦政府发表一个名为《行动的时间 —— 加拿大联邦的复兴》的白皮书，宣布联邦将采取两个步骤：首先于 1979 年 1 月单独完成参议院和最高法院两项改革并在宪法中确立"权利与自由宪章"，然后在 1981 年 7 月 1 日之前就收回宪法和修宪程序与省级政府达成一致。特鲁多把第一步骤变成"C-60 法案"提交联邦议会表决，遭到否决后又将其提交到最高法院，结果被裁决属于越权[3]。在随后围绕第二步骤的讨论中，各省支持阿尔伯达省 1976 年提出的修宪方案，其关于省可不参加一般修正案的提议遭到联邦政府的反对。1980 年 10 月，联邦政府决定单独收回宪法，向联邦众议院提出一个包括收回宪

---

[1]　*The Canadian Constitutional Charter*, 1971, http: //www.solon.org/Constitutions/Canada/English/Proposals/Victoria Charter.html.

[2]　参见 Robert Jackson etc., *Politics in Canada*, Prentice-Hall Canada Inc., 1986, p.198.

[3]　最高法院认为，1949 年联邦政府获得的单独修改联邦机构的权力，并不包括修改参议院和最高法院的构成；参议院的改革涉及省权，应当得到各省的同意。

法、修宪程序和"权力与自由宪章"三大内容的议案。在修宪程序上主要规定：（1）对于重大事项的修改，在收回宪法后的两年内只采用一致同意的原则，两年之后将采纳稍加修改的"维多利亚宪章"中的修宪规则，除非出现至少由七个省（拥有80%的全国人口）提出的另外的方案；（2）当这种方案出现后，由公民投票在联邦和省两种方案中做出选择。

对于联邦政府的单独行动，只有安大略省和新布伦瑞克省的总理表示支持，其他八位省总理在魁北克、纽芬兰和曼尼托巴三省向省上诉法院提起诉讼。简单说来，法官需要回答两个问题：（1）是否存在一个宪法惯例，联邦需经各省的同意才能要求英国修改涉及联邦与省关系的事项？（2）对于这种修正案，是否从"宪法意义"上需要各省的同意？曼省和魁省的法官多数倾向于联邦政府，而最高法院的裁决才具有最高的司法权威。归纳起来，最高法院在1981年9月做出的裁决认为，联邦政府单独收回宪法虽不符合宪法惯例，但也不违反法律[①]，问题在这种模棱两可的裁决中没有得到解决，最后又回到两级政府的谈判桌上来。

最后一次修宪会议于1981年11月举行，联邦总理特鲁多与各省总理达成了一个一揽子协议。协议以各省在1981年4月提出的方案（包括阿省方案）为基础，同时规定将"权利与自由宪章"写入宪法。为争取魁省总理的支持，它还做了两处让步：对不参加把教育和文化管理权交给联邦的修正案的省，联邦给予合理的财政补偿；"宪章"关于少数

[①] 对于第一个问题，九个法官中有六个认为未经各省同意联邦不能要求英国修改加拿大宪法。第二个问题中的"宪法意义"包括惯例和法律两种含义，六个法官认为存在一个需各省同意的惯例，七个法官认为没有这种法律因而谈不上违法。参见 Bayard Reesor, *The Canadian Constitution in Historical Perspective*, p.141.

族群语言教育权利的第一种规定，在得不到魁省同意之前不用于该省①。然而，魁省总理仍然拒绝签署该协议。

于是，联邦政府决定抛开魁省，在九省的支持下将收回宪法的决议案呈送英国议会。它以"加拿大法案"为名在英国议会获得通过，1982年3月29日经女王签署后生效。此时距"1867年英属北美法案"的签署整整115年。作为加拿大收回宪法的法律依据，该法案第2条规定，"1982年宪法法案"生效后英国的任何法律在加拿大不再有效。"1982年宪法法案"附在"加拿大法案"之后，内容包括修宪程序、"权利与自由宪章"及对两级政府权限的一处修改。1982年4月17日，英国女王伊丽莎白二世飞抵渥太华签署了该法案，加拿大就此完全取得了国家主权。

三、围绕三个问题进行的博弈

加拿大用了半个世纪才收回宪法，从程序上看它是采用一致同意原则所致。而修宪会议之所以采用这一原则而抛弃多数裁决制，是源于各省尤其是魁北克省对于省权和各自利益的强烈诉求。因此，从事实上看这一漫长的过程又是加拿大族群纠纷、省权运动以及地区之间的矛盾所造成的一种必然的结果。纵观加拿大收回宪法的整个过程，可以发现它主要涉及三个虽然不同但又相互联系的问题：魁北克省法裔问题、联邦与省的权限以及地区之间的宪政关系。

---

① 第一种规定保护该省英裔子女在校学习英语的权利。魁省并没有限制这项权利，这是联邦对"宪章"做出改动的原因之一。

首先，魁省法裔问题。魁省法裔是加拿大最大的少数族群。"二战"前后，魁省与安省一样大约拥有全国 25% 的人口，战后法裔在该省的人口维持在 80% 的水平上。魁省政府扩大省权的主张，反映的并不单纯是省与联邦之间的关系；历史因素和宪法保障使魁省法裔不仅仅是一般的少数族群，魁省的要求体现了英、法裔之间的一种微妙关系。

1763 年英国掌管加拿大后，为了稳定民心而保留了法裔的语言、文化、宗教和习俗。1840 年，英国建立了加拿大联合省，但它不仅没有融合法裔，反而导致了英裔和法裔之间的纠纷。1867 年联邦政府的建立，在相当程度上就是为了解决二者的纠纷所造成的政治危机：联邦制既维持着已有的联合，又能将英裔和法裔置于各自的政府管理之下。单一制英国统治下的加拿大之所以像美国那样采用联邦制，除了此前各省没有联合这一历史背景外，法裔的存在是一个重要原因。"联邦之父"们认为，联邦制把文化教育和民法的管辖权划归省政府，再规定联邦和魁省的议会和法院使用英、法两种语言，和强调教会学校教育权利不可被剥夺，就能为魁省的法裔提供可靠的保护。这种思想得到广泛的认可，"1867 年英属北美法案"关于语言、宗教、教育和民事管辖权的规定，早在 1935 年就被列为一致同意才能修改的事项，直到最后写入"1982年宪法法案"。

法裔认为自己和英裔一样属于加拿大的"创始民族"，宪法从一开始就是英、法裔之间的一种"契约"，因此，法裔在联邦制中应与英裔平起平坐。20 世纪 60 年代，魁省政府领导的一场称作"平静的革命"的改革运动，在促进魁省政治、经济、文化教育和社会现代化的同时也激发了法裔的民族主义情绪。魁省政府提出，现有的联邦不能保障法裔与英裔的平等地位，1966 年竟喊出了"不平等就独立"的口号[1]。在宪法收回过程中，魁省提出以下几项要求：

（1）要求联邦政府将失业保险的立法权归还各省。1940 年，联邦政府为了保障战时工业生产，通过英国议会修改"1867 年英属北美法案"，将失业保险的立法权由省转给联邦。战后，魁省要求联邦归还这一权力。（2）对于"二战"后联邦资助各省的社会保障和高等教育项目，魁省政府以侵犯了相应的省权为由要求其退出，以根据自己的标准单独实施类似的项目。（3）扩大法语使用范围，在省内限制英语学习。70 年代，面对联邦政府倡导的旨在鼓励各少数族群发展自身文化的"多元文化政策"，魁省政府感到法裔的地位相对下降，遂提高了 60 年代中期以来所主张的扩大法语使用范围的要求。1974 年，它依据宪法赋予的教育权颁布了"22 号法案"，规定只有母语是英语并通过测试的儿童才能够进入英语学校学习，同时宣布法语是该省的官方语言和企业的日常用语。1977 年颁布的"101 法案"要求所有新移民的子女都在法语中小学学习，并禁止使用英文广告和商业标牌[2]。（4）在修宪程序上主张对任何修正案都拥有否决权。为此，魁省支持重大事项的修改须各省一致同意的原则，在一般修正案问题上追求单独的否决权。

魁北克省的这些要求只是部分地得到了满足。1960 年，联邦政府同意魁省放弃接受联邦对大学教育的资助，并将联邦在该省征收公司税的比例降低 1%，以便魁省相应地增加税收来开展自己的高教项目。五

---

[1] Edgar McInnis, *Canada: A Political and Social History*, Holt, Rinehart and Winston of Canada Limited, 1982, p. 649.

[2] Robert Bothwell etc., *Canada since 1945: Power, Politics, and Provincialism*, Toronto University Press, 1981, p. 395.

年后，魁省退出几项社会福利项目，联邦政府为此在该省降低了 20% 的个人所得税征收比例 ①。1969 年，联邦将英、法语的使用范围扩展到联邦政府的所有机构，确立了加拿大拥有两种官方语言的格局。"1982 年宪法法案"规定联邦对于不参加教育和文化权利修正案的省给予财政补偿。但是，联邦政府没有归还对失业保险的立法权；为建立统一的社会保障体系，它不愿把对退出社会福利项目的省进行财政补偿的规定写入宪法。1977 年，最高法院以侵犯了公民的个人权利为由，推翻了魁省"101 法案"关于限制新移民子女在中小学学习英语的条款。假如 1971 年"维多利亚宪章"不被魁省否决，它追求单独否决权的愿望可以实现，而"1982 年宪法法案"的相关规定使之无法单独否决一般修正案。

魁省在其要求得不到完全满足的情况下多次否决修宪协议，1980 年在省内举行了一次"主权—联系"公投，试图在与其他地区保持经济联系的情况下获得一种国家主权。公投遭到失败，魁省在最后时刻否决了联邦与各省达成的一揽子协议。

其次，联邦与省的权限。它体现在两个方面：（1）在联邦宪法法案中载入保护人权的内容。1960 年，联邦在权利主义者的压力下通过了一个"权利法案"，但它作为联邦的一般法律难以凌驾于联邦其他法律之上，也不能直接用于各省。因此，自 60 年代开始联邦就主张将保障人权的一些规定写入宪法。70 年代后半期，联邦政府逐渐将人权内容加以丰富，制定了"权利与自由宪章"。"宪章"除列举公民的一般权利外，还

---

① Richard J. Van Loon and Michael S. Whittington, *The Canadian Political System*, McGraw-Hill Ryerson Lit., 1987, p. 289.

强调英语和法语的官方语言地位、保护少数族群语言教育权利等，并使
最高法院在审核政府违宪行为和保护个人人权方面发挥重要作用。

　　当联邦法律涉及省的管辖范围时，各省对是否通过相应的法律在本
省执行，可以做出自己的选择；对于宪法的条文，各省则必须执行。由
于"宪章"涉及省管辖的公民权，各省总理担心把它写入宪法会使省政
府在公民权利问题上受到联邦政府的约束，因此，各省尤其是魁北克
省提出为该"宪章"增加一个条款，规定尽管"宪章"适用于联邦和各
省，但联邦或省议会可以不顾其列举的一些公民权利而宣布实施自己的
法律①。这意味着除公民的选举权、被选举权和流动权外，省议会的法
律可以不受其他公民权利条文的约束。为了换取各省支持将"宪章"载
入宪法，联邦总理同意了各省的这一要求，只是为了反对魁省"101 法
案"限制英语教育的规定，坚持在"宪章"中写上"对本宪章的解释不
能妨碍对加拿大文化遗产的保护和加强"的条文。

　　（2）西部省份对自然资源的控制。1976 年，阿尔伯达省强调省可
以不参与相关的修正案，具有明显的针对性。西部的萨斯喀彻温和阿尔
伯达两省于 1905 年建立。此前，联邦政府通过以保护关税、修建太平
洋铁路和向西部移民为内容的"国家政策"，控制着西部的土地和自然
资源；此后，它根据宪法赋予的权力仍可对西部输往外省和外国的资源
产品进行征税。70 年代中期发生世界性石油危机后，联邦政府为了稳
定国内石油价格，要求西部两省将石油低价销往东部，同时对它们输往
美国的石油征收出口税。这一举动引发了两省的不满。结果，联邦降低
了石油出口税率，并通过降低石油公司的收入提高了西部省的石油收

---

① 　这一条款可称为"尽管条款"。

入，西部两省则接受了联邦政府对国内油价的限制。但是，当 70 年代末国际油价再创新高时，联邦决定通过抵制美国经济控制的"国家能源计划"，扩大联邦石油公司在整个石油部门中的比重。对此，西部四省总理集体予以声讨。双方最后达成妥协：联邦放弃石油出口税并降低计划中的联邦石油收入比例，西部省则以降低对石油公司征收产权税，换取联邦对国内油价可高达国际油价的 75% 的承诺[1]。

在这种背景下，西部省对自己的资源财富在现有联邦制度下能否得到保障深感忧虑，所以它们坚持未经一省的同意，不能把宪法赋予省的权力和私人利益收归联邦[2]。结果，联邦政府除同意减损省权的一般修正案遭一省拒绝后可以在该省不发生效力外，还同意对"1867 年英属北美法案"做出修改，即在不偏离联邦相关法律的情况下，由省单独规定其自然资源和电能等产品的开发、保护和管理以及对省外的销售和输出，各省可以对这类产品征税。这一修改将自然资源置于联邦与省的共同管辖之下。

最后，地区之间的宪政关系。加拿大经济发展很不平衡，大西洋沿海省份远远落后于安省和魁省，西部省份以农业为主，只是在"二战"后依赖于石油工业才增加了经济收入。为改变经济落后的状况，这些省份在联邦中谋求更大的发言权，而安省和魁省却不愿意看到这一点。地区之间的宪法关系，主要涉及修宪程序、参议院议席分配和最高法官来源三个问题。

在宪法重要事项的修改上采取一致同意的原则，体现了各省之间的

---

[1]　付成双：《加拿大西部地方主义研究》，民族出版社 2001 年版，第 127—130 页。

[2]　Government of Alberta, *Harmony in Diversity*, Position Paper on Constitutional Change, 1978, p. 26.

平等，而一般修宪程序的规定，则决定一个或一些省的宪法地位，这种地位体现在它对一般修正案是否拥有否决权上。1971 年"维多利亚宪章"关于一般修正案的门槛，规定所需要的六个省中不能缺少两个沿海省和两个西部省，从而提高了大西洋沿海省份和西部省份的整体地位。1949 年纽芬兰加入联邦后沿海省份的数量增加到四个，它们和西部省份一样能够共同否决一般修正案。此时，不列颠哥伦比亚省提出的西部两个省必预拥有整个西部多数人口的要求也得到了满足。由于该省拥有近半数西部人口，根据这一规定，如果没有该省和另外一个西部省份的同意，一般修正案就无法获得通过。1976 年，该省为进一步提高宪法地位而要求在西部拥有单独的否决权。然而，在一般修宪程序上最后达成的协议，回到了 60 年代富尔敦提出的方案——最低需要拥有全国 50% 人口的 2/3（即十个省中的七个省）的省份的同意，体现了安省和魁省在宪法关系中的重要地位。

西部和沿海省份认为，联邦参议院的议席分配没有体现公平原则，其产生方式不能反映各省欲求。它们要求增加本省的名额，或实行平等代表制（如 1972 年提出每省 12 个名额），一些省份提出部分参议员由各省选出。1972 年成立了一个特别共同委员会，它建议参议员由联邦任命和由各省选出参半。1978 年，不列颠哥伦比亚省提议各地区的首席参议员应当为省政府的重要成员，其他参议员由省政府任命；参议院对众议院通过的涉及省事务的法案拥有绝对的否决权[1]。

参议员产生的方式涉及联邦与省份的关系，但各省改革联邦参议院

---

[1]　这是仿照当年西德联邦的模式。参见 Committees and Private Legislation Directorate of the Senate of Canada, *The Canadian Senate in Focus, 1867-2001*, http://www.pari.gc.ca/information/about/process/senate/lcgisfocus/focus-e.htm.

的要求，更多的是出于维护各自利益的考虑。所以，安省和魁省虽然也要求参议院在代表地方上发挥作用，但不同意其他省份增加参议员名额的要求，主张把参议院席位列入须一致同意才能修改的事项。结果，各方未在参议院的改革上达成一致，参议院席位的修改程序在"1982 年宪法法案"中改为只需多数省份同意即可。即使按照这种程序规定，安省和魁省仍可以共同阻止参议院席位的变动。

1964 年，最高法官来源问题开始列入修宪议程。一些省份为拥有最高法官而提出将法官名额由九名增至十一名，遭到了魁省和安省的反对。加拿大最高法院的法官最初为六名，1927 年增加到七名，1949 年至今为九名。其中，安大略省和魁北克省各出三名，西部地区两名，沿海地区一名①。由于魁省使用了不同于英国"习惯法"的大陆法系，为审理法裔的民事上诉案件要有足够数量的法官出自该省，安大略省坚持在最高法官名额上与魁省相等。其他省份改变最高法院构成的要求没有得到满足，"1982 年宪法法案"规定，最高法院的构成需要一致同意才能修改。

四、对联邦制效能的几点认识

联邦政府和地方政府的权力通过司法解释或修宪加以改变，而改变权限的要求可以来自任何一方。这一特点导致加拿大联邦的权力在省权运动的冲击下，经英国枢密院司法委员会的裁决而不断销蚀。当宪法收

---

① Robert J. Jackson etc., *Contemporary Canadian Politics*: *Reading and Notes*, Prentice-Hall Canada, Inc., 1987, p. 131.

回过程开始时，最初那个强大的"准联邦"早已面目全非。

联邦制国家的修宪程序不尽相同，但大都需要地方政府或公民的参与或批准，尤其是在涉及地方政府的权力时更是如此[1]。因此，在相关的问题上各省与联邦都可以提出自己的方案和拒绝对方的要求。这使各方都能够充分地表达自己的意愿，但在讨价还价中也容易耗费大量精力和时间，加拿大收回宪法的漫长经历充分说明了这一点。修宪方案须各方一致同意才能生效，这既是保障各省对修宪方案都感到满意的一种手段，也是仅仅充当召集人或协调人角色的加拿大联邦政府难以驾驭各省政府的一种表现。

魁北克省政府多次否决各方达成的协议，法裔和英裔关系问题显然是宪法收回中的一个焦点。这个问题并没有得到解决，折射出联邦制在处理民族关系上的低能。与一般的社会团体不同，拥有共同语言、文化、宗教、生活习俗和历史的民族一旦形成，对自身的认同将会长久地保持下去而不受政治和经济等因素的影响。一般说来，文化是一定政治存在的源泉，为一定政治权力的存在和政治制度的稳定提供精神上的支持。一个少数民族如果与多数民族杂居，他们之间相互融合而不易产生民族问题。如果一个少数民族在历史上有过自己的政府，在现实中聚居在一个国家的某一地区并受到制度的保护，他们就容易产生强烈的自治甚至分离的愿望。

加拿大魁省法裔就是这样。加拿大法裔在 1763 年之前并不隶属于英国的统治。自治领建立后，联邦众议院的代表名额按照人口比例在各

---

① 详见杨利敏：《关于联邦制分权结构的比较研究》，《北京大学法律评论》第 5 卷第 1 辑，法律出版社 2003 年版。

省分配。根据众议院代表名额统计表可以推算出，从 1867—1982 年，魁省在全国人口中的比例大约从 40% 下降到 26.5%[1]，表明魁省法裔人口呈相对减少趋势。法裔对未来命运的担忧，促使魁省采取维护法裔文化的措施，以培养居民对省政府的认同。制度的保护为魁省在联邦框架内争取更多的权力提供了肥沃的土壤，至加拿大宪法收回时魁省已在许多方面享有自主权：除了独自的教育项目、退休金和卫生保健计划，它还拥有自己的金融管理体系，实行比其他省份更具吸引力的移民政策。然而，正像许多联邦制国家的民族自治政府那样，魁行政府要求更多的权力。它要求控制有限电视广播和卫星在内的通讯部门；以魁省上诉法院代替加拿大最高法院的职能；管辖关税以外的所有税收和劳资关系[2]。

　　联邦政府对魁省政府做出了回应，但不能完全满足它的要求。加拿大存在着两种平等概念，一是传统的普世主义的平等观，强调公民平等而忽视文化差异；二是承认文化特殊性的差异平等观，呼吁所有独特的文化都应得到承认和尊重。魁省为维护法裔的集体权利和弘扬法裔文化而坚持差异平等观，英裔则坚持一般平等观，强调公民和各省之间的平等。英裔省份不承认魁省关于宪法是英、法裔"契约"的观点，反对它在修宪问题上的特殊要求，担心会出现一种"不对称的联邦"。身为法裔的自由党联邦总理特鲁多想协调两种平等观，他一方面希望利用"多元文化政策"让各族群在自我认同的同时也承认其他族裔的文化传统，一方面主张理性地消解民族主义。在他看来，理性是各族群的共性，文化差异是第二位的。然而，他的努力没有取得成功。

---

① 　Bayard Reesor, *The Canadian Constitution in Historical Perspective*, p. 189.
② 　Wikipedia, the free encyclopedia, *Constitutional History of Canada*, http://en.wikipedia.org/wiki/Constitutional_history_Referendum_on_Sovereignty-Association_. 281980. 29.

在多民族国家，占人口多数的民族的传统文化是整个国家认同的基础，这对少数民族造成一种潜在的威胁。如果以推行各民族融合的方式来解决民族问题[1]，将会导致少数民族文化特征的逐渐丧失，这是他们所不希望看到的。因此，联合国开发计划署在《2004 年人类发展报告》中特别强调："各国需要在其宪法、法律和机构中承认文化差异。它们还需要拟定各种政策，确保特殊群体……的利益不被多数群体或其他主宰群体所忽视或否决。"[2] 现阶段正确的民族政策应当是保障各民族和睦相处，通过实行既容许自治又容许共同治理的制度和政策，使少数民族在认同自身文化特征的同时认同以多数民族为基础的国家。

这一目标的实现需要一个有力的政府，在单一制下它只需要议会颁布法律。如果强大的全国性政党在议会中能够抵消代表地方利益的议员的影响，中央政府不仅能够在社会、文化等方面制定倾向于少数民族的政策，而且也能够在地方提出过分要求的时候给予一定的抑制。相比之下，联邦政府却不易做到这一点，因为它需要得到联邦成员的一致同意才能修改宪法。在加拿大收回宪法的过程中，一致同意原则既能让魁省坚持自己的主张，也可以让其主张化为泡影。联邦政府无法说服魁省接受大家的主张，缺少了所有其他省份的支持，它也无法对魁省做出让步。由此看到，联邦制国家在处理民族问题上比单一制国家面临着更大

---

[1] 一些学者主张采取民族融合的政策。如马戎在《理解民族关系的新思路 ——少数族群问题的"去政治化"》（《北京大学学报》2004 年第 6 期）一文中认为，应当鼓励族际通婚，并以各种方式来促进族群之间的相互融合。澳门学者王长斌在《联邦制的神话：加拿大魁北克案例研究》一文（《一国两制研究》第 3 辑）中认为，加拿大联邦制度可能会强化少数族裔与多数族裔的分离而不利于二者之间的融合。

[2] 转引自陈建樾：《多民族国家和谐社会的构建与民族问题的解决》，《世界民族》2005 年第 5 期。

的困难，它在面对聚居在一个地区的少数民族时更是如此。

然而，在处理国家与地方的关系上，从加拿大的经历看，联邦制可以发挥较大的功效。

首先，地方政府能够充分表达自己的偏好。如上所述，1961年各省总理不同意联邦司法部长富尔敦提出的修宪方案，1976年他们提出收回宪法的前提是扩大省权，1980年有八个省反对联邦单独收回宪法。在资源产品问题上，西部省不但强调省可以不参加减损省权的一般修正案，而且还向宪法赋予联邦管理省际和国际贸易的权力提出挑战。在1978年召开的第一总理会议上，萨省总理公开批评联邦征收石油出口税有失公平。他问道：为何是石油而不是其他产品的收入要与全国分享？为何魁省和安省的电力出口带来的财富都归它们自己所有？

其次，联邦政府能够对地方的偏好做出反应。加拿大联邦政府不仅同意一个省可以不参加一般修正案和在"权利与自由宪章"中添加一个"尽管条款"，而且在管理省际贸易方面让出了一部分本来属于自己的权力。一般说来，联邦政府对于一省的让步容易诱使其他省份提出同等的要求，但加拿大东部省份认同了联邦政府在石油产品方面对西部省份的让步。西部石油管辖权问题的解决，除了因为它不涉及族裔文化外，主要得益于各方对一般平等观念的认同；西部省份需要改变经济落后的局面，石油收入是其增加财富的重要手段，这一点最终为联邦和其他省份所理解。联邦制有助于防止国家为了全局利益而忽视地方权益的倾向。

最后，最高法院在宪政制度的保障方面发挥作用。加拿大最高法院在1949年后开始行使宪法的司法解释职能，它在宪法收回过程中除了对魁省的语言法案进行裁决外，还两次就联邦提出的议案进行裁决。最高法院对宪法问题的介入虽然增加了加拿大修宪问题的复杂性，却有助于保障加拿大宪政制度的公正性及其运转的稳定性。

当然，联邦制在处理国家与地方的关系问题上节奏缓慢，且成本偏高。加拿大联邦政府借助"1867 年英属北美法案"授予的征税权而获得较高的财政收入，但受权力所限无法在"二战"后顺利地建立全国性福利体系。1941 年，联邦拟让各省转让个人和企业所得税以及遗产税的征税权，以便联邦进一步扩大财政收入以推行全国第一个失业保险计划。但是，各省不愿让联邦插手公民事务，更不愿把这些征税权交给联邦，联邦只好利用战争期间确立的强势地位与各省签订临时性协议，租用各省的这些征税权。战后，联邦政府把这种模式固定下来，每五年与各省签订一次财政协议，开展自己所倡导的社会福利和教育项目。但是，这需要联邦政府就租金、项目标准、拨款方式及数额等与各省进行谈判，耗费了不少精力。

而在"权利与自由宪章"宪法化问题上，甚至出现了不必要的纠纷。保护公民权利本是政府的一项职责，不管它属于哪一级政府管辖。加拿大各省政府为了维护其对公民的管辖权，要求为该宪章增加一项"尽管条款"。1982 年收回宪法后，除魁省数次援引它为本省的语言法案辩护外，其他省份对它极少使用。尽管如此，这一条款的存在还是降低了"宪章"的地位。难怪保守党联邦总理马尔罗尼在 1984 年讽刺说，它使得"权利与自由宪章"的价值连印刷它的纸张都不如[1]。另外，1980 年联邦总理特鲁多决定单独收回宪法，并提出在必要时由选民对修宪方案做出选择。这种行为违反了以往遵循的程序规则，是联邦政府为摆脱困境而采取的一种无奈之举。

---

[1]　Patrick Malcolmson & Richard Myers, *The Canadian Regime*, Broadview Press, 1996, p. 99.

　　总的看来，与单一制相比，联邦制在处理国家与地方的关系上可以说更加游刃有余。

　　但从加拿大收回宪法的过程看，联邦制在协调地区之间的关系上效能低下。加拿大各省总理在一般修正程序的规定、参议院的构成与席位的修改程序以及最高法院的构成问题上展开针锋相对的争论。结果，除了参议院席位的修改程序从最初的一致同意改为后来的多数同意外，一般修正程序的规定还是回到 20 世纪 30 年代提出的原则，参议院和最高法院的构成经多次讨论后没有发生任何变化，安省和魁省在联邦制中始终占据着举足轻重的地位。联邦政府无力协调各方，就是它自己在 1978 年提出的单独改革参议院的主张[①]，也因各省总理的反对而夭折。

　　这无疑表明，联邦制下各地方政府之间的关系较为紧张。联邦成员之间相互竞争，它们的宪政关系不易改变，其社会经济的发展也依赖于相互之间的谈判与协调。各地方政府的相对独立性及宪法对它们的保护，使联邦政府很难像单一制国家的中央政府那样从中予以斡旋，更不易将它们组织起来实行"全国一盘棋"的战略。

　　　　　　　　　　　　　　　　（原载《文史哲》2012 年第 1 期）

[①] 特鲁多提议将参议院改名为联邦院，118 名议员半数由联邦任命，半数根据各省的人口选出，对众议院的法案拥有搁置权。

后　记

　　《文史哲丛刊》主要收选改革开放四十年来发表在《文史哲》杂志上的精品佳作（个别专集兼收 20 世纪五六十年代以来的文章），按专题的形式结集出版。2010—2015 年先期推出第一辑，包括《国家与社会：构建怎样的公域秩序？》、《知识论与后形而上学：西方哲学新趋向》、《儒学：历史、思想与信仰》、《道玄佛：历史、思想与信仰》、《早期中国的政治与文明》、《门阀、庄园与政治：中古社会变迁研究》、《"疑古"与"走出疑古"》、《考据与思辨：文史治学经验谈》、《文学：批评与审美》、《中国古代文学：作家·作品·文学现象》、《文学与社会：明清小说名著探微》、《文学：走向现代的履印》、《左翼文学研究》十三个专集。

　　丛刊出版后，受到广大读者的欢迎和喜爱，多数专集一版再版，在学界产生了较大的影响。为满足读者诸君的阅读和研究需要，我们又着手编选了第二辑，包括《现状、走向与大势：当代学术纵览》、《轴心时代的中国思想：先秦诸子研究》、《传统与现代：重估儒学价值》、《道玄佛：历史、思想与信仰（续编）》、《制度、文化与地方社会：中国古代史新探》、《结构与道路：秦至清社会形态研究》、《农耕社会与市场：中国古代经济史研究》、《近代的曙光：明清时代的社会经济》、

《步履维艰：中国近代化的起步》、《史海钩沉：中国古史新考》、《文府索隐：中国古代文学新考》、《文史交融：中国古代文学创作论》、《风雅流韵：中国辞赋艺术发微》、《情·味·境：本土视野下的中国古代文论》、《权力的限度：西方宪制史研究》、《公平与正义：永恒的伦理秩序》十六个专集，力求把《文史哲》数十年发表的最优秀的文章以专题的形式奉献给广大读者，为大家阅读和研究提供便利。

需要说明的是，在六十多年的办刊过程中，期刊编辑规范几经演变，敝刊的编辑格式、体例也几经变化，加之汉语文字规范亦经历了一个曲折的历程，从而给丛刊编辑工作带来了一定的困难。为使全书体例统一，我们在编辑过程中，对个别文字作了必要的规范和改动，对文献注释等亦作了相对的统一。其余则一仍其旧，基本上保持了原文的本来面貌。

由于我们水平有限，本丛刊无论是文章的遴选，抑或具体的编校，都难免存在这样那样的不足，讹误舛错在所难免，敬祈方家读者不吝赐教。

还应特别说明的是，在当前市场经济大潮下，学术著作尤其是论文集的出版，因其经济效益微薄，面临一定的困难。但商务印书馆以社会效益为重，欣然接受出版《文史哲丛刊》，这种强烈的社会责任感、高远的学术眼光和无私精神，实在令人钦佩。丁波先生还就丛刊的总体设计提出了许多宝贵的建议，诸位责编先生冒着严冬酷暑认真地编校书稿。在此，我们表示衷心的感谢！

文史哲编辑部

2018 年 6 月